ÉTUDES HISTORIQUES

SUR LA

LÉGISLATION RUSSE

ANCIENNE ET MODERNE

PAR

SPYRIDION G. ZÉZAS,

DOCTEUR EN ~~~~~~~~

> La loi, en général, est la raison humaine, en
> tant qu'elle gouverne tous les peuples de la
> terre, et les lois politiques et civiles de chaque
> nation ne devraient être que les cas particuliers
> où s'applique cette raison humaine.
>
> *Montesquieu, Esprit des lois, t. I, l. I,*
> *chap. III.*

A.D.

PARIS

AUGUSTE DURAND, LIBRAIRE

7, RUE DES GRÈS-SORBONNE.

1862

ÉTUDES HISTORIQUES

SUR LA

LÉGISLATION RUSSE

ANCIENNE ET MODERNE.

A MON TRÈS-CHER PÈRE

GAGE D'AFFECTION FILIALE.

PARIS. — IMPRIMERIE DE E. DONNAUD, RUE CASSETTE, 9,

ÉTUDES HISTORIQUES

SUR LA

LÉGISLATION RUSSE

ANCIENNE ET MODERNE

PAR

SPYRIDION G. ZÉZAS,

DOCTEUR EN DROIT

La loi, en général, est la raison humaine, en tant qu'elle gouverne tous les peuples de la terre, et les lois politiques et civiles de chaque nation ne devraient être que les cas particuliers où s'applique cette raison humaine.

Montesquieu, Esprit des lois, t. 1. 1. 1 chap. III.

PARIS

AUGUSTE DURAND, LIBRAIRE

7, RUE DES GRÈS-SORBONNE.

—

1862

1861

ÉTUDES HISTORIQUES

SUR LA

LÉGISLATION RUSSE

ANCIENNE ET MODERNE.

CHAPITRE PREMIER

Peuples qui habitaient anciennement la Russie. — Les Slaves.

D'après le chroniqueur Nestor (1), les Slaves (2) occupaient, de temps immémorial, les contrées arrosées par le Danube. De là, ils se répandirent en Russie, en Pologne et dans les provinces voisines.

Plusieurs siècles avant Jésus-Christ, ils portaient le nom de Venèdes, plus tard, ils prirent celui de Poloniens.

(1) Nestor, religieux du monastère de Petchkresky, surnommé le Père de l'histoire russe, naquit vers le milieu du onzième siècle, et mourut en 1016. La chronique dont il est l'auteur est le plus ancien monument de l'histoire de Russie. Elle relate les événements qui s'y sont accomplis depuis l'an 862 jusqu'au commencement du douzième siècle. Il en existe une traduction française, par Louis Paris. (Paris, 2 vol. in-8°, 1834).

(2) Si l'on s'en rapporte à l'étymologie du mot slave, dérivé de slava

1

Les annales de Bysance racontent que vers la fin du cinquième siècle, en 493, les Slaves concédèrent le droit de libre passage sur leur territoire, aux Allemands Hérules battus par les Lombards en Hongrie et poussés vers la mer Baltique.

Ce fut seulement sous le règne de l'empereur Justinien, en 527, qu'ils s'établirent au nord de la Russie.

La plus grande obscurité règne sur l'origine et les premiers développements de ce peuple, avant l'époque dont nous venons de parler. Il n'existe à cet égard aucune tradition historique (1).

La nature, le caractère des Slaves, leurs mœurs, la diversité de leurs costumes, les distinguaient des autres peuples et offraient de singuliers contrastes : robustes, actifs, courageux, ils étaient parfois cruels et enclins à la rapine. Cependant, dans la vie privée, ils possédaient certaines vertus domestiques que l'on n'aurait peut-être pas supposé exister chez eux : leur existence

GLOIRE, les races slaves étaient celles qui se distinguaient des autres par leur bravoure et leurs habitudes guerrières. — Caramzin. *Histoire de la Russie*, vol. I, p. 20, et note, p. 23 du même volume.

L'historien de Bysance, Procope, nous apprend que les Antes et les Slaves s'appelaient autrefois *Spori*, parce qu'ils vivaient dispersés (σποράδην). On doit remarquer qu'aucune chronique ne parle des *Spori*.

Les Slaves se divisaient en trois races principales : 1° les *Slaves méridionaux*, qui se composaient des Esclavons, des Croates, des Bosniens, Serviens, Morlaques, etc...; ils s'établirent entre le Danube et le golfe Adriatique ; 2° les *Slaves occidentaux* ou *Venèdes*, tels que les *Leckhes* ou Polonais, *Tcéhques* ou *Bohèmes*, les *Moraves*, les *Poméraniens*, les *Wilses* ou *Velatables*, les *Obotrites*, les *Lusaciens*, etc..., dont les tribus se fixèrent entre l'Elbe, la Vistule et la mer Baltique ; 3° les *Slaves sédentaires*, qui, avec les peuples *Finois* ou *Tchoudes* de la Baltique orientale, ont formé la nation russe européenne.

(1) Chopin, *Révolution des peuples du Nord*, vol. I, chap. VIII, p. 285-322. Paris, 1841. — Oustrialof, *Histoire de la Russie*, chap. 1.

avait un cachet de simplicité toute primitive; ils exerçaient avec générosité et désintéressement les devoirs de l'hospitalité (1).

Chez eux, la fidélité conjugale était religieusement observée; par leur éducation, les enfants étaient destinés à être soldats. Les Slaves se faisaient remarquer par une sobriété exemplaire; aucun ornement ne paraît leurs vêtements; les besoins qui naissent d'une civilisation trop avancée leur étaient inconnus : ils n'avaient aucune idée du luxe. Habitant leurs chaumières, leurs seuls plaisirs étaient la danse et la musique; ils s'adonnaient aux exercices du corps, s'exerçaient à la course, à la lutte, au pugilat. Dès l'origine, ils se montrèrent peu soucieux des avantages que procure un gouvernement policé. Parmi eux il n'y avait ni maîtres ni esclaves: ils faisaient consister le premier bien de l'homme dans la jouissance d'une liberté sans limites.

Dans la famille, le chef commandait à tous, le père exerçait son autorité sur ses enfants, la femme obéissait à son mari; les sœurs au frère. Chaque famille avait sa cabane; toutes étaient construites à une certaine distance les unes des autres, afin d'éviter, par une trop grande agglomération, la gêne et l'encombrement. Un bois, un ruisseau, un champ, composaient le plus souvent la propriété privée du Slave, et chacun se faisait un devoir de la respecter. Chaque famille composait une petite république indépendante. Les anciennes coutumes, observées par la nation toute entière, formaient un lien social entre les diverses familles. Dans les occasions importantes, les différentes tribus se rassemblaient pour délibérer sur les intérêts communs.

C'était une sorte d'aréopage, composé des vieillards de la nation; ceux-ci délibéraient, étaient consultés, et, en temps de

(1) Le Clerc: *Histoire physique, morale, civile et politique de la Russie ancienne.* Paris, MDCCLXXXIII.

guerre, on choisissait parmi eux les chefs qui devaient être investis d'un commandement.

Quelques siècles après la formation du peuple Slave, la forme du gouvernement devint aristocratique. C'est alors que des généraux élus par la confiance publique, dis'ingués par leur courage et leurs talents militaires, furent appelés à exercer l'autorité suprême.

Tels sont les premiers développements de la nation Slave, et, dans toute la période que nous venons de parcourir, on ne trouve encore aucune trace de législation. Il n'y avait pas de droit écrit, mais peu à peu l'usage prit force de loi. Le droit de commander, pour ceux qui avaient été élus par les suffrages de tous, fut établi sur des bases solides, et on lui donna pour corrélatif nécessaire le devoir d'obéissance imposé à tous les citoyens. L'autorité dont les chefs furent investis était indiquée par les expressions suivantes : *boyards* (1) *voïevodes*, *knidz* (2), *pâns*, *joupâns*, *karols* ou *krols*.

Dès le principe, le titre de voïèvode ne se donnait qu'aux chefs placés à la tête des armées.

Dans les contrées habitées par les Slaves, les chevaux étaient considérés par chaque citoyen comme le bien le plus précieux. Chez les Poméraniens, peuple maritime, au moyen âge, trente chevaux constituaient, pour celui qui les possédait, une grande richesse ; tout propriétaire d'un cheval s'appelait *knidz*.

Les districts des pays Slaves étaient appelés *Joupânstou*, et les gouverneurs de ces districts, *joupâns* ou doyens, de l'an-

---

(1) Le mot *boyard* est dérivé de *boye*, combat, et a dû, dans l'origine, s'appliquer aux guerriers qui s'étaient fait remarquer par leur valeur. Plus tard, ce titre fut donné aux citoyens investis de fonctions publiques.

(2) Le mot *Kniuz* tire probablement son étymologie de *kôn*, cheval ; cependant, plusieurs savants le font dériver du nom oriental *kayan*.

cien mot *joupa*, bourg. La dignité de *joupâns* appartenait, dans la hiérarchie des titres, à un ordre plus élevé que celle des *knidz*. Ces *joupâns* étaient placés au-dessus des *souddaves*, ou juges particuliers institués pour prêter leur concours aux premiers dans les affaires litigieuses qui leur étaient déférées.

D'après ce qui précède, on voit que, chez les Slaves, comme chez la plupart des nations qui sont encore dans la période de formation, le premier pouvoir constitué fut essentiellement militaire. Lorsqu'une réunion d'hommes veut s'ériger en nation ayant une existence propre et indépendante, il est indispensable qu'on choisisse un chef capable d'organiser d'imposantes forces, de leur commander, de les mener au combat, afin de faire respecter le territoire et de repousser d'injustes agressions. C'est ce qui se produisit chez les Slaves. Dès l'origine, ils se soumirent à l'autorité de celui d'entre eux qui s'était le plus distingué par son courage et ses vertus guerrières.

« Le premier qui fut roi fut un soldat heureux. »

Mais plus tard, les progrès de la civilisation firent comprendre qu'à côté de l'autorité militaire devait se placer, dans l'État, un autre pouvoir destiné à maintenir la paix entre les citoyens, chargé de les concilier dans leurs prétentions respectives, et enfin de réprimer les atteintes portées aux personnes et à la propriété privée.

Telle fut, chez les Slaves, l'origine du pouvoir judiciaire qui, dans les premiers temps, vint se réunir sur la tête de ceux qui, déjà, avaient été investis de l'autorité militaire.

Autrefois, les *boyards*, *voïevodes*, *knidz*, *pâns*, etc..., et même ceux auxquels le titre de roi avait été conféré dans certaines circonstances, pouvaient se trouver sous la dépendance de leurs concitoyens et devaient se soumettre à leur volonté, dans le cas de révolution, par exemple.

Les Slaves n'admettaient pas le droit d'hérédité au trône(1), aussi ils obéissaient avec répugnance à l'autorité du fils d'un *knidz* ou d'un *voïevode* dont la mort avait laissé la nation privée de son chef.

L'élection d'un *voïevode* était accompagnée d'une cérémonie fort bizarre : l'élu était introduit dans l'assemblée du peuple, couvert de vêtements presque misérables ; non loin de lui était assis sur un énorme bloc de granit un laboureur qui semblait présider l'assemblée. Le nouveau souverain jurait de défendre, en toutes circonstances, la religion et les intérêts de la justice, puis le laboureur lui cédait la place, et celui qui était investi de l'autorité royale se plaçait sur ce trône improvisé, et enfin, chaque citoyen lui prêtait serment de fidélité.

Il y avait, dans la nation slave, un chef ou gouverneur chargé de rendre solennellement la justice au sein d'une assemblée des anciens qui se tenait dans l'épaisseur d'une forêt. En effet, d'après une ancienne tradition, les Slaves croyaient que le dieu de la justice, *Prové*, habitait à l'ombre des chênes séculaires.

Cette forêt était inviolable et sacrée ainsi que les palais des princes de la nation (2). Le *knidz*, *voïevodes* ou *karal* était investi du pouvoir militaire. Le peuple devait payer un tribut à son souverain.

D'après Nestor, la forme du gouvernement monarchique était inconnue chez les Slaves-Russes et parmi les autres peuples

---

(1) Cum morte temporali omnia putant finiri — Ditmar. *Chronique*, liv. 1.

(2) De Michels. *Histoire générale du moyen âge*, vol. II, p. 147.

d'origine slave. Ils observaient les coutumes et traditions nationales qui, pour eux, avaient force de loi.

Telle a été la constitution politique des Slaves jusqu'à l'époque à laquelle ils furent asservis par les Varègues. C'est alors que fut fondée la monarchie russe, proprement dite.

CHAPITRE II

Formation de la nation Russo-Slave.

862 - 980

Vers l'année 862, les Slaves renoncèrent à conserver l'ancienne forme de leur gouvernement qui était démocratique, et demandèrent un souverain aux Varègues, leurs vainqueurs.

On a souvent remarqué que, lors de la formation des États, le pouvoir a presque toujours été violemment conquis et est devenu le prix du plus fort ou du plus audacieux. Il en a été autrement en Russie : si l'on en croit Nestor, l'autorité suprême aurait été conférée à celui sur lequel s'étaient réunis les suffrages unanimes des citoyens. On peut expliquer cette dérogation au cours ordinaire des événements humains, en songeant que les Varègues qui, peu d'années auparavant, avaient conquis le pays des *Tchoudes* et des *Slaves*, s'étaient montrés bons et généreux à l'égard des vaincus et n'avaient exigé d'eux que de modiques tributs. Du reste, ayant eu, dès le neuvième siècle, des relations de commerce avec le midi et l'occident de l'Europe, ils étaient parvenus à un degré de civilisation beaucoup plus avancé que les Slaves. Les boyards Slaves irrités d'une domination qui anéantissait leur propre autorité soulevèrent probablement ce peuple contre les Varègues ou Normands au nom de son ancienne indépendance, et parvinrent à les expulser

du territoire qu'ils avaient conquis. Mais bientôt la dissension
se mit parmi eux, la liberté engendra de graves excès ; on es-
saya, mais en vain, de remettre en vigueur les anciennes coutumes dont la stricte observation aurait pu conjurer le danger,
il était trop tard, et bientôt la nation tout entière fut livrée
aux discordes civiles et à une ruine dont elle ne devait pas se
relever d'elle-même. Tant de malheurs auraient été évités si
elle avait su rester sous la domination douce et protectrice des
Varègues. Bientôt une heureuse réaction se fit dans les esprits ;
on était las des violences qui avaient été commises, on aspi-
rait au calme et à la tranquillité. Aussi, ce fut dans ces circonstances que, d'après le conseil de Gostomysle, l'un des anciens
de Novgorod, et en dépit de l'orgueil national, l'on se décida,
raconte une tradition, à demander aux Varègues de nommer un
souverain à la nation slave.

Trois frères, Rurik, Sineous et Trouvor, distingués par leur
naissance, illustres par leurs talents, consentirent à prendre les
rênes du gouvernement d'une nation qui avait su si mal user
d'une liberté vaillamment conquise. Rurik se fixa à Novgorod,
Sineous à Bielo-Ozero, dans le pays des Vesses, peuples finois, et
Trouvor à Izborsk, ville des Krivithes.

Ces trois souverains, placés à la tête de la nation avec des
pouvoirs égaux, unis par le double lien du sang et de l'intérêt,
exerçaient leur autorité sur les contrées qui s'étendent depuis
Bielo-Ozero jusqu'en Esthonie et aux sources slaves, où l'on voit
encore les ruines de l'ancienne Izborsk.

C'est alors que cette partie du territoire russe comprenant
actuellement les provinces d'Esthonie, de Saint-Pétersbourg
et de Pscof fut appelée Russie du nom des princes Varègues-
Russes.

Deux ans s'étaient écoulés depuis l'occupation du trône
slave par ces trois souverains lorsque deux d'entre eux Sineous

et Trouvor moururent. Rurik, resté seul, réunit leurs états aux
siens et devint ainsi le fondateur de la monarchie russe.

Ce prince s'entoura d'hommes habiles et expérimentés auxquels il confia l'administration des provinces qu'avaient gouvernées Sineous et Trouvor.

C'est de cette époque que date l'organisation du régime féodal
en Russie, régime qui a servi de base à la plupart des gouvernements d'Europe.

Dans la Scandinavie, et dans toutes les contrées soumises à la
domination des Germains, les princes récompensaient souvent
les grands et les favoris du trône en leur accordant, à titre d'a-
panage, des provinces entières. Ceux-ci y exerçaient un pouvoir qui n'avait de limites que celles imposées par la volonté du
souverain. On comprendra facilement que le chef de l'État n'ait
pas craint d'investir d'une autorité aussi étendue ceux qui
recevaient de telles faveurs.

En effet, à cette époque, où les rouages du gouvernement
étaient encore imparfaits, il ne pouvait exister aucune relation
directe entre les diverses provinces du territoire, il n'y avait
pas d'unité dans l'exercice du pouvoir, les ordonnances,
les coutumes ne recevaient pas d'application générale, l'ordre
hiérarchique manquait dans les diverses branches de l'administration civile, qui n'était pas régulièrement constituée.
Chaque citoyen, désireux avant tout de conserver son indépendance, n'obéissait qu'à celui dont il pouvait redouter la
puissance.

Cette réunion de divers petits États dans l'État, ayant à leur
tête des chefs investis de pouvoirs étendus, avait été pour le
souverain un moyen de s'attacher et de reconnaître les services
des grands dont il ne croyait pas devoir suspecter la fidélité, et
qui lui avaient prêté leur concours pour s'emparer de terri-
toires ennemis.

'Vers cette époque, raconte un historien, deux compatriotes de Rurik, Ascold et Dir, s'emparèrent de la ville de Kief, et de là, ils allèrent faire le siège de Constantinople.

D'après les historiens de Byzance, Ascold et Dir ne purent mettre leur projet à exécution grâce à un miracle auquel les Grecs durent leur salut.

Nestor ajoute que les Russes idolâtres effrayés de cette manifestation du ciel envoyèrent aussitôt des ambassadeurs à Constantinople pour demander à recevoir le baptême. L'empereur grec Michel III leur fit dire de se présenter à l'évêque, qui les convertit au christianisme. C'est ainsi que la religion chrétienne s'introduisit en Russie vers l'année 864 ou 865, si l'on en croit la chronique qui semble avoir le plus d'autorité (1).

En résumé, deux monarchies distinctes existaient en Russie à l'époque dont nous nous occupons : celle de Rurik au nord ; la seconde, au midi, avait pour chefs Ascold et Dir (2).

Les événements qui ont signalé le règne de Rurik nous sont restés inconnus. Les historiens nous apprennent seulement que ce roi mourut en 879, après avoir régné seul pendant quinze ans, à Novgorod. Il laissa un fils en bas âge, nommé Igor. Celui-ci eut pour tuteur Oleg, qui était parent de Rurik, et auquel la régence du royaume fut confiée.

Bientôt Oleg justifia le choix dont il avait été l'objet : son courage, sa juste fermeté, sa sagesse, les victoires qu'il remporta le rendirent cher à ses sujets. Grâce à son habileté, il parvint à s'emparer de la ville de Kief, dont il fit la capitale de son empire. Il établit des impôts communs à tous les citoyens.

Les Slaves, les Krivitches, et autres peuples dont les noms

(1) Chopin. *Introduction du christianisme dans le Nord*, vol. I, p. 337-374-383.

(2) Caramzin. *Histoire de la Russie*, vol. I, p. 149.

ne nous ont pas été conservés, se virent contraints de payer un
tribut aux Varègues qui occupaient le territoire russe. Les
sommes payées par les habitants de la ville de Novgorod se composaient de trois cents grivnas de la monnaie de cette époque,
ce qui représentait une valeur de cinquante livres d'argent.
Nestor assure que cette redevance fut payée jusqu'à la mort de
Yaroslaf.

Oleg continua à occuper le trône même après la majorité de
son pupille. Il tenta une expédition contre Constantinople, où
régnait alors Léon le Philosophe. Les Grecs, effrayés du danger
qu'ils couraient, lui proposèrent de mettre fin aux hostilités, et
conclurent avec lui un traité de paix dont nous reproduisons
le texte, et qui peut être considéré comme le premier monument de droit international russe que nous possédons (1).

(1) La chronique nous a transmis les noms des envoyés chargés de poser
les bases de ce traité, ce furent : Charles, Farlaf, Veremid, Boulaf et
Stemid.

Traité de paix conclu entre Oleg et les Grecs. (2).

Art. 1er. — Les Grecs s'engagent à donner douze grivnas à chaque
homme de la flotte, et de plus, à fournir des contributions aux villes de
Kief, Tchernigof, Perciaslaf, Poltesk, Rostof, Lubeth, et autres gouvernées
par des princes placés sous la dépendance d'Oleg.

A cette époque, la guerre, quel qu'en eût été le mobile, était avant tout
l'œuvre de la nation représentée par l'armée et ceux qui la commandaient.
Aussi, d'après l'art. 1er de ce traité, nous voyons, qu'à l'exemple des Scandinaves et des Germains qui observaient cet usage, Oleg fit participer au
butin conquis sur l'ennemi, ses soldats et ses généraux, sans oublier même
ceux qui, ne faisant pas partie de l'expédition, étaient restés en Russie.

(2) Chopin, vol. I, page 322.

En 91?, Oleg mourut à un âge avancé, après avoir régné trente-trois ans.

IGOR.

Igor était déjà dans la force de l'âge lorsqu'il monta sur le trône. Non moins distingué qu'Oleg par ses qualités et sa fermeté, il comprima une révolte des Dreveliens et jeta la terreur parmi les Petchenègues, qui se disposaient à envahir la Russie.

Oleg, dans le but de consolider la paix avec les Grecs, envoya

Art. 2. — Les ambassadeurs que le prince russe enverra à Constantinople, y seront défrayés de tout par le trésor impérial.

L'empereur s'engage de plus à donner à tout négociant russe en Grèce, du pain, du vin, de la viande, du poisson et des fruits pendant six mois, à lui accorder librement l'entrée des bains publics, et à lui fournir, à son retour dans sa patrie, des vivres, des ancres, des voiles, en un mot tout ce dont il pourrait avoir besoin. »

De leur côté, les Grecs avaient proposé les conditions suivantes :

Art. 1. — Les Russes qui se rendront à Constantinople pour des affaires autres que celles de commerce n'auront pas droit à recevoir chaque mois des subventions.

Art. 2. — Le prince russe défendra à ses ambassadeurs d'adresser la moindre offense aux habitants des provinces des villages grecs.

Art. 3. — Le quartier de Saint-Mame sera spécialement affecté aux Russes, qui devront informer de leur arrivée le conseil de ville ; celui-ci tiendra note de leurs noms, et leur fera compter chaque mois une somme nécessaire à leur entretien, sans considérer de quelle ville de Russie ils ont originaires, de Kief, de Tchernigof, de Pereiuslaf, ou autres. On leur indiquera une porte par laquelle ils entreront en ville accompagnés d'un commissaire impérial ; ils seront sans armes et jamais plus de cinquante hommes à la fois ; du reste, il leur sera permis de faire librement le commerce à Constantinople, sans être assujettis à payer aucun droit.

à Constantinople des ambassadeurs chargés de conclure avec eux un traité écrit. Le texte de cette convention nous a été transmis. C'est un des documents de l'histoire politique de la Russie les plus intéressants à consulter (1).

(1) *Traité de paix conclu entre Oleg et les Grecs.*

Nous, Russes de naissance, Charles, Inguelot, Tarloff, Vérémid, Roulaf, Goudé, Roneald, Carn, Frélaf, Rouar, et Aloutroviane, Lidoulfort et Stémide, députés par le grand prince de Russie et par tous les illustres boyards qui reconnaissent son autorité, vers vous, à Léon Alexandre et Constantin (frère et fils du premier), puissants empereurs de Grèce, pour vous exprimer le désir de voir régner pendant de longues années la bonne intelligence entre les chrétiens et les Russes, selon la volonté de nos princes et de tous les sujets d'Oleg, nous avons arrêté les bases de cette alliance dans les articles suivants, non pas seulement en paroles, mais par écrit. Conformément aux rites de la religion de notre patrie, nous avons juré sur nos armes, d'en maintenir la fidèle observation.

Art. 1. — En premier lieu, soyons unis, ô Grecs! Aimons-nous les uns les autres de toute notre âme! Nous ne souffrirons jamais qu'aucun des sujets de nos illustres princes ose nous insulter. Cette alliance sera solide et durable entre nous, mais vous aussi, Oleg, conservez un sincère attachement pour nos grands princes de Russie et pour tous les sujets du grand Oleg. En cas d'infraction à ces promesses mutuelles, ou de torts réciproques, convenons d'y remédier de la manière suivante (2):

Art. 2. — Toute faute devra être prouvée, et à défaut de témoins, ce sera à l'accusé et non à l'accusateur à prêter serment. Chacun devra jurer d'après les rites de sa religion (3).

Art. 3. — Si un Russe donne la mort à un chrétien, ou un chrétien à un Russe, l'assassin subira la peine capitale, sur le lieu même où le crime aura été commis. Si le meurtrier a un domicile, et dans le cas où il se

(2) Caramzin. *Histoire de la Russie*, vol. I, page 169.

(3) On voit par cet article que les querelles survenues à Constantinople, entre les Grecs et les Russes, firent sentir la nécessité d'intercaler dans ce traité de paix, certaines dispositions de droit criminel. Caramzin. *Histoire de la Russie*, vol. I, page 170.

A l'exemple d'Oleg, il tenta une expédition contre Constantinople. Les ravages que causa dans son armée le feu grégeois l'obligèrent à se retirer. Mais bientôt il reprit les hostilités et remporta de brillants succès. Pour obtenir la paix, l'em-

serait soustrait aux recherches de la justice, sa fortune sera recueillie par le plus proche parent de la victime. Cette dévolution de biens aura lieu sans préjudicier aux droits de la femme du meurtrier, qui néanmoins ne sera point privée de ce que la loi lui accorde. Si le coupable prend la fuite sans laisser de biens, des poursuites rigoureuses seront exercées contre lui jusqu'à ce qu'il soit découvert ; il sera puni de mort.

Art. 4. — Celui qui frappera son semblable avec une épée ou quelque autre arme sera condamné à payer une amende de trois litres d'argent, d'après la loi russe. S'il ne possède rien, il donnera à celui qui aura été frappé tout ce dont il pourra disposer, même son vêtement. Il jurera, dans les termes prescrits par la religion à laquelle il appartient que ni ses parents, ni ses amis ne consentent à réparer le délit qu'il a commis. Dans ce cas, il sera mis à l'abri de toutes poursuites.

Art. 5. — Si un Russe commet un vol au préjudice d'un Grec, ou un Grec au préjudice d'un Russe, le flagrant délit ayant été constaté, et que le coupable oppose de la résistance, le propriétaire de l'objet volé aura le droit de tuer le voleur et de reprendre ce qui lui aura été dérobé, sans craindre d'être lui-même poursuivi.

Si le voleur se livre de lui-même à celui qu'il a volé, ce dernier s'emparera de sa personne et le fera garrotter.

Tout Russe ou tout chrétien qui, sous prétexte de rechercher ce qui lui aura été dérobé, pénétrera dans la maison d'autrui et en enlèvera de force des objets autres que ceux qui peuvent lui appartenir, sera condamné à payer le triple de la valeur des objets qu'il aura enlevés.

Art. 6. — Si un vaisseau grec est jeté par une tempête sur une côte étrangère, dans le cas où il s'y trouverait des Russes, ils auront soin de conserver le bâtiment, ainsi que la cargaison, et de l'envoyer dans un port grec où il pourra être en sûreté.

Si, par suite du mauvais temps ou de quelque autre obstacle, le navire

pereur grec Roman accepta, comme l'avait fait Michel III, les conditions onéreuses d'un traité dont nous reproduisons les termes :

Le préambule est le même que celui du traité qu'avait accepté Oleg.

ne pouvait être reconduit dans un port grec, il sera ramené, à l'aide de rameurs, dans un port russe, à l'abri des vents. Les effets et marchandises que contiendra le bâtiment seront mis en vente. Lorsque les ambassadeurs ou les marchands russes se rendront à Constantinople, ils y conduiront le navire avec tous les honneurs possibles, et restitueront le prix des marchandises qui composaient la cargaison. Si un Russe avait donné la mort à un homme de l'équipage, ou si quelque vol avait été commis, on appliquerait les peines énoncées plus haut. Les Grecs rempliront les mêmes formalités à l'égard des navires russes.

Art. 7. — Si, au nombre des esclaves achetés, il se trouve en Grèce des sujets russes, ou des sujets grecs en Russie, on devra les rendre à la liberté, recevoir pour leur rançon le prix d'achat, ou au moins, le prix courant des esclaves. Les prisonniers seront également renvoyés dans leur patrie, à la condition de payer vingt pièces d'or par homme. Quant aux Russes qui voudraient servir le souverain grec, ils auront le droit de rester en Grèce, si telle est leur volonté.

Art. 8. — Si un esclave russe prend la fuite, ou s'il est enlevé par celui qui prétend en être le propriétaire, celui auquel il appartient pourra le rechercher et s'en emparer partout où il le trouvera. Celui qui s'opposera à ces recherches sera considéré comme coupable de délit.

Art. 9. — Si un sujet russe, attaché au service de l'Empereur, meurt en Grèce, sans avoir disposé de ses biens, ne laissant ni enfants, ni frères, ni sœurs, ses biens seront envoyés en Russie à ses parents les plus proches. Si, avant de mourir, il a fait un testament, les biens dont il aura disposé seront remis au légataire institué par lui.

Art. 10. — S'il se trouve en Grèce des marchand russes ou autres sujets appartenant à cette nation qui, après avoir été condamnés, refusent de se rendre dans leur patrie pour y subir leur peine, l'empereur

« Art. 1. — Nous, Russes, ambassadeurs et négociants, députés par Igor, etc.....

» Nous, envoyés par Igor, grand prince de Russie (1), qui règne sur toutes les principautés et les habitants de ces contrées, sommes venus renouveler pour l'avenir l'ancienne alliance qui existait entre nous et les puissants empereurs grecs Roman, Constantin et Étienne. Nous formons sincèrement des vœux pour que cette alliance dure autant que le soleil éclairera le monde, en dépit des esprits jaloux qui voudraient jeter parmi nous la haine et la discorde.

» Les Russes prennent l'engagement de ne jamais rompre cette alliance conclue entre eux et l'empire grec, sous peine, par eux qui ont reçu le baptême, d'encourir les pénalités temporelles et éternelles qui leur seraient infligées par le Tout-Puissant ; quant aux autres, ils seront à jamais privés de tout secours, ne pourront se protéger avec leurs boucliers, se perceront de leurs propres épées, flèches et autres armes,

chrétien les fera transporter en Russie de gré ou de force. Les mêmes dispositions s'appliqueront pour les Russes à l'égard des Grecs.

Afin d'assurer la stricte exécution de ces conditions entre les Russes et les Grecs, elles ont été écrites avec du cinabre sur deux feuilles de parchemin, au bas desquelles l'empereur grec a apposé sa signature.

Il a juré par la sainte Croix et la sainte et indivisible Trinité d'observer fidèlement le traité dont il nous a remis un exemplaire pour notre prince. Quant à nous, ambassadeurs russes, nous lui en avons laissé un en jurant également, selon les prescriptions de la loi, tant en notre nom qu'au nom de tous les Russes, d'observer scrupuleusement toutes les conditions qui ont fait l'objet de la convention conclue entre les Russes et les Grecs.

Fait la seconde semaine de septembre de l'an 45 (c'est-à-dire de l'indicte 45) de la création du monde.

Ce traité a été reproduit en grec, en latin et en langue slave.

(1) Caramzin. *Histoire de la Russie*, vol. I, p. 187.

enfin ils seront mis en esclavage dans ce monde et dans l'autre.

» Art. 2. — Le grand prince de Russie ainsi que ses boyards pourront librement envoyer en Grèce leurs vaisseaux, leurs ambassadeurs et leurs négociants. En exécution des précédentes conventions, ces derniers porteront des cachets d'argent, et les ambassadeurs des cachets d'or. A l'avenir ils seront munis d'un passeport du grand prince sur lequel seront énoncées leurs intentions pacifiques, et qui donnera le détail du nombre d'hommes et de vaisseaux expédiés. A défaut de ce passeport, ils seront retenus jusqu'à ce que le prince russe ait été informé de leur arrivée en Grèce. Dans le cas où ils opposeraient quelque résistance, et s'il arrive qu'ils succombent dans la lutte, le prince russe s'engagera à ne jamais rechercher les auteurs de cette mort. Dans le cas où étant en fuite, ils se seraient réfugiés en Russie, le prince russe en sera informé afin qu'il puisse prendre à leur égard les mesures qu'il jugera convenables. »

Quant à l'art. 3 du traité, il n'est que la reproduction des conventions signées par Oleg sous les murs de Constantinople. Ces conventions déterminent les formalités que les ambassadeurs et marchands russes doivent observer en Grèce dans les lieux qui leur auraient été fixés comme résidence, ainsi que la nature des droits qui leur sont accordés, etc. Cet article se termine ainsi :

« Les étrangers russes seront spécialement placés sous la protection d'un officier de l'empereur, qui sera juge de leurs démêlés avec les Grecs.

» Toute pièce d'étoffe qui serait achetée par un Russe, et dont le prix serait d'une somme supérieure à cinquante pièces d'or, sera présentée à ce magistrat qui y apposera son cachet. Lorsque les sujets russes quitteront le siége de l'empire, ils recevront des vivres pour eux et des agrès pour leurs vaisseaux, con-

formément aux clauses du précédent traité ; mais, à partir de
ce moment, il ne leur sera plus permis de passer l'hiver à
Saint-Mame, et ils devront effectuer leur départ avec une sauvegarde.

» Art. 4. — Lorsqu'un esclave se sera enfui de Russie en
Grèce, ou s'il abandonne les marchands domiciliés à Saint-
Mame, les Russes auront le droit de le rechercher et de s'en
emparer. Si on ne parvient pas à le découvrir, les Russes chrétiens ou idolâtres affirmeront, par serment et selon les rites de
leur religion, qu'il a pris la fuite. Dans ce cas, les Grecs leur
donneront, aux termes de l'ancien traité, deux pièces d'étoffe
pour chaque esclave. Dans le cas où un serf grec se serait enfui
chez des Russes, emportant des étoffes volées, il sera renvoyé avec
ce qu'il aura dérobé, et ceux-ci recevront deux pièces d'or à
titre de récompense.

» Art. 5. — Lorsqu'un Russe aura commis un vol au préjudice d'un Grec, ou si un Grec commet le même délit au préjudice d'un Russe, le coupable sera puni d'après les lois criminelles de Russie et de Grèce. Il sera, en outre, obligé de restituer
les objets volés, et payera une amende qui sera du double de
leur valeur (1).

---

(1) Il n'est pas sans intérêt de remarquer cette disposition pénale qui a
été appliquée et reproduite dans les diverses périodes de la législation romaine. Nous lisons dans un fragment de la loi des Douze Tables ces quelques mots formant le commencement d'une phrase qui n'est pas parvenue
jusqu'à nous : « XVI. Si adorat furto, quod nec manifestum exit... (Table VIII, De delictis). »

En réunissant les indications indirectes qui nous ont été fournies par les
écrivains et les jurisconsultes de l'antiquité, la phrase a été complétée : en
voici la traduction : Si on intente une action pour vol non manifeste...
(que la peine contre le voleur soit du double). — On lit encore dans

» Art. 6. — Lorsque des Russes ramèneront à Constantinople des prisonniers grecs, ils pourront les échanger contre dix pièces d'or pour un jeune homme ou une jeune fille de bonne apparence, huit pour un homme d'un âge mûr, et enfin, cinq pour un vieillard ou un enfant. Si des Russes se trouvent en esclavage chez les Grecs, ceux-ci seront autorisés à recevoir à titre de rançon dix pièces d'or pour chaque prisonnier. S'il s'agit d'un esclave qui aurait été acheté, on remboursera au propriétaire le prix qu'il lui aura coûté, d'après le serment qu'il prêtera sur la sainte Croix.

» Art. 7. — Le prince russe renonce à exercer son autorité sur la Chersonèse et les villes qui s'y trouvent comprises. Cependant, s'il juge à propos de faire là guerre dans ces contrées, les Grecs prennent l'engagement de lui fournir toutes les troupes qu'il leur demandera.

» Art. 8. — Dans le cas où les Russes verraient sur le rivage un vaisseau grec échoué, ils devront le respecter. Si l'un d'entre eux y commet la moindre soustraction, maltraite ou tente de réduire en esclavage les hommes de l'équipage, il devra être puni d'après les lois criminelles de la Grèce et de la Russie.

» Art. 9. — Les Russes traiteront avec bienveillance les habitants de Cherson qui se livrent à la pêche à l'embouchure du Dniéper. Il ne leur sera pas permis d'y passer l'hiver, et ils ne pourront à la même époque séjourner à Bieloberejie et à Saint-Ester; à l'approche de l'automne, ils devront effectuer leur retour en Russie.

» Art. 10. — Le prince de Russie ne pourra autoriser les

les Institutes de Justinien, liv. IV, titre VI : «In duplum agimus : Veluti furti nec manifesti»...: on agit au double dans les actions de vol non manifeste, etc.

Bulgares noirs à faire la guerre dans la province de Cher-
» son (1).

» Art. 11. — Dans le cas où des Grecs, se trouvant en Russie, y commettraient quelques crimes ou délits, le prince
n'aura pas le droit de leur appliquer une pénalité; les coupables seront renvoyés en Grèce, afin qu'ils y subissent la peine à
laquelle ils seront condamnés.

» Art. 12. — Si un chrétien tue un Russe, ou un Russe un
chrétien, les parents de la victime ont le droit de s'emparer
du meurtrier et de lui donner la mort. »

(La suite de cet article est la reproduction de l'article 3 du
traité que nous avons cité précédemment.)

L'article 13 est conçu dans les mêmes termes que l'art. 4 du
même traité.

« Art. 14. — Lorsque les empereurs grecs adresseront une
demande de troupes au prince de Russie, celui-ci devra y ac-
céder; il montrera ainsi à tous les étrangers la bonne intelligence qui règne entre la Grèce et la Russie.

» Les clauses et conditions qui viennent d'être énoncées seront
écrites sur deux feuilles de parchemin dont l'une sera envoyée
aux empereurs, l'autre, revêtue de leurs signatures, sera remise au grand prince de Russie Igor et à ses principaux officiers. Lorsqu'ils l'auront reçue, ils jureront de l'observer fidèlement. Ceux qui auront reçu le baptême dans la cathédrale de
Saint-Élie prêteront le serment de fidélité devant la sainte Croix,
placée sur le traité; quant à ceux qui n'auront pas été baptisés,
ils auront soin de déposer à terre leurs boucliers, leurs an-
neaux et leurs épées nues. »

(1) Les Bulgares noirs se composaient des habitants de la Bulgarie du
Danube. On les nommait ainsi pour les distinguer des peuples qui occupaient autrefois le pays des Bulgares proprement dit.

Ces deux traités contiennent des dispositions de droit international, civil, criminel et sacré. Ils offrent certains caractères communs aux législations de tous les peuples qui sont encore dans la période de l'enfance: en effet, malgré le sentiment d'une certaine équité que l'on y observe, quoique l'on ait eu pour but de faciliter et d'adoucir le plus possible les relations entre les deux peuples, cependant, dans la sphère du droit pénal, on voit l'intérêt individuel dominer l'intérêt social, la peine avoir plutôt un caractère privé qu'un caractère public.

Ces documents ont néanmoins une grande importance, car seuls ils composent toute la législation de la Russie à l'époque dont nous nous occupons.

Igor fut assassiné par les Drevliens en 945, après avoir régné trente-deux ans. Il eut pour successeur son fils Sviatoslaf, qui est le premier souverain portant un nom d'origine russe. Ce jeune prince eut pour gouverneur Asmould. Le commandement de l'armée fut confié à Sveneld. Ce fut probablement grâce au concours dévoué de ces deux généraux, qu'Olga parvint bientôt à s'emparer du trône de Russie. Elle reçut le titre de régente. Par sa fermeté, son esprit de justice, la sagesse de ses conseils, elle prouva qu'une femme peut quelquefois se montrer digne de commander à un grand peuple et égaler en mérite les souverains dont la postérité a consacré avec raison le souvenir.

Olga signala son avènement au trône par un acte de justice : elle fit mettre à mort les assassins d'Igor, son mari. Malgré la sévérité dont elle fit preuve à leur égard, elle parvint bientôt à se concilier les sympathies des Drevliens par des mesures émanées d'une sage et bienveillante administration. Elle ne négligea rien pour faire strictement appliquer les ordonnances de l'État dans les sphères administrative, civile et militaire. De plus, elle s'attacha à établir entre les diverses classes de citoyens une juste

répartition des impôts, voulant avant tout que la prospérité de
son règne fût inaugurée par une notable diminution des charges qui pesaient sur certaines classes de la population. Dans la
province de Novgorod, elle fit ouvrir de larges voies de communication afin d'abréger les distances et de faciliter les relations
commerciales entre les principales provinces de l'État, partagea le territoire en bailliages et en communautés ; en un mot,
tous ses efforts tendirent constamment à contribuer au bonheur
de son peuple par un grand nombre de réformes dont elle prit
l'initiative, et qui lui donnèrent de justes titres à la reconnaissance de ses sujets.

Olga se convertit au christianisme : elle reçut le baptême.
Bientôt elle se rendit à Constantinople ; ce fut le patriarche qui
voulut, en personne, initier la nouvelle adepte aux préceptes et
aux divins mystères de la religion qu'elle venait d'embrasser.

Sviatoslaf, fils d'Igor, était un prince d'un caractère belli-
queux et aventurier. Il se signala dans de nombreuses guerres,
s'empara de Biélovége, et repoussa les invasions des Petschenè-
gues. A la mort d'Olga sa mère, ne voyant plus d'obstacles à ses
projets, il transféra le siége du gouvernement sur les bords du
Danube. Il conquit la Bulgarie, et, encouragé par le succès de
ses armes, renouvela contre l'Empire grec les attaques d'Oleg
et d'Igor. Mais bientôt la fortune lui fut contraire ; moins heureux que ses prédécesseurs, il se vit forcé d'accepter le traité que
lui proposa l'empereur Zimiscès. Aux termes de cette convention, ce souverain voulut bien consentir à lui faire des concessions que ne justifiaient pas ses récents succès dans la lutte provoquée par son agresseur. Mais, avant tout, soucieux de la
tranquillité de son empire, redoutant les difficultés que pouvait lui susciter une guerre dont il n'entrevoyait pas l'issue, il
voulut s'imposer des sacrifices dans l'espérance de vivre en paix
avec un ennemi aussi dangereux que Sviatoslaf.

A la mort de ce dernier, ses deux fils, Yaropolk qui régnait à Kief, et Oleg qui commandait aux Drevliens, se firent la guerre. Cette lutte se termina par la mort d'Oleg. Bientôt Yaropolk périt à son tour, assassiné par Vladimir, troisième fils de Sviatoslaf. Yaropolk avait gouverné sept ans ; il avait conservé quatre ans le titre de prince de Kief ; pendant les trois autres années, il avait occupé le trône de Russie.

CHAPITRE III

VLADIMIR LE GRAND.

905 – 1011.

Vladimir à peine sur le trône s'efforça de se faire pardonner le crime qui l'y avait fait monter. Malgré son penchant pour les femmes, il possédait les qualités d'un grand prince. Habile et courageux à la guerre, il s'empara de la Gallicie, étouffa promptement la révolte des Viatiches, se rendit maître du pays des Iatviagues et étendit ses conquêtes jusqu'à la mer Baltique.

Païen fanatique, il persécuta les chrétiens. Il conquit la Bulgarie orientale dont les peuples s'étaient révoltés. Peu de temps après, par un singulier retour sur lui-même, il se convertit au christianisme. Sa nouvelle croyance, à laquelle il s'attacha avec ferveur, ne lui fit cependant pas négliger le soin de sa gloire et de celle de son empire; il continua le cours de ses conquêtes et s'empara de Cherson. Songeant enfin à de plus pacifiques travaux, il fit construire plusieurs villes qu'il s'attacha à embellir et à doter d'utiles institutions.

On lui attribue des ordonnances ecclésiastiques par lesquelles il conféra au clergé des droits et prérogatives qui, auparavant, appartenaient aux séculiers (1).

(1) Levesque. *Histoire de Russie*, page 164.

Aux termes de ces ordonnances, Vladimir fit prélever la dîme du revenu de l'État sur les bénéfices que réalisaient chaque semaine les commerçants. Il défendit, en outre, à ses enfants et à ses descendants, jusqu'à la dernière génération, de s'immiscer dans les décisions des affaires ecclésiastiques.

Selon lui, ce droit ne devait appartenir ni aux princes temporels ni aux boyards : il devait être exclusivement réservé aux métropolites et aux évêques. Les prières prononcées lors de la cérémonie des fiançailles, les conditions requises pour la validité des mariages, l'examen des griefs respectifs des époux, les causes qui peuvent autoriser le divorce, les délais dans lesquels on doit faire baptiser les enfants, les empêchements au mariage ou fiançailles entre parents ou alliés, le rapt, le viol, l'adultère, la polygamie, les infractions aux jeûnes prescrits et aux grands carêmes, le jeûne observé le samedi, conformément aux prescriptions de l'Église, les profanations commises dans les églises, les divinations, les sortiléges, les maléfices (1), les empoisonnements, les hérésies, les injures adressées à un individu en le traitant d'hérétique, de sorcier, les mauvais traitements exercés soit par les enfants sur leurs parents, soit par la bru sur sa

_____

(1) A Rome, la loi des Douze Tables avait prévu et puni les mêmes délits. *Qui fruges excantasset... neve alienam segetem pellexerit..., Celui qui, par enchantement, flétrira les récoltes, ou les attirera d'un champ dans un autre* (Table VIII, § VIII.). — *Qui malum carmen incantasset... malum venenum... Celui qui aura lié quelqu'un par des paroles d'enchantement sera puni de la peine capitale,* (Table VIII, § XXV.)

Sans connaître les peines prononcées par les ordonnances de Vladimir contre ce genre de délits, il est présumable qu'elles devaient avoir ce caractère d'excessive sévérité que nous remarquons dans la législation romaine. C'est ainsi que dans l'enfance des législations, l'ignorance superstitieuse des récriminations produit la disproportion des pénalités.

belle-mère, les vols dans les églises, les actes indécents qui y
seraient commis, l'oubli du respect que l'on doit au temple
manifesté par le fait d'y conduire un troupeau, à moins d'une
nécessité absolue, les prières adressées au soleil, à la lune, aux
étoiles, aux nuages, aux vents, etc..., le judaïsme, l'apostasie,
les liaisons illégitimes d'où naissent des enfants, le crime d'a-
vortement commis par les femmes enceintes, les contestations
relatives aux poids et mesures. Telle est la longue énumération,
que nous abrégeons, des affaires qui, aux termes des ordonnances de Vladimir, doivent être déférées à la juridiction ecclésiastique.

Un grand nombre de sujets de l'État, jouissant du privilége
de la cléricature, étaient également soumis à la juridiction
ecclésiastique; de ce nombre étaient : les évêques, les archimandrites, les doyens, les moines, les religieuses, les sonneurs,
ceux auxquels était confiée la garde de l'église, les personnes
chargées de brûler l'encens et toutes celles employées au service séculier des temples, les veuves, les pauvres, les malades,
les médecins, etc...

D'après ces ordonnances, le produit des jugements rendus
dans les affaires civiles devait être partagé en dix parties égales,
dont neuf étaient attribuées au souverain, et la dixième à l'Église.
Afin d'éviter toute fraude dans cette répartition, aucun jugement
n'était rendu sans qu'un métropolite assistât à l'audience. On
le voit, à cette époque de civilisation peu avancée, certaines
garanties, qui à notre époque ont été consacrées par le temps
et l'expérience, n'existaient pas alors pour les justiciables : c'est
ainsi, qu'en Russie, sous le règne de Vladimir, la justice n'était
pas rendue gratuitement.

L'introduction du christianisme en Russie, et les diverses
modifications apportées dans l'administration intérieure de
l'État étendirent, dans de larges proportions, la compétence des

juges ecclésiastiques, en leur attribuant le droit de juger un grand nombre d'affaires qui, auparavant, étaient dévolues à la juridiction civile.

Nous savons que déjà à cette époque, les évêques grecs s'immisçaient aux actes du pouvoir temporel. .

L'historien Nestor nous raconte, dans sa chronique, en parlant de Vladimir, que son excessive bonté, qui parfois dégénérait en faiblesse, à souvent nui aux intérêts de l'État. Singulier contraste dans la nature de celui qui n'avait pas craint de se souiller du plus odieux des crimes pour usurper le trône ! En effet, ajoute Nestor, « il n'infligeait pas la peine capitale aux meurtriers, et se contentait de les condamner à une amende. Aussi le nombre des malfaiteurs s'accrut à un tel point que personne ne se croyait en sûreté dans l'État, car chacun était journellement exposé aux audacieuses tentatives de ceux qui d'avance étaient presque assurés d'une sorte d'impunité. Dans le but de mettre un terme à de semblables excès, qui compromettaient gravement la tranquillité publique, les pasteurs ecclésiastiques se déterminèrent à adresser au prince des observations, dans l'espérance qu'il prendrait les mesures les plus propres à conjurer le péril. Vladimir céda à de si sages conseils, et abolit l'amende que l'on prononçait contre les meurtriers pour y substituer la peine capitale telle qu'elle existait sous le règne de ses prédécesseurs, Igor et Sviatoslaf. Il espérait ainsi voir diminuer en Russie le nombre des crimes qui jusqu'alors n'avait fait que s'accroître. Mais bientôt les boyards, servilement attachés au maintien des anciennes coutumes, même dans ce qu'elles pouvaient avoir de contraire aux intérêts de l'Etat, persuadèrent au grand prince de rétablir la peine de l'amende pour ces sortes de crimes. Seulement, au lieu de consister en argent, elle devait se composer d'armes et de chevaux destinés aux troupes de l'État. »

C'est à cette époque que fut introduit en Russie le *Nomokanon* de Photius.

. Vladimir eut douze fils. Dans la pensée qu'un souverain doit, avant tout, compter sur la fidélité de ses enfants, comme sujets de leur père, et obéissant à un usage constamment suivi à cette époque, il divisa son empire en principautés qu'il partagea entre ses enfants : il donna en apanage, Novgorod à Yaroslaf, Polotsk à Isiaslaf, Rostof à Boris, Mourom à Gleb, le pays des Dreyliens à Sviatoslaf, Vsevolod eut Vladimir en Volhynie, Mstislaf, Tmontorokan où la Tamatarque des Grecs.

Il ordonna à ses fils de se rendre dans leurs commandements respectifs, et plaça auprès d'eux, jusqu'à l'époque de leur majorité, des gouverneurs instruits chargés de les éclairer de leurs leçons et de leurs conseils.

Par cette nouvelle organisation, l'intention de Vladimir n'était nullement de démembrer son territoire, en créant de petits États distincts ; en effet, ses fils n'avaient dans leurs principautés respectives que le titre de lieutenants du souverain et le droit de le représenter en toutes circonstances (1).

Avant l'époque à laquelle les fils de Vladimir furent placés à la tête de ces principautés, les gouverneurs, qui s'étaient succédé à Novgorod, payaient annuellement un tribut de trois mille grivnas, sur lesquels deux mille étaient attribués au grand prince, et le reste à ses gridnis ou gardes du corps. Yaroslaf, qui venait d'être investi du titre de prince de Novgorod, se déclara indépendant et refusa de payer ce tribut. Vladimir, furieux de voir l'un de ses fils donner l'exemple de la révolte, ordonna à ses généraux de se préparer à marcher à la tête de l'armée contre le rebelle. Celui-ci, oubliant ses devoirs de fils

(1) Caramzin. *Histoire de la Russie*, vol. I, pages 273 et 274.

et de sujet, persévéra dans sa résistance et appela bientôt les
Varègues à son secours pour soutenir cette lutte insensée. Sur
ces entrefaites, Vladimir fut atteint d'une grave maladie. Étant
hors d'état de se mettre à la tête de son armée, il en confia le
commandement à l'un de ses fils, Boris, prince de Rostof, qu'il
affectionnait le plus, et sur la fidélité duquel il croyait pouvoir
compter. Boris était alors à Kief. Vladimir venait de prendre
ces dispositions, lorsqu'il mourut à Berestof en 1015, sans avoir
pu se désigner un successeur au trône. Ainsi se termina ce règne
qui compte parmi les plus remarquables de l'histoire russe. Le
courage de ce souverain, ses vertus, ses brillantes qualités
comme administrateur et comme guerrier, lui valurent dans la
postérité le titre de Grand. Il avait su donner à l'Europe un
exemple bien rare dans l'histoire de la vie des princes : monté
sur le trône par l'assassinat, il s'était fait pardonner ce crime
en s'efforçant de se concilier l'affection de ses sujets et en donnant à son gouvernement une direction sage et éclairée.

Constitution civile de la Russie depuis les temps les plus reculés jusqu'à Yaroslaf.

« *Nous voulons un prince qui nous commande et nous gouverne*
» *selon les lois.* »

Tel fut, d'après Nestor, le premier vœu qu'exprimèrent les
Novgorodiens et leurs alliés, lorsqu'ils demandèrent aux Varègues de leur donner des souverains.

N'est-il pas intéressant d'observer cet instinct de légalité chez
ces peuples primitifs, presque grossiers, parmi lesquels la civilisation n'avait pas encore pénétré ? Ce souhait si nettement
formulé semble être la première base des constitutions qui,
plus tard, furent promulguées en Russie, et avoir donné naissance aux institutions monarchiques de cet État.

Les princes avaient amené avec eux en Russie un grand nombre de Varègues. Ceux-ci les considérèrent plutôt comme des
compagnons d'armes que comme des souverains. Dès l'origine
de la monarchie, ce fut parmi les Varègues que se trouvèrent
les hauts fonctionnaires, les chefs militaires les plus distingués,
et les citoyens les plus recommandables. C'était à eux qu'était
réservé l'honneur de composer la garde personnelle du prince
et le conseil suprême qui était investi d'un pouvoir presque
égal à celui du chef de l'État. On se rappelle que ce furent les
ambassadeurs russes qui, de leur propre volonté, conclurent
avec les Grecs le traité dont nous avons parlé au nom du prince
et de ses boyards. Dans ces circonstances, Igor ne put seul sanctionner l'alliance formée avec l'empereur: la garde tout entière dut prêter serment de fidélité sur la colline sacrée.

Quoique, dans l'origine, le peuple slave eût été soumis à l'autorité des princes, cependant, dans la forme de leur gouvernement, l'élément démocratique avait été conservé. S'agissait-il
d'événements graves qui souvent devaient décider du sort de la
nation, avait-on à délibérer sur la paix ou la guerre, sur un
danger public, la sûreté de l'État se trouvait-elle compromise;
le peuple tout entier se réunissait en assemblée générale pour
délibérer, et les résolutions, prises par la majorité des citoyens,
avaient force de loi. C'est ainsi que nous voyons les Bielgorodiens
menacés par les Petchenègues, délibérer en commun sur le parti
qu'il convenait le mieux de prendre en face de l'imminence du
péril.

Dans une autre occasion, les Novgorodiens déclarèrent formellement à Sviatoslaf que leur désir était d'avoir un de ses fils
placé à leur tête. Si Sviatoslof s'y était refusé, eux-mêmes se
seroient choisi un chef.

Ces assemblées, qui se réunissaient dans les villes de Russie
dès l'époque la plus reculée, témoignent de la part que pré-

naient alors les citoyens à la direction de l'État. Cette participation à l'exercice de l'autorité suprême disparut plus tard, lorsque le despotisme absolu prit naissance en Russie.

En temps de guerre, les droits qu'avait le souverain sur le
butin pris à l'ennemi étaient limités : une part lui était attribuée, le reste appartenait à ses troupes. Oleg et Igor avaient
exigé des Grecs qu'un tribut particulier fût payé à chaque soldat russe ; les parents de ceux qui avaient succombé en com-
battant eurent les mêmes droits. Lorsque Igor attaqua les
Drevliens, il eut soin de faire retirer son armée, afin de ne
pas être obligé de partager avec chacun de ses soldats le butin
qu'il espérait conquérir sur l'ennemi. Il est donc constant qu'à
cette époque, les princes, après une victoire remportée, parta-
geaient avec leur armée, non-seulement les dépouilles de l'ennemi, mais encore les impôts prélevés sur les peuples soumis à
la domination russe. Du reste, le territoire tout entier constituait en quelque sorte l'apanage légitime des grands princes ;
en effet, ils avaient le droit de disposer à leur gré des villes
ou bailliages sur lesquels ils exerçaient leur autorité. C'est ainsi
qu'un certain nombre de Varègues avaient reçu de Rurik plusieurs apanages ; c'est en vertu du même droit conféré au souverain, que la femme d'Igor put régner à Vouichegorod.

Les Varègues qui, aux termes des ordonnances émanées du
pouvoir féodal, avaient sous leurs ordres des villes entières,
portaient le titre de princes. Ils sont cités dans le traité conclu
entre Oleg et l'empereur grec. Les enfants de ces princes avaient
le droit de leur succéder dans leurs apanages, s'ils avaient su se
concilier les bonnes grâces du souverain.

Les boyards de Vladimir considéraient Polotsk, qui avait été
gouvernée par Rogvolod, comme la propriété héréditaire de sa
fille Rognéda. Cependant, le grand prince seul avait le droit de
disposer de ces petits États particuliers.

Vladimir avait affecté à ses enfants Rostof et Mourom, qui, depuis Rurik, avaient été les apanages des seigneurs normands.

Il y avait encore d'autres villes et bailliages soumis à l'autorité directe du grand prince, mais qu'il faisait administrer par ses lieutenants.

Le mode d'administration intérieure de ces petits gouvernements avait un caractère de simplicité toute primitive et semblait refléter les mœurs de cette époque : ainsi, les emplois, dans l'ordre civil et militaire, étaient occupés par les mêmes hommes ; le prince s'entourait de guerriers, ses compagnons d'armes, pour régler les affaires de l'État. Il avait tout à la fois le pouvoir législatif et judiciaire ; aussi, avons-nous vu Vladimir abolir et rétablir la peine capitale pour la répression de certains crimes. Nestor raconte que, dans les villes de Russie, les vieillards qui s'étaient fait connaître par leur honorabilité, la sagesse de leurs conseils, et qui avaient su mériter la confiance du peuple, pouvaient recevoir le titre de juges dans les affaires publiques.

Lorsque les Slaves vivaient indépendants, la législation civile avait uniquement pour base la conscience des juges aidée des anciennes coutumes observées dans chaque tribu en particulier. Mais, lorsque les Varègues pénétrèrent en Russie, ils y introduisirent une législation civile qui fut appliquée dans toute l'étendue du territoire. Les traités conclus entre les grands princes et les Grecs, entièrement conformes aux anciennes lois scandinaves, nous en fournissent la preuve. Nous voyons les mêmes dispositions pénales reproduites dans chacun de ces traités ; telles sont les suivantes : « Le parent de celui qui aura été assassiné pourra tuer à son tour le meurtrier. — Tout citoyen aura le droit de vie et de mort sur celui qui aura commis un vol à son préjudice et qui refusera de se rendre volontairement à lui. Une amende, consistant en argent, sera

payée par celui qui aura frappé son semblable d'un coup de
sabre, de sa lance, ou avec toute autre arme. »

Ces dispositions législatives, appliquées en Russie antérieurement à celles de Yaroslaf, à une époque toute primitive, méritent d'être signalées. Malgré le caractère de vengeance individuelle que l'on voit consacré par de semblables pénalités,
cependant on remarque dans quelques-unes de ces dispositions
le respect du serment basé sur un sentiment d'équité que vient
fortifier la voix intérieure de la conscience : c'est ainsi que tout
prévenu d'un crime ou d'un délit était acquitté, lorsqu'il affir-
mait par serment, qu'il se trouvait dans l'impossibilité absolue
de payer l'amende à laquelle il aurait pu être condamné. De
même, celui qui s'était rendu coupable de vol était frappé
d'une peine proportionnée à la gravité du délit qu'il avait
commis : il 'avait payer, selon les cas, le double ou le triple
de la valeur de l'objet volé.

Quant aux droits successifs, les citoyens qui, par leur travail
ou leur industrie, avaient acquis des biens pouvaient en disposer au profit de leurs parents ou de leurs amis.

Il est peu vraisemblable que les traditions aient seules pu
transmettre d'âge en âge ces dispositions législatives. Selon
toute probabilité, les Slaves, ou tout au moins les Varègues,
ont dû avoir un code écrit, dès le ix° et le x° siècle (1) ; en effet,
dans la Scandinavie, leur ancienne patrie, les lettres russes
étaient en usage même avant l'introduction du christianisme (2).

(1) On se rappelle qu'aux termes de l'art. 4 du traité conclu entre Igor
et les Grecs, celui qui frappera un autre avec une épée ou quelque autre
arme, payera trois livres d'argent suivant la loi russe. D'où l'on peut induire qu'il existait en Russie une législation écrite.

(2) Caramzin. Histoire de Russie, vol. I, page 206.

CHAPITRE IV

YAROSLAF.

1019—1054

Rouskaia pravda (vérité russe.)

Yaroslaf doit être regardé comme le premier législateur russe. Il publia la collection des lois anciennes qui avait été conservée jusqu'à cette époque, et à laquelle on donnait le nom de *Rouskaia pravda* (*justice russe*) (1), expression qui, dans la la langue moderne russe, signifie *vérité russe.*

Si l'on en croit la chronique de Nestor, dès l'année 1020 av. Jésus-Christ, Yaroslaf avait donné des lois écrites aux Novgorodiens. Seulement, ce code, qui, primitivement, n'avait été rédigé que pour les habitants de Novgorod, fut appliqué plus tard dans toutes les villes du territoire, et considéré comme le recueil général des lois de la nation tout entière. Ce qui le prouve, c'est que les fils de Yaroslaf, qui étaient investis du commandement de plusieurs provinces de la Russie, ont augmenté d'une manière notable le code primitif et lui ont fait subir d'importantes modifications. Evidemment, rien de semblable n'aurait eu lieu, si ces lois n'eussent été applicables qu'à Novgorod. Toutefois, l'exemplaire manuscrit de ce code, que

(1) Chopin, vol. 2, page 41. Note sur le mot *pravda.*

le hasard a fait découvrir à l'est de la Russie, contient quelques
ordonnances qui ne pouvaient être mises à exécution qu'à Novgorod. Malgré les ravages du temps, le texte primitif de la
Rouskaia pravda est parvenu jusqu'à nous. Quoique Nestor,
dans sa chronique, l'ait passé sous silence, néanmoins on peut
dire que ce code était plutôt un monument législatif de l'ancien
droit, intéressant à consulter, plutôt qu'un recueil de lois destinées à être appliquées. On n'en connaissait que le nom jusqu'à l'année 1738, époque à laquelle le conseiller privé russe
Vassily Tatitzef découvrit ce code dans un manuscrit de Nestor
qui se trouve actuellement dans la bibliothèque de l'Académie
des sciences à Saint-Pétersbourg (1).

Le code de Yaroslaf mérite de fixer l'attention des jurisconsultes : il est dans l'antiquité le monument législatif le
plus curieux à consulter. Sorte de loi des Douze Tables, il
reproduit fidèlement l'état de la législation russe à cette époque,
aussi est-il pour l'historien une source précieuse de documents.
Si l'on compare le code de Yaroslaf avec les diverses dispositions législatives contenues dans les deux traités conclus par
Igor et Oleg, on est frappé de la similitude qui existe entre ces
documents. En effet, les lois de Yaroslaf sont une sorte de reproduction des coutumes scandinaves; il s'est contenté de com-
piler ces coutumes, en leur laissant ce caractère de simplicité
primitive qui les distingue : il n'a voulu y ajouter aucune disposition. Ce n'est donc pas une législation nouvelle qu'il a
promulguée : il s'est borné à réunir toutes les coutumes auxquelles le temps et l'usage avait donné force de loi. Toute-

---

(1) On ne doit pas confondre l'ancien texte, contenant les lois de Yaroslaf
(*Rouskaia pravda*), avec un petit recueil de lois russes, publié vers le xiii⁰
siècle, qui porte le même titre. Ce dernier ouvrage reproduit toutes les ordonnances de Yaroslaf et celles que décrétèrent plus tard ses successeurs.

fois, il a cru devoir modifier certaines parties de cette législation qui ne pouvaient se concilier avec l'esprit et les tendances du christianisme. Le code de Yaroslaf était écrit dans la langue des anciens Slaves.

Persuadé que le devoir des sociétés est, avant tout, de veiller à leur propre sûreté, et de garantir, pour chacun des membres qui les composent, la liberté individuelle, la propriété et tous les droits qui en découlent, Yaroslaf songea à sauvegarder ces divers intérêts dans les dispositions suivantes.

Droit russe ou lois d'Yaroslaf.

LOIS CRIMINELLES.

Si un homme en tuait un autre, les parents de la victime avaient le droit de venger ce meurtre en donnant la mort à l'assassin. Si celui-ci ne subissait pas la peine de son crime, il devait verser au trésor de l'État, savoir : pour un boyard ou un thioun du prince, la double amende ou quatre-vingts grivnas; pour un page du prince, pour son cuisinier, son écuyer, un marchand, un employé, le porte-glaive d'un boyard, enfin, pour chaque homme libre russe (varègue ou slave) quarante grivnas ou l'amende simple.

Pour l'assassinat d'une femme, la moitié de l'amende. On ne prononçait pas d'amende pour le meurtre d'un esclave; mais celui qui en avait tué un, sans motif légitime, devait en payer le prix à son maître.

Pour le chef d'un village, préposé du prince ou d'un boyard, soit à un homme libre, cinq grivnas.

Pour une servante, six grivnas, et en outre douze grivnas au profit de l'État.

Déjà nous avons eu l'occasion de remarquer que les Russes

avaient reçu leurs lois civiles des Scandinaves. Dans le but de
resserrer encore plus, s'il était possible, les liens de parenté
entre les divers membres d'une même famille, et dans l'intérêt
de la sûreté personnelle de chacun d'eux, toutes les lois de la
Germanie étaient unanimes pour accorder aux parents de la
victime le droit de mettre à mort le meurtrier ou de l'obliger à
racheter, en quelque sorte, le crime qu'il avait commis, en
payant une amende. La quotité de cette peine pécuniaire fut
déterminée d'après le rang et la qualité des victimes.

Cette amende, qui aujourd'hui nous semble peu considérable
si on la compare à la valeur actuelle du numéraire, constituait
alors une charge très-lourde pour celui qui avait été condamné
à la payer, en raison même de la rareté de l'argent à cette
époque.

En ce qui touche la pénalité prononcée contre celui qui se serait rendu coupable d'assassinat, nous n'examinerons pas quels
pouvaient être les dangers de ce droit de vengeance individuelle. Si, dans le cas où la vie du meurtrier a été épargnée, le
législateur a cru devoir ne le condamner qu'à une amende, il a
sans doute été guidé par le désir d'épargner autant que possible
la vie d'hommes nécessaires à l'État. En outre, il a dû penser
qu'une condamnation pécuniaire serait assez efficace pour détourner à l'avenir les citoyens de crimes semblables.

Le texte de la loi relatif à la hiérarchie civile nous présente le
tableau des dignités telles qu'elles existaient anciennement en
Russie.

Les boyards et les thiouns des princes occupaient le premier rang. Les citoyens qui portaient le nom de boyards
étaient investis des plus hautes fonctions dans l'État (1).

_____

(1) Le mot *thioun* est dérivé de la langue scandinave, ou de l'idiome
allemand tel qu'on le parlait anciennement : *thaegn, thiongn, diaku,*

Les hommes d'épée, de cour, les marchands et les laboureurs libres composaient la seconde classe.

Enfin, la troisième classe était formée des domestiques esclaves qui étaient eux-mêmes la propriété des princes, des boyards, des religieux, et auxquels la loi n'accordait aucun droit civil.

Dans l'origine, en Russie, les premiers esclaves furent les prisonniers de guerre et leurs descendants. Plus tard, au xiᵉ siècle, on reconnut plusieurs causes de servitude. Le législateur nous les a indiquées.

Devenaient esclaves :

I. — L'homme qui avait été acheté en présence de témoins;

II. — Tout débiteur insolvable;

III. — Celui qui avait épousé une esclave sans stipuler aucune condition;

IV. — L'homme qui volontairement consentait à entrer au service d'une personne sans qu'il eût existé aucun engagement entre eux;

V. — Enfin celui qui, moyennant un prix convenu d'avance, avait consenti à aliéner sa liberté pendant un certain laps de temps, et avait pris la fuite, sans pouvoir prouver qu'il se rendait auprès du prince ou des juges pour demander que justice lui fût faite contre celui qui l'avait possédé.

L'état de domesticité ne suffisait pas, à lui seul, pour établir la servitude. En effet, un serviteur à gages avait toujours la faculté de quitter son maître, en ayant soin, toutefois, de lui restituer les sommes d'argent qui lui avaient été payées d'avance, et qu'il n'eût pas encore gagnées.

---

expressions qui signifient honnête homme. C'était le *vir probus* des Romains.

Chez les Anglo-Saxons les nobles, quelquefois même les comtes et les officiers de la suite du prince étaient décorés du titre de thiouns.

Le serviteur qui, quoique libre, avait été vendu frauduleuse-
ment comme esclave ne perdait pas la liberté, mais le vendeur
devait être condamné à payer douze grivnas au Trésor public.

Lorsqu'un homme, à la suite de l'animation d'une querelle
ou en état d'ivresse avait tué son semblable, s'il s'était soustrait
par la fuite aux poursuites de la Justice, tous les habitants du
district de l'arrondissement dans lequel l'assassinat avait été
commis étaient responsables et devaient être condamnés à payer,
au nom du coupable, une amende à laquelle on donnait le
nom de *sarrage*. Dans le but d'en faciliter le payement, les
juges avaient le droit d'accorder différents termes, quelquefois
même un délai de plusieurs années. Néanmoins, dans le cas où
le cadavre d'un inconnu avait été trouvé sur le territoire d'un
district, les habitants n'étaient tenus d'aucune responsabilité, à
raison de ce fait. Si l'assassin se présentait de lui-même, il
était condamné à payer la moitié de l'amende, les habitants
du district devaient payer l'autre moitié.

Il n'est pas sans intérêt de remarquer la prudence et l'esprit
de justice qui ont dicté cette disposition de la loi. Comme on
le voit, elle contient le germe du principe des circonstances at-
ténuantes admises dans la plupart des législations modernes.
En effet, si le coupable a agi sous l'influence d'un mouvement
de colère, ou de l'ivresse, la peine pourra être diminuée. En
outre, chaque habitant du district devant être obligé de supporter une quote-part, plus ou moins considérable, de la portion
de l'amende mise à la charge du district tout entier, il sera in-
téressé à faire découvrir le coupable afin de diminuer sa responsabilité personnelle.

La suite de l'article II est ainsi conçue :

« Si un homme commet un assassinat de propos délibéré, et
sans qu'il se soit élevé la moindre querelle entre sa victime et
lui, les habitants du district ne seront pas obligés de contri-

huer à l'amende qui sera due comme réparation de ce crime. Le coupable devra être livré au prince, lui, sa femme, ses enfants, ainsi que tout ce qui sera reconnu lui appartenir. »

Cette dernière disposition est loin d'être équitable, car, à proprement parler, la femme et les enfants du meurtrier ne sauraient, en morale et en droit, être responsables du crime qu'il a pu commettre. On ne peut l'expliquer qu'en se reportant au mode de constitution de la famille à cette époque : en effet, on n'a pas oublié qu'alors, comme dans la législation romaine, la femme et les enfants étaient la propriété du chef de famille. Dès lors, par une conséquence, selon nous, peu logique de ce principe, la famille tout entière devenait responsable des crimes commis par celui qui en était le chef.

À l'exemple des lois pénales d'Allemagne, le code de Yaroslaf prononce une peine spéciale contre ceux qui commettaient des voies de fait.

L'article III était ainsi conçu : « Pour un coup d'épée (l'arme restant dans le fourreau), ou de poignée d'épée ; pour un coup de canne, de poing, de coupe ou de gobelet, l'amende sera de douze grivnas ; — pour un coup de massue, elle sera de trois grivnas ; — pour chaque contusion ou blessure légère, de trois grivnas, sur lesquelles une grivna sera allouée au blessé pour se faire soigner. »

Aux termes de cette disposition, le fait de frapper avec une massue, ou de se servir d'une épée tranchante était puni moins sévèrement que les coups portés avec la main, un gobelet ou un vase léger.

Au premier abord, le législateur ne semble-t-il pas, dans cet article, n'avoir établi aucune corrélation entre la gravité des faits incriminés et la sévérité de la répression ? Pour donner un sens logique à cet article, voici comment l'on doit l'expliquer : qu'un homme tire son épée ou lève une massue, celui qui se trouve auprès de lui est averti, par cette menace d'agression, du danger auquel il va se trouver exposé ; dans ce cas, il pourra, le plus souvent, s'éloigner ou, à son tour, se préparer à repousser une attaque imminente. Au contraire, lorsque, inopinément, quelqu'un vous frappe, soit d'une épée, dont la lame n'a pas été tirée, soit avec une canne, cette violence présente un danger d'autant plus sérieux qu'elle était plus imprévue, surtout si l'on se rappelle qu'à cette époque chaque citoyen portait habituellement une canne ou une épée.

« Quiconque aura blessé quelqu'un au pied, à la main, à l'œil, » ou au nez, devra payer vingt grivnas au trésor et dix au blessé.

» Pour une mèche de barbe arrachée, douze grivnas seront » payées au trésor ; — pour une dent cassée, la même amende » sera appliquée, et le blessé recevra une grivna ; — pour un » doigt mutilé l'amende sera de trois grivnas payées au trésor et » une au blessé. Celui qui menacera quelqu'un de son épée » payera une amende d'une grivna. Au contraire, celui qui, se » trouvant dans le cas de légitime défense, aura tiré son épée, ne » sera passible d'aucune condamnation, même dans le cas où il » aurait blessé son aggresseur.

» L'homme qui, de son propre mouvement, et sans en avoir » reçu l'ordre du prince, se permettra d'infliger une punition à » un citoyen de distinction, payera une amende de douze gri- » vnas qui seront versées au trésor ; si celui auquel cette puni- » tion aura été infligée est un laboureur libre, dans ce cas, l'a- » mende ne sera que de trois grivnas. Quant à celui qui aurait » été frappé, il recevra une grivna.

» Si un esclave prend la fuite et se cache, après avoir frappé » un homme libre, dans le cas où son maître ne parviendrait pas » à le livrer, il devra payer douze grivnas à l'offensé qui aura le » droit de mettre à mort l'esclave coupable partout où il le dé- » couvrira. »

Ce droit de mort, accordé à l'offensé sur la personne de l'esclave, était d'une sévérité excessive, aussi fut-il abrogé par les fils d'Yaroslaf qui le remplacèrent par la faculté donnée à l'offensé d'infliger au coupable un châtiment corporel, ou d'exiger de lui une grivna en réparation du délit qu'il avait comnis.

« Si, étant en état d'ivresse, un maître inflige à tort une pu-
» nition à son serviteur, il sera dû à ce dernier les mêmes dom-
» mages et intérêts que s'il eût été libre. »

On doit remarquer que la plus grande partie des amendes était versée au trésor. En effet, toute infraction à la loi était considérée comme une sorte d'injure faite au prince, il était donc juste qu'il bénéficiât du produit des amendes prononcées en justice, à titre de réparation.

C'était dans le palais du prince qu'étaient ordinairement jugées les affaires civiles et criminelles.

Lorsque le plaignant s'y présentait meurtri ou ensanglanté, il était dispensé de fournir, à l'appui de sa demande, d'autres preuves des violences qui avaient été exercées contre lui. S'il se présentait en justice sans avoir de cicatrices ou de meurtrissures, il devait faire entendre des témoins qui attestaient ce qui s'était passé. Quant à l'auteur des violences, il était condamné à payer soixante counes; — même dans le cas où le plaignant se présentait tout ensanglanté, il n'avait droit à aucune indemnité, si les témoins déclaraient que c'était lui qui avait été l'aggresseur.

Les dispositions du code de Yaroslaf que nous venons de reproduire avaient pour but de garantir la sûreté individuelle des citoyens; dans celles qui suivent, le législateur s'occupe du droit de propriété.

« Chaque citoyen a le droit de mettre à mort le voleur sur-
» pris la nuit, en flagrant délit, dans sa propriété. Celui qui
» l'aura arrêté et garrotté devra, avant le lever du soleil, le con-
» duire au palais du prince.

Si quelqu'un mettait à mort un voleur pris et garrotté, il se rendait coupable d'un crime, et, à raison de ce fait, il devait payer douze grivnas au trésor.

Celui qui avait dérobé un cheval devait être livré au prince; il était privé de tous les droits des citoyens, tels que la liberté et le droit de propriété.

La rigoureuse sévérité avec laquelle sont traités les individus convaincus d'avoir volé des chevaux, nous montre combien ce noble animal était apprécié chez les Russes. Pour eux, comme pour la plupart des peuples, c'était le fidèle compagnon de l'homme, en voyage, à la guerre et au milieu des rudes travaux de l'agriculture, partageant ainsi avec son maître ses fatigues et ses dangers. On remarque dans certaines législations la même sévérité appliquée à ce genre de délit, quoique la pénalité soit différente : c'est ainsi que, d'après les anciennes lois des Saxons, tout homme, convaincu d'avoir dérobé le cheval d'autrui, était puni de mort.

L'auteur d'un vol domestique payait au trésor une amende de trois grivnas.

Celui qui avait volé du blé déposé dans un fossé ou dans une grange, était condamné à payer une amende de trois grivnas et de trente counes au profit du trésor. Le propriétaire du blé avait le droit de le reprendre, et d'exiger du voleur une demi-grivna.

Celui qui détournait, pour se l'approprier, du bétail renfermé dans une étable ou dans une maison, payait au trésor trois grivnas et trente counes. Si le même vol avait été commis dans la campagne, l'amende n'était que de soixante counes.

Déjà le législateur avait compris que dans le premier cas, le crime se trouvait aggravé, puisque, outre la soustraction frauduleuse dont se rendait coupable le voleur, il y avait de sa part violation de la propriété privée.

« En outre, le maître pourra exiger, à titre d'indemnité pour
» le bétail volé qui ne lui aurait pas été restitué, les sommes
» dont voici l'énumération :

» Pour un cheval appartenant au prince, — trois grivnas;

» Pour un cheval ordinaire, — deux grivnas ;

» Pour un étalon, — une grivna ;

» Pour un jeune étalon, — six nogates ;

» Pour un taureau, — une grivna ;

» Pour une vache, — quarante counes;

» Pour un bœuf de trois ans, — trente counes;

» Pour un bœuf d'un an, — une demi-grivna ;

» Pour un veau, une brebis ou un porc, — cinq counes;

» Pour un mouton ou un cochon de lait, — une nogate (1). »

Il n'est pas sans intérêt de consulter ce tarif, car, il nous fait
connaître quel était à cette époque, la valeur vénale des animaux qui y sont désignés.

« Quiconque s'emparera d'un castor dans son terrier sera
» condamné à une amende de douze grivnas. »

On fait allusion dans cet article, au vol de castors propres
à la reproduction, délit d'autant plus grave qu'il pouvait causer
la perte de l'espèce.

« Si l'on remarque, dans la propriété d'un citoyen, que la
» terre a été creusée en certains endroits, ou si l'on y trouve
» des filets ou autres instruments indiquant que l'on se serait
» livré à une chasse prohibée, les habitants du district devront
» rechercher celui qui a commis cette contravention, et dans le
» cas où il n'aurait pas été retrouvé, l'amende devra être sup-
» portée par le district tout entier. »

(1) Une grivna contenait vingt nogates ou cinquante rezanes, et chaque
coune contenait deux rezanes. On comprenait sous ces dénominations des
monnaies de cuir qui étaient alors en usage en Russie et en Livonie.

Celui qui tuait le cheval d'autrui ou tout autre bétail, était condamné à payer douze grivnas au trésor et une au propriétaire.

En prononçant une amende aussi considérable contre l'auteur de ce délit, le législateur a sans doute pensé qu'il était nécessaire de punir avec sévérité un acte que l'opinion publique ne flétrirait pas suffisamment.

Celui qui avait détruit les bornes séparant les propriétés, labouré le sillon tracé comme limite de deux champs contigus, abattu les colonnes et les palissades, devait payer au trésor une amende de douze grivnas.

L'on voit par cet article que les limites du territoire de chavillage avaient été exactement déterminées par l'autorité et que celui qui ne les respectait pas commettait un délit prévu et puni par la loi.

Celui qui avait abattu un arbre creux dans lequel se trouvait un essaim d'abeilles, était condamné à payer trois grivnas au Trésor, une demi-grivna représentant la valeur de l'arbre, et trois grivnas pour l'essaim d'abeilles.

Dans ce cas, le coupable devait en outre payer au propriétaire de l'arbre, dix counes si la ruche était remplie de miel, et cinq counes seulement, si déjà du miel en avait été enlevé.

On sait que souvent les abeilles se réunissent dans le creux des arbres, et qu'elles choisissent de préférence les forêts.

Si l'auteur de ce délit était en fuite, on cherchait à s'en emparer en s'aidant de la déposition des témoins qui pouvaient donner des indications de nature à faire connaître le lieu où il s'était caché.

Celui qui abattait la perche servant à maintenir le filet de l'oiseleur, ou qui coupait les cordes, devait payer trois grivnas au Trésor et une grivna à l'oiseleur.

Le vol d'un faucon ou d'un vautour était puni d'une amende

de trois grivnas, attribuées au Trésor; de plus, l'oiseleur pouvait réclamer, à raison de ce délit, une grivna.

Celui qui dérobait un pigeon ou une perdrix devait payer neuf counes. L'amende était de trente counes pour le vol d'un canard, d'une oie, d'une grue ou d'un cygne.

En punissant d'une amende aussi considérable ce genre de délit, le législateur a eu pour but de garantir de vols semblables les oiseleurs qui exerçaient une industrie fort répandue à cette époque.

Celui qui avait dérobé du foin dans les bois devait payer au Trésor neuf counes, et deux nogates au propriétaire, pour chaque charretée de foin qui lui avait été volée.

Celui qui s'était rendu coupable du vol d'un canot en état de tenir la mer, payait soixante counes au Trésor, trois grivnas au propriétaire, ou deux seulement s'il s'agissait d'un canot de petite dimension.

Celui qui avait incendié une grange ou une maison était livré au prince avec tous ses biens. Le montant de la perte éprouvée par le propriétaire était prélevé sur ce qu'il possédait.

Lorsque les esclaves du prince, des boyards ou d'un citoyen étaient convaincus de vol, on ne pouvait les condamner à payer l'amende due au Trésor, qui n'était exigible que des hommes libres. Néanmoins, ils étaient obligés d'en payer le double au plaignant.

Par exemple, si le propriétaire d'un cheval volé par un esclave parvenait à le retrouver, il avait le droit de se faire payer deux grivnas par le maître de l'esclave. Celui-ci devait payer le montant de cette condamnation pour soustraire son esclave aux poursuites de la justice, ou bien le livrer en personne, ainsi que tous les complices du délit; toutefois, leurs femmes et leurs enfants restaient en liberté.

Si un esclave s'enfuyait après avoir commis un vol, son maître était tenu de restituer au propriétaire des objets volés leur valeur, d'après l'estimation qui en avait été faite.

Le maître n'était pas responsable du vol commis par son serviteur, et, s'il consentait à payer pour lui l'amende, il devenait son esclave, et il pouvait le vendre selon son bon plaisir.

Si quelqu'un dérobait à une personne ses habits ou ses armes, ce délit devait être constaté en plein marché. Si le volé retrouvait ses effets chez quelque habitant de la ville, il devait lui demander à quel titre ils les détenaient, et faisait avec eux les perquisitions nécessaires pour découvrir le coupable.

Si ces recherches produisaient un bon résultat, et si l'on découvrait le voleur, celui-ci était condamné à payer une amende de trois grivnas, en réparation du délit qu'il avait commis, et le propriétaire avait le droit de reprendre les objets qui lui avaient été volés. Mais, dans le cas où l'on aurait été obligé de faire des recherches en dehors de la ville, le volé avait le droit d'exiger la valeur des objets de la troisième personne qui les avait eus en sa possession et qui l'avait aidé dans ses perquisitions. C'est ainsi que l'on procédait jusqu'à ce que le voleur eût été retrouvé. S'il était découvert, on lui appliquait les peines prononcées par la loi.

Celui qui déclarait avoir acheté l'objet volé d'un inconnu ou d'un habitant d'une autre province devait produire deux témoins, hommes libres et non fermiers, qui attestaient, sur la foi du serment, la vérité de son allégation. Dans ce cas, l'objet volé était restitué au propriétaire, sauf le recours de l'acheteur contre son vendeur.

Lorsqu'un esclave avait été volé, et que le vol avait été constaté par son maître, ce dernier faisait avec lui les perquisitions nécessaires pour découvrir le voleur. Il avait le droit d'exiger du troisième détenteur que son propre esclave lui fût livré, à titre de cautionnement. Il continuait ses recherches jusqu'à ce que le coupable eût été découvert. Lorsqu'il était entre les mains de la justice, on le condamnait à payer, outre les frais du procès, douze grivnas au profit du prince. Dans ce cas, le troisième détenteur avait le droit de rentrer en possession de l'esclave qu'il avait livré à titre de cautionnement.

Lorsqu'un esclave avait pris la fuite, son maître faisait publier le fait au marché. Si, dans le délai de trois jours, il n'était pas revenu chez son maître, et que celui-ci l'eût retrouvé dans la maison d'autrui, celui chez lequel il avait été retrouvé était tenu de le restituer et de payer trois grivnas au trésor. Celui qui était convaincu d'avoir fourni des vivres à l'esclave déserteur, ou de lui avoir indiqué son chemin pendant qu'il était en fuite, devait payer pour un esclave mâle cinq grivnas à son maître et six pour une esclave, ou prêter serment qu'il avait ignoré leur fuite.

Celui qui parvenait à s'emparer d'un esclave en fuite recevait de son maître une grivna à titre de récompense. Au contraire, celui qui laissait échapper un esclave arrêté payait à son maître quatre grivnas s'il s'agissait d'un homme, et cinq s'il s'agissait d'une femme. S'il avait primitivement arrêté l'esclave, dans le premier cas, on lui faisait remise d'un cinquième, dans le second cas, d'un sixième seulement.

Le propriétaire d'esclaves qui rencontrait l'un d'entre eux errant dans la ville, devait recourir à l'intervention de la police pour le faire arrêter; il payait dix counes pour cette arrestation.

Celui qui avait détourné un esclave du service de son maître pour se l'approprier, perdait la somme qu'il avait payée à l'esclave pour l'achat de sa personne. Il ne pouvait se soustraire à ce payement qu'en jurant qu'il le croyait libre. Dans ce cas, le premier maître restituait au second le prix d'achat, reprenait son esclave, et devenait propriétaire des biens qu'il avait pu acquérir.

Celui qui se servait du cheval d'autrui, sans en avoir obtenu la permission du propriétaire, était condamné à payer une amende de trois grivnas. Dans ce cas, l'amende prononcée représentait le prix du cheval. Cette disposition est exactement la reproduction de l'ancienne loi du Iutland; d'où l'on peut induire que les lois civiles russes tiraient leur origine de la législation normande.

Dans le cas où un serviteur à gages avait perdu le cheval qui lui avait été confié pour son usage personnel, il n'encourait, à raison de ce fait, aucune responsabilité; mais, s'il lui arrivait de perdre la charrue ou la herse de son maître, il était condamné à en payer la valeur, à moins de prouver que ces instruments lui avaient été dérobés pendant son [absence, étant sorti sur l'ordre de son maître, et pour s'occuper de ses affaires.

L'on voit, par cet article, qu'outre leurs esclaves proprement dits, les seigneurs avaient également des serviteurs à gages qui cultivaient leurs terres.

Le serviteur libre n'était pas responsable du bétail qui avait été enlevé de l'étable, mais il était tenu de rembourser le prix à son maître, lorsque, par sa négligence, il l'avait laissé s'égarer dans les pâturages, et n'avait pas eu soin de le faire rentrer dans l'étable.

Si le maître maltraitait son domestique, ou s'il négligeait de lui payer ses gages, il était condamné à une amende de soixante counes, outre le payement des gages qui lui étaient dus. S'il usait de violence pour s'approprier l'argent qui lui revenait, il était condamné à le lui restituer et devait payer au trésor une amende de trois grivnas.

Lorsqu'un créancier réclamait à son débiteur le payement d'une dette, dans le cas où celui-ci l'aurait niée, le créancier devait prouver, par témoins, l'existence de sa créance. Si les témoins affirmaient, sur la foi du serment, que la dette existait, le débiteur était condamné à désintéresser son créancier et lui payait, en outre, trois grivnas, à titre de dommages-intérêts. Dans le cas où la somme due n'était pas supérieure à trois grivnas, le serment du créancier était suffisant pour constater l'existence de la dette. Quand il s'agissait d'une somme supérieure à trois grivnas, le serment des témoins était nécessaire ; s'ils refusaient de le prêter, le prétendu créancier s'était débouté de sa demande.

Si un marchand prêtait de l'argent à un autre marchand, et que celui-ci eût nié cette dette, la preuve par témoins n'était pas exigée, le serment du prétendu débiteur suffisait pour établir sa libération.

Cet article montre combien le législateur a semblé ajouter foi à la parole des commerçants, persuadé que, dans leurs relations de chaque jour, ils devaient toujours être guidés par des sentiments d'honneur et de probité, et que la bonne foi ne devait jamais les abandonner.

Si un marchand étranger, dans l'ignorance qu'une personne était insolvable, lui confiait des marchandises, et que cette dernière fût tombée en déconfiture, ses biens étaient vendus à la requête de ses créanciers. Les premières sommes qu'avait produites cette vente étaient employées à désintéresser le marchand étranger et à payer le trésor. Quant au créancier qui, pendant longtemps, avait touché les intérêts des sommes représentant la valeur de ses marchandises, il n'avait aucun droit à faire valoir.

Dans le cas où un marchand avait reçu en dépôt des marchandises ou des sommes d'argent, si elles périssaient par une force majeure indépendante de la volonté du dépositaire, par exemple à la suite d'une inondation, d'un incendie, ou d'un pillage provenant du fait de l'ennemi, la contrainte par corps ne pouvait pas être exercée contre lui, et il avait le droit de se faire accorder des délais pour rembourser au déposant la valeur des objets qui lui avaient été confiés. En effet, il serait injuste de déclarer les dépositaires, et autres détenteurs des biens d'autrui, responsables de faits et d'accidents qui sont en dehors des prévisions humaines, et qu'il ne dépend pas de leur volonté d'empêcher.

Au contraire, si un marchand qui avait reçu des marchandises en dépôt, se trouvant en état d'ivresse, ou par suite de prodigalités et de négligence, les laissait avarier, dans ce cas, il était exposé aux poursuites des déposants, ses créanciers. Néanmoins, ceux-ci avaient le droit de lui accorder des facilités pour le payement de la créance, ou si elles ne lui avaient pas été accordées, ils pouvaient le faire vendre comme esclave, dans le cas où il se serait trouvé dans l'impossibilité de payer.

Si un esclave parvenait à obtenir de l'argent d'une personne, en se faisant passer pour un homme libre, son maître était obligé de désintéresser la personne qui avait été victime de cette fraude ou de renoncer à la propriété de l'esclave. Quant à celui qui avait consenti à donner de l'argent à un esclave, connaissant sa condition, il ne pouvait exercer aucune réclamation pour se faire rembourser des avances qu'il avait faites.

Le maître qui avait promis à son esclave de l'autoriser à faire le commerce, devait payer les dettes commerciales que ce dernier avait pu contracter.

Si quelqu'un prétendait avoir confié des objets en dépôt à une personne, dans le cas où le dépositaire niait les avoir reçus, son serment seul suffisoit pour débouter de sa demande le déposant ; en effet, on ne devait choisir pour dépositaire qu'un homme dont la probité était à l'abri de tout soupçon : or, en se chargeant d'un dépôt, il obligeait le déposant ; on ne devait donc pas suspecter sa sincérité.

Celui qui prêtait son argent avec l'intention d'en percevoir les intérêts, ou qui prêtait du miel ou du blé, devait livrer les choses dont il se dessaisissait en présence de témoins, et recevoir ce qui pouvait lui être dû d'après les clauses et conditions du contrat qui était intervenu. L'argent prêté ne produisait d'intérêts par mois que lorsqu'il s'agissait d'une dette contractée pour un laps de temps peu considérable. Celui qui avait emprunté une somme d'argent, et qui la conservait une année entière, ne devait en payer les intérêts que tous les quatre mois.

Nous ignorons quel pouvait être exactement, à cette époque, le taux de l'intérêt de l'argent, et s'il était proportionné au laps de temps pour lequel le prêt avait eu lieu. Il est probable qu'à cet égard on suivait les règles tracées par les anciennes coutumes, et que, dans tous les cas, le législateur a dû prendre en considération la position des débiteurs malheureux et de bonne foi.

« Les anciennes coutumes avaient fixé le taux de l'intérêt de » l'argent à dix counes par chaque grivna pour une année. » C'était quarante pour cent.

Chez les peuples où le commerce, les arts et l'industrie étaient en pleine prospérité, l'argent, étant abondant, avait moins de valeur. C'est ainsi qu'en Angleterre, en Hollande, les capitalistes qui prêtaient leur argent se contentaient d'un intérêt modique ; au contraire, dans les contrées telles que la Russie ancienne, dont la principale richesse consistait dans le sol et ses productions, l'argent, étant plus rare, avait un plus grand prix. Aussi, les usuriers profitaient-ils de cette rareté du numéraire pour se

procurer, [par des prêts faits à gros intérêts, des gains illi-
cites (1).

Le code d'Yaroslaf contient, en outre, des règles générales sur
les moyens propres à arriver à la conviction des crimes et délits.
Il traite également des preuves justificatives qui devaient être
admises en faveur des accusés, dans les passages suivants :

« Toute accusation criminelle devra être appuyée de témoins,
» et justifiée par le serment que prêteront sept citoyens. Quant
» aux Varègues étrangers, dans le même cas, ils ne seront obli-
» gés de produire que deux témoins. S'il ne s'agit que d'une
» accusation de coups, n'ayant pas occasionné des blessures
» graves, la déposition de deux témoins sera suffisante. Mais
» l'étranger ne pourra jamais être condamné, à moins que le

---

(1) Les historiens nous ont transmis une loi sur les intérêts de l'argent
promulguée par Vladimir II Monomaque (1115), et dont voici le texte :

« Monomaque s'attacha à justifier le titre de Père de son peuple, en lui
» donnant des lois remarquables par l'esprit de sagesse et d'équité qui les
» avait dictées. Une sédition ayant éclaté dans la ville de Kief, les juifs qui
» l'habitaient profitèrent de la rareté du numéraire et accablèrent leurs dé-
» biteurs d'intérêts exorbitants. Monomaque désirant leur venir en aide et
» mettre un frein à la rapacité de ces usuriers, rassembla dans son palais
» de Berestof les boyards les plus illustres et ses principaux officiers. S'en-
» tourant de leurs lumières, il recueillit séparément leurs avis sur les me-
» sures les plus propres à arrêter les maux qui accablaient les habitants de
» la ville. On délibéra, et le prince rendit une ordonnance par laquelle il
» décidait que les créanciers qui auraient reçu trois fois du même débiteur
» les intérêts connus sous le nom de tiers de l'année, perdraient le capital
» de leur créance. En effet, quoique les intérêts dus pour chaque année fus-
» sent très-considérables, ceux qui étaient exigés chaque mois ou tous les
» quatre mois étaient encore plus onéreux pour les débiteurs. »

Telle est l'ancienne loi de Monomaque sur les intérêts de l'argent qu'Yaroslaf reproduisit en l'ajoutant à son code.

» crime dont il est accusé n'ait été prouvé par les dépositions
» de sept témoins. »

On remarquera, d'après les termes de cet article, combien le
législateur s'est efforcé de protéger les étrangers.

« Les témoins devront être choisis parmi les hommes libres.
» Par exception, dans une circonstance urgente, ou s'il s'agit d'une
» affaire de minime importance, on pourra faire citer comme
» témoin l'employé d'un boyard ou un domestique serf. »

Quoique, en Russie, les préposés des boyards aient été l'objet
de la même considération que les hommes libres, cependant ils
n'étaient pas libres, ainsi que nous l'avons vu dans l'article 1er
de ce traité.

Le plaignant avait le droit d'invoquer, à l'appui de sa plainte,
le témoignage d'un esclave, et pouvait exiger que le prévenu se
justifiât par l'épreuve du fer. Nous aurons l'occasion de parler
plus loin de cette épreuve. Si sa culpabilité était reconnue, il
devait payer la somme qui avait été réclamée par le plaignant.
Dans le cas contraire, ce dernier était tenu de lui donner une
grivna, à titre d'indemnité, pour le dédommager des souffrances
que l'épreuve avait pu lui causer. En outre, le plaignant était
condamné à payer quarante counes au porte-glaive, au trésor
cinq counes et une demi-grivna à l'un des gens composant la
garde du prince. Lorsqu'un accusé était soumis à l'une des
épreuves admises par la loi pour suppléer aux dépositions obscures ou incomplètes des hommes libres, il n'avait rien à
réclamer du plaignant, quoique sa justification eût été établie.
Celui-ci devait payer au trésor la somme qui était due.

S'il n'y avait pas de témoins dont la déposition eût pu aider
à la découverte de la vérité, le plaignant était obligé de justifier
sa demande par l'épreuve du fer. Cette épreuve avait lieu pour
le jugement, en dernier ressort, des affaires criminelles qui
avaient pour objet la poursuite des meurtres, des vols, ou rela-

tives à de fausses dénonciations, mais seulement dans le cas où le plaignant ne réclamait pas une somme supérieure à une demi-grivna d'or. Si la demande était d'une somme moindre, on devait faire subir à l'accusé l'épreuve de l'eau. Si, enfin, elle n'était que de deux grivnas, ou d'une somme moindre, le serment du plaignant suffisait pour établir l'existence du délit.

Les lois d'une nation font souvent connaître certaines coutumes barbares qui, sans elles, eussent pu rester toujours ignorées : c'est ainsi que le code d'Yaroslaf nous apprend qu'à l'exemple de quelques peuples, primitivement, les Russes faisaient subir aux accusés les épreuves de l'eau et du feu, dans l'espérance d'obtenir d'eux l'aveu de leur crime. Mode de procédure odieusement inique, auquel l'ignorance n'avait pas craint de donner, au moyen âge, le nom de *jugement de Dieu*. N'était-ce pas une monstrueuse profanation que d'appliquer à d'aussi cruelles épreuves le nom de celui de qui émane toute justice ? Voici en quoi consistaient ces épreuves : l'accusé devait saisir avec la main un fer rouge, ou bien il plongeait le bras dans une cuve remplie d'eau bouillante. Au fond de cette cuve, se trouvait un anneau qu'il devait retirer de l'eau ; sa main était ensuite recouverte d'un bandage.

Trois jours après cette épreuve, les bandes étaient enlevées, et, s'il ne restait sur la main aucune trace de brûlure, l'accusé était reconnu innocent.

Vainement, pendant longtemps, la raison et la religion tentèrent d'inutiles efforts pour déraciner de l'esprit des peuples ces coutumes barbares, dont l'origine remonte à la plus haute antiquité, et que l'influence du paganisme avait transmises aux peuples du moyen âge (1).

(1) Dans les Indes, on admettait neuf sortes de preuves : la balance, l'eau dans laquelle on a lavé une idole, le riz, l'huile bouillante, etc... Le

Droits de succession. — Si un homme de basse extraction mourait sans laisser d'enfants, ses biens étaient dévolus au trésor. S'il avait laissé des filles en âge d'être mariées, elles en recueillaient une partie.

Le prince n'avait aucun droit sur la succession des boyards ou des officiers de sa garde militaire. Dans le cas où ils ne laissaient pas d'enfants mâles, leurs filles avaient seules des droits à leur succession.

S'ils n'avaient laissé ni fils ni filles, le code d'Yaroslaf n'indique point si la succession devait être recueillie par les autres parents les plus proches ou par le trésor.

poison était l'épreuve que l'on ordonnait quand il y avait eu vol de mille pièces; le feu quand le vol était d'un quart au moins, ou de sept cent cinquante pièces; l'eau, quand il était des trois quarts ou de deux cent cinquante pièces, et la balance, quand il y avait eu vol de moitié, ou de sept cents pièces. — Celui qui subissait l'épreuve de l'eau froide demeurait entre deux eaux tout le temps qu'il fallait pour décocher une flèche et aller la reprendre. — Les Indiens qui étaient venus en Syrie, après le règne d'Hélagabal, racontaient à Bardasane, qu'il y avait, dans l'Inde, un étang appelé l'Étang de l'Épreuve. L'accusé, qui était soumis à cette épreuve, devait entrer dans l'eau avec ses accusateurs; s'il y entrait courageusement jusqu'aux genoux, il était reconnu innocent. Au contraire, sa culpabilité était démontrée si, après s'être un peu avancé, il plongeait jusqu'à la tête.

Au moyen âge, il se trouvait des prêtres aveuglés par une sorte de fanatisme, qui consacraient solennellement le fer et l'eau qui devaient démasquer le coupable et faire reconnaître l'innocent. Non-seulement les citoyens, mais même les grands, les princes, étaient soumis à ces barbares épreuves. Le peuple, dans son ignorance, était persuadé que Dieu ne permettrait jamais qu'une épreuve fît condamner un innocent, et qu'un miracle devait le sauver. Souvent l'adresse et la ruse des juges appelés à se prononcer ou celles des accusés soumis à ces épreuves leur en ont épargné les souffrances; quelquefois même des coupables ont été sauvés.

Le testament d'un citoyen devait être fidèlement exécuté. Dans le cas où il serait mort sans avoir fait connaître ses dernières volontés, ses enfants étaient appelés à recueillir sa succession, à l'exception d'une portion de ses biens, qui était dévolue à l'Église, afin que Dieu veillât au salut de son âme. La maison paternelle était donnée au moins âgé des fils.

En lui accordant ce droit de préférence, le législateur a sans doute pensé qu'étant le plus jeune, et ne pouvant se suffire à lui-même, il était juste de le favoriser.

La veuve avait la jouissance des biens qui lui avaient été donnés par son mari, mais elle n'était pas appelée à recueillir la succession de ce dernier. Les enfants nés d'un premier lit avaient droit au douaire que le père avait constitué au profit de leur mère. La sœur n'avait droit qu'aux biens qui lui avaient été donnés par ses frères à titre de constitution de dot.

Si une veuve, après avoir pris l'engagement de ne pas contracter un second mariage, dissipait les biens qu'elle tenait de son premier mari, et se remariait, elle était obligée de restituer à ses enfants les biens dont elle avait pu disposer à leur préjudice. Mais, dans ce cas, ceux-ci ne pouvaient la priver du droit qu'elle avait d'habiter la maison de leur père décédé, ni lui enlever les biens dont celui-ci aurait disposé à son profit. Elle avait la faculté de laisser tous ses biens à celui de ses enfants qu'elle avait institué son légataire, ou elle pouvait les partager, par portions égales, entre tous ses enfants. Si elle mourait sans avoir fait de testament, tous ses biens étaient recueillis par celui de ses enfants chez lequel elle vivait.

Dans le cas où la mère, restée veuve, aurait contracté plusieurs mariages, s'il existait des enfants de différents lits, mais ayant la même mère, chaque fille était appelée à recueillir la succession de son père. Si le second mari dissipait les biens qu'avait amassés le premier, à la mort du second mari, ses enfants étaient obligés de les restituer en totalité à ceux du premier lit, d'après les dépositions des témoins qui étaient appelés à justifier de ce qu'ils savaient.

Dans le cas de contestation entre plusieurs frères sur leurs droits à une succession, l'affaire était déférée au tribunal du prince, qui était appelé à prononcer. Dans ce cas, l'officier chargé de régler les partages de succession, recevait une grivna à titre d'honoraires.

Si, pendant la minorité de ses enfants, la mère, restée veuve, contractait un second mariage, on nommait pour tuteur, aux enfants issus du premier lit, leur plus proche parent. Cette no-mination avait lieu en présence de témoins. En outre, ils suc-cédaient à la maison qu'habitait leur père ainsi qu'à tous ses biens. Pour indemniser le tuteur des frais dont il avait fait l'a-vance dans la gestion de la tutelle, il avait le droit de prélever, sur les biens des enfants mineurs, la valeur de ceux dont il avait augmenté leur patrimoine. Toutefois, la part des esclaves et des bestiaux appartenait aux enfants. Le beau-père pouvait être choisi comme tuteur des enfants. Il était responsable des pertes et détériorations survenues dans la fortune des enfants par suite de sa mauvaise gestion.

D'après le Code d'Yaroslaf, le prince était le chef de la justice de l'empire. Son palais servait de tribunal. Quelquefois, il dé-léguait ses pouvoirs à ses officiers civils et militaires. Les juges, en matière criminelle, étaient assistés d'un greffier chargé de percevoir les frais de chaque procédure. Il lui était alloué cer-tains émoluments pour ses vacations. Des chevaux étaient four-nis au juge et à son greffier, afin qu'ils pussent visiter les diffé-rentes parties de la circonscription judiciaire à laquelle ils appartenaient.

La copie du code d'Yaroslaf découverte à Novgorod, nous apprend que, dans toute instance criminelle, le plaignant

devait comparaître, en présence de l'accusé, devant douze citoyens investis du titre de jurés, et qui prêtaient serment de
se prononcer sur les affaires qui leur étaient soumises, d'après
leur conviction et les lumières de leur conscience.

Les questions de fait étaient seules soumises à leur appréciation. Les juges étaient chargés de déterminer la peine et d'en
ordonner l'application (1).

Le code d'Yaroslaf présente ainsi le tableau complet de l'ancienne législation russe, et reflète les mœurs, les usages de l'é-
poque à laquelle il appartient. Il a gardé le silence sur certains
crimes que nos législations modernes ont prévus et punis, tels
que l'empoisonnement (dont il est parlé dans la loi des Douze
Tables, à Rome), le viol, etc.;.

En ce qui concerne l'empoisonnement, peut-être le législateur, s'inspirant du sentiment général de moralité qui régnait à

---

(1) Cette institution du jury, qui, comme on le voit, est fort ancienne,
existait en Scandinavie à une époque très-reculée. Saxon le Grammairien
raconte qu'au huitième siècle, Ragnar Hodbrok, roi de Danemark, fut le
premier qui établit un tribunal criminel, dans lequel siégeaient douze jurés
ayant prêté serment.

Dans les diverses civilisations et chez les peuples de l'antiquité, notamment à Rome, on retrouve les traces de l'idée mère qui a servi de fonde-
ment à l'institution du jury. Les jugements par jurés, tels qu'ils existent
actuellement chez quelques nations de l'Europe, tirent leur origine des
coutumes de l'ère barbare, puis de l'ère féodale, pendant lesquelles ils
avaient lieu tant pour les affaires civiles que pour les affaires criminelles.

En Angleterre, la tradition a conservé et perfectionné cette institution
qui fonctionne encore aujourd'hui.

En France, ce fut la loi des 16 et 25 août 1790 qui, reproduisant une
résolution déjà prise, consacra les jugements par jury. Le Code d'instruction criminelle des 16 et 29 septembre 1791 réalisa les promesses qui
avaient été faites et organisa complétement l'institution du jury.

cette époque, a-t-il pensé qu'un tel crime ne pouvant se produire, il était inutile de le prévoir. Il en a été de même du viol ; à cet égard, Yaroslaf a sans doute reculé devant les difficultés que présenteraient la preuve et la constatation légale de cet attentat qui figure dans nos législations criminelles modernes, et est l'objet d'une répression sévère. Il garde également le silence sur certains contrats de droit civil tels que le mariage, etc., qui doivent nécessairement être appliqués même dans l'enfance des sociétés. Il faut supposer que la loyauté et la bonne foi avec lesquelles les citoyens exécutaient respectivement leurs engagements avaient rendu inutiles des dispositions de lois spéciales concernant ce genre de contrats.

Dans l'origine, les Russes jouissaient d'une liberté à laquelle on ne pouvait porter atteinte, aussi les peines corporelles ne leur étaient-elles pas applicables. Les coupables pouvaient être frappés dans leur vie, dans leur liberté, dans leurs biens, mais là s'arrêtait le droit de répression.

Lorsque les Germains vinrent s'établir en Europe, leurs lois ne s'appliquèrent aux peuples vaincus par eux qu'avec certaines restrictions et d'importantes modifications : c'est ainsi que, d'après la loi Salique, le meurtre d'un Franc était puni d'une amende de deux cents sous ; au contraire, si la victime était un Romain, le meurtrier n'était condamné qu'à payer la moitié de cette somme. Il n'en était pas de même dans la législation d'Yaroslaf : Russes de race varègue, russes d'origine slave, tous indistinctement étaient soumis aux mêmes lois, quelle qu'eût été leur origine. Aussi est-il vraisemblable, ainsi que l'a écrit le chroniqueur Nestor, que les princes varègues, loin d'avoir fait, à une époque reculée, la conquête de la Russie furent, au contraire choisis librement par les Slaves pour les gouverner.

C'est également à Yaroslaf que l'on attribue des règlements relatifs aux voies publiques de Novgorod. Les dispositions

qu'ils contiennent nous apprennent que cette ville, déjà importante, était divisée en plusieurs quartiers (les quartiers *Slavon,*
Nérevien, etc...), le peuple était partagé en diverses classes ou
centuries désignées par les noms de leurs chefs.

Après la mort de Yaroslaf (1051), les princes *Yriotlaf, Svia-*
toslaf, Sverolod, ses fils, se réunirent aux boyards et convinrent
d'ajouter plusieurs ordonnances au code qu'il avait promulgué.

Nestor a reproduit, dans sa chronique, ces ordonnances. Il
les a ajoutées à l'ancien code qui, jusqu'alors, composait toute la
législation russe. Elles comprennent douze paragraphes. L'une
des principales innovations qui ont été introduites par ces ordonnances consiste dans l'abolition du principe de vengeance
privée, du moins en ce qui concerne le droit pour l'offensé, ou
les membres de sa famille, de donner la mort au coupable (1).

Ce droit, qui donnait lieu à de graves abus, a été remplacé
par une série de pénalités destinées à réprimer les meurtres et
consistant en amendes proportionnées au sexe, à l'âge, à la position sociale de la partie lésée. Malgré les imperfections que
présentait encore ce nouveau mode de répression, l'abolition du
droit de vengeance individuelle fut un véritable progrès accompli, et un acheminement vers un système de législation pénale
plus conforme aux règles immuables de toute justice et aux intérêts de la société.

Ce ne fut pas sans difficultés que l'on parvint à abolir la faculté, qui auparavant avait été laissée aux citoyens, de se faire
justice eux-mêmes, et que l'on pénétra les esprits des nouveaux
principes qui venaient d'être appliqués. Cependant, la transition
aurait été encore plus marquée, si déjà, sous le règne d'Yaroslaf, les amendes n'avaient pas été établies comme pénalités pour
certains cas spéciaux. Le droit de vengeance individuelle ne fut

(1) Caramzin, *Histoire de la Russie,* vol. II, p. 418.

pas prohibé absolument dans tous les cas : si le voleur avait été surpris par une personne, *flagranti crimine*, elle avait le droit de le mettre à mort. Néanmoins, aux termes d'une disposition assez singulière, si la personne qui avait découvert le voleur lors de la perpétration du délit, s'en emparait, et le gardait jusqu'au lendemain matin, sans le tuer, ce droit cessait. C'était une sorte de prescription pénale (1).

A cette époque barbare, le meurtre du voleur, accompli pendant le laps de temps fixé par la loi, était considéré comme légitime. Une seconde condition était exigée, il fallait en outre que le cadavre du voleur se trouvât dans la cour de la maison où le vol avait été commis.

Certaines dispositions de ces ordonnances étaient relatives à la propriété privée, et des amendes étaient prononcées contre ceux qui usurpaient les terres appartenant à autrui, ou qui y commettaient des déprédations.

Enfin, deux ordonnances particulières avaient été rendues sur d'autres matières : aux termes de la première, les habitants

---

(1) A Rome, la loi des Douze Tables permettait, comme chacun le sait, de tuer le voleur pris en flagrant délit durant la nuit, et aussi celui pris en flagrant délit durant le jour, s'il se défendait avec une arme quelconque. (Dig. 9, 2. *ad legem aquiliam*, 4, § 1, fr. Gaii, 17, 2, *de furtis*, 54, § 1, fr. Gaii.) On trouve des dispositions analogues soit quant au voleur de nuit, soit quant au voleur de jour, dans les lois barbares, notamment dans celles des Visigoths, des Bavarois, des Lombards, des Thuringiens et des Anglo-Saxons. En cas de rapt de fille ou de veuve, le droit romain permettait aux parents de la personne enlevée de tuer le ravisseur s'il avait été surpris *in ipsa rapina et adhuc flagranti crimine*. (Cod. 9, 13, *De raptu virginum seu viduarum*, Const. unic. justinian., pr.).

On se rappelle la différence établie par la loi des Douze Tables entre la peine du vol manifeste et celle du vol non manifeste. Les pénalités furent

d'une circonscription étaient considérés comme responsables,
lorsqu'un meurtre avait été commis sur leur territoire, et que
l'on avait trouvé la tête de la victime, sans que l'on eût pu
s'emparer du meurtrier; la seconde prononçait une pénalité
sévère contre celui qui, sans l'ordre du prince, aurait sé-
questré un cultivateur, ou lui aurait fait subir de mauvais traitements.

Tous les princes de Russie, ayant le droit d'exercer leur autorité sur une certaine partie du territoire, qui leur avait été
donnée à titre d'apanage, et, descendants de la même souche,
étaient égaux entre eux et avaient les mêmes droits. Chacun
d'eux exerçait, d'une manière absolue, l'autorité dont il était
investi dans les limites de son gouvernement. Seul, le prince
concluait la paix ou la guerre, faisait des traités d'alliance of-
fensive ou défensive, ordonnait la levée des impôts, nommait
les juges et les dignitaires dans les ordres civil, politique et
ecclésiastique, faisait le partage des terres, accordait le titre de
boyards à ceux qui s'en étaient rendus dignes, décrétait l'éta-

adoucies par le préteur qui les réduisit à une condamnation au quadruple
dans le cas de vol manifeste, et au double s'il s'agissait de vol non manifeste.

On rencontre aussi dans la loi des Lombards des dispositions pénales
plus sévères contre le voleur pris en flagrant délit. (Lois de Rotharis, 258
et 259, 262 et 263 ; — lois de Liutprant, 6, 94 et 101.) — Dans le cas
de vol, la différence admise en droit romain, du quadruple et du double, se
retrouve en Espagne dans *Sas siete partidas*, d'Alphonse le Sage, et, en
Allemagne, dans la *Caroline* ou Constitution criminelle de Charles Quint.

Il n'est pas sans intérêt d'observer comment, chez tous les peuples, à
quelque degré de civilisation qu'ils soient arrivés, l'aggravation de pénalité
est prononcée dans la législation contre le coupable pris en flagrant délit.
Elle se retrouve jusque dans les lois antiques de l'Inde.

blissement de couvents ou monastères, et leur concédait des droits et priviléges.

Cependant le prince qui commandait dans la capitale de l'É-tat se distinguait de tous les autres et semblait leur être supé-rieur en dignité. Aussi portait-il le titre de grand prince (*Veligii Knias*), mais son autorité ne s'étendait que dans les limites de son gouvernement. En effet, toutes les fois qu'il était nécessaire de promulguer une loi, applicable à l'État russe tout entier, les dispositions devaient en être arrêtées et approuvées d'avance, non-seulement par le grand prince, mais encore par tous les autres. Quelquefois, dans des circonstances graves et pour des cas exceptionnels, le grand prince convoquait dans la capitale les autres princes en séance générale, et là les décisions étaient prises en commun et devenaient irrévocables.

Le pouvoir suprême, ainsi exercé par plusieurs chefs investis des mêmes droits, manquait d'unité. De là vint sa faiblesse et l'influence que prit insensiblement l'élément démocratique.

Sous le règne d'Yaroslaf, les habitants de Novgorod et cer-taines autres populations de Russie avaient des institutions li-bérales; c'est ainsi que le peuple pouvait se réunir et délibérer sur les intérêts généraux de la cité. Les résolutions prises dans ces assemblées, appelées *Vétch* (1), étaient obligatoires, non-seulement pour le prince, mais encore pour les habitants de toutes les villes soumises à la capitale.

La justice, en matière civile et criminelle, était rendue par le clergé, dans la sphère de sa juridiction, et par les juges séculiers appelés *thiouns*, nommés par le prince et choisis parmi les sei-gneurs de l'État.

Le clergé jugeait d'après les lois ecclésiastiques grecques que contenait le *Nomocanon* de Photius.

_____
(1) Chopin, vol. II, pag. 37

5

Les *thiouns* basaient leurs jugements sur le code d'Yaroslaf (*Rouschaïa Pravda*), modifié et augmenté des décisions rendues par ses enfants, et les ordonnances décrétées à une époque plus éloignée.

Les chroniqueurs ne mentionnent pas les modifications et les lois complémentaires du code d'Yaroslaf, mais il existe deux documents législatifs qui en font foi : ce sont les traités de commerce conclus entre les villes de Smolensk, Riga, Gottlandie et plusieurs villes allemandes de la Baltique : le premier conclu en 1228 par Mstislaf Davidovitch, prince de Smolensk, le second en 1203 (1).

(1) L'historien Caramzin a reproduit ces traités d'après une ancienne copie qui fait partie de la bibliothèque du comte Moussin Pushkin. Caramzin, *Histoire de la Russie*, vol. III, p. 254, 378.

CHAPITRE V

État de la législation russe aux XII⁰ et XIII⁰ siècles.

Il nous reste à examiner maintenant quel était l'état de la législation russe à la fin du douzième et au commencement du treizième siècle.

Et d'abord, en ce qui concerne la condition des habitants du territoire, pendant la première période de l'époque dont nous nous occupons, la population russe était ainsi composée :

I. — La haute noblesse (*monyi kniayïe*), qui formait le conseil du prince et occupait les hautes charges de l'administration ; c'étaient les *boyards, voïevôdes*, etc...;

II. — La classe moyenne renfermant les *enfants boyards* (c'était la maison militaire et les affidés des boyards), les habitants libres des villes et les étrangers ;

III. — Les gens sans aveu, les paysans qui ne possédaient rien en propre, mais qui n'étaient pas serfs, enfin les *kholopi* ou esclaves (1).

On devenait serf ou esclave de cinq manières différentes :

I. — Lorsque l'on était fait prisonnier à la guerre (2) ;

_____

(1) Chopin, vol. III, p. 168.

(2) A Rome, il en était de même : les ennemis faits prisonniers devenaient esclaves : « Servi, » disent les Institutes de Justinien, « ex co appel-

II. — Par la vente (1) ;

III. — Par la seule force de la loi ; dans le cas où le débiteur, étant insolvable, ne pouvait payer ses créanciers (2) ;

IV. — Par la propre volonté de celui qui accepte du travail comme étant lui-même attaché au fonds qu'il cultive sans stipuler le temps pendant lequel durera le louage de ses services ;

V. — Pareillement, dans le cas où un serviteur à gages quittait son patron sans avoir de motifs légitimes; enfin, si un homme se rendait coupable de vol et ne pouvait payer l'amende fixée par la loi.

Dans ces deux cas, on devenait esclave.

Il est probable que les enfants nés d'un père esclave devaient suivre la condition de leur mère. En effet, d'après la *Pravda* du XIII° siècle, les enfants, après la mort de leur père esclave, n'avaient pas le droit de recueillir sa succession, seulement ils devenaient libres ainsi que leur mère.

Celui qui consentait à donner ses services sans stipuler de prix, se réservant seulement de recevoir les présents qui pourraient lui être faits ou de se faire nourrir, avait toujours la faculté

« *lati sunt quod imperatores captivos vendere jubent, ac per hoc ser-* » *vare nec occidere solent.* » (Liv. 1, tit. 3, § 4).

(1) Cette vente avait lieu devant témoins. Elle était faite d'après l'estimation des témoins, et le prix de l'esclave devait être payé en sa présence.

(2) On lit dans la loi des Douze Tables : « *Ni judicatum facit, aut quips endo em jurex vindicit, secum ducito; vincito, aut nervo, aut compedibus, quindecim pondo ne majore aut si volet minore vincito.* » Alors à moins qu'il (le débiteur) ne paye ou que quelqu'un ne se présente pour lui comme *vindex* (sorte de caution prenant sa cause), que le créancier l'emmène chez lui; qu'il l'enchaîne, ou par des courroies ou par des fers aux pieds pesant au plus quinze livres, ou moins si l'on veut. (Table III, § 3).

do se retirer, à la condition, toutefois, de restituer les objets qui auraient pu lui être confiés.

La liberté individuelle était considérée comme le plus précieux de tous les biens. Celui qui avait vendu un serf comme esclave était condamné à payer une amende de douze grivnas. En outre, celui qui avait été vendu recouvrait de plein droit sa liberté.

En se rappelant la distinction établie par la législation russe entre les esclaves proprement dits et les serfs, on comprendra le but de cette disposition pénale. Seulement, dans le cas de délits, le coupable, citoyen, libre ou étranger, était condamné à l'emprisonnement s'il ne pouvait pas fournir un cautionnement.

Les ordonnances ecclésiastiques, contenant les règles sur les conditions requises pour la validité des mariages, étaient depuis fort longtemps appliquées par des juges appartenant au clergé.

En ce qui concerne le mariage, les prêtres russes ont eu à lutter contre les difficultés qui leur étaient suscitées relativement à l'application du droit canonique en pareille matière.

Dans les traités conclus entre la Russie et la Gothlandie, etc., etc., l'on remarque des pénalités consistant en amendes prononcées contre ceux qui violent les devoirs imposés aux époux par le lien conjugal.

Le mari avait un pouvoir absolu sur sa femme et ses enfants. Sa famille était considérée comme sa propriété. Ainsi, en 1024, les habitants de Souzdal, livrés à toutes les horreurs de la famine, vendirent leurs femmes et leurs enfants à des commerçants étrangers.

En 1126, dans une circonstance semblable, les Novgorodiens suivirent l'exemple des habitants de Souzdal.

D'après la *Pravda* du XIII° siècle, lorsqu'un coupable était arrêté et remis entre les mains du prince, après s'être enfui, et lorsque ses biens avaient été confisqués, sa femme et ses enfants suivaient sa condition.

De la tutelle. — Lorsque le père était mort laissant des enfants mineurs et que la mère contractait un second mariage, les mineurs et tous les biens qu'ils possédaient passaient sous l'autorité des plus proches parents.

La tradition des biens qui était faite au tuteur avait lieu en présence des témoins. Les revenus de ces biens étaient touchés par le tuteur, qui les employait à l'entretien et à l'éducation des mineurs.

A leur majorité, il était tenu de rendre un compte fidèle et exact de l'administration de la tutelle.

Il devait indemniser les mineurs des pertes et dépréciations survenues aux biens des mineurs, provenant de sa faute ou de sa négligence. Les mineurs devenaient propriétaires du part des esclaves et des animaux faisant partie de leur patrimoine.

Si une femme veuve se remariait, malgré la promesse qu'elle avait faite à ses enfants de ne pas contracter un nouveau mariage, et dans le cas où elle aurait dissipé le patrimoine de son mari décédé, elle était obligée d'indemniser complétement ses enfants mineurs des pertes qu'elle leur avait fait éprouver. En outre, le nouveau mari était responsable, avec sa femme, de ces pertes vis-à-vis des enfants mineurs.

Les textes de loi ne précisent pas l'époque de la majorité des enfants.

Droits de succession. — Chacun pouvait librement disposer par testament de ses biens. Le père les partageait entre ses enfants. La mère instituait comme légataire celui d'entre eux qu'elle préférait. Les dernières volontés d'un défunt étaient considérées comme sacrées, et l'on se faisait un devoir de les exécuter fidèlement. Déjà l'usage de rédiger les testaments existait ; nous connaissons celui de Monomaque Vladimir qui date de cette époque , et que les historiens nous ont transmis (1).

Dans le cas où il n'existait pas de testament, tous les enfants étaient appelés à succéder également aux biens laissés par leur père, à l'exception de la maison habitée par la famille, qui revenait au plus jeune des fils.

Les biens de la mère étaient dévolus à celui de ses fils qui, pendant la vie de cette dernière, avait constamment habité avec elle, et avait pourvu à sa subsistance et à son entretien.

Les filles n'avaient aucun droit sur la succession de leur père, lorsqu'il existait des fils; ceux-ci étaient obligés de doter leur sœur, proportionnellement à leur fortune personnelle.

S'il n'existait pas d'enfants mâles, la loi établissait une distinction, dans ce cas, entre la succession des boyards, c'est-à-dire des officiers appartenant à la maison militaire du prince et celle des simples citoyens. La succession des premiers était recueillie par leurs filles ; quant aux seconds, leurs biens étaient dévolus au trésor public ou à la caisse du prince : seulement, dans ce cas, les filles du défunt mariées avaient droit à une certaine partie de la succession.

S'il s'agissait de la succession d'un noble, dans le cas où il n'aurait pas laissé de filles, nous ignorons si les plus proches parents du défunt la recueillaient ou si elle était dévolue au prince. Cependant, on doit remarquer que la *Pravda* du xiii° siècle, qui traite des droits de succession, ne parle que des successions mobilières, d'où l'on peut induire que chacun des successibles pouvait avoir droit à une portion des immeubles. La femme n'avait pas de droits à la succession de son mari, lorsque celui-ci mourait sans avoir fait de testament; mais les enfants étaient obligés de faire participer leur mère à une portion

(1) Caramzin, *Histoire de la Russie*, vol. II, pages 202, 209.

des biens recueillis par eux, lorsque le père n'avait pas fait dans un testament de legs au profit de la mère. Néanmoins, la veuve avait le droit d'habiter la maison de son mari pendant tout le temps de son veuvage.

D'après le texte de la *Pravda*, lorsque des enfants étaient nés d'une mère serve, ils n'avaient aucun droit sur la succession de leur père libre.

Toutefois, à l'époque dont nous parlons, des princes, nés de la concubine de leur père, montèrent sur le trône par droit de succession. Mais c'est là une exception en dehors de la règle générale, et uniquement applicable aux princes appelés à régner.

Lorsqu'une personne était morte sans avoir fait de testament, une portion de ses biens était consacrée à quelque œuvre de bienfaisance.

Les contrats de droit civil étaient réglés par la volonté des parties contractantes. La vente était réputée accomplie par la tradition des choses vendues. Elle était irrévocable lorsque chacune des parties y avait donné son consentement.

Ordinairement ces contrats se formaient verbalement, mais toujours en présence de témoins. Dans le cas de contestation sur les conventions qui formaient la base d'un contrat, la preuve se faisait également par témoins; mais lorsqu'il s'agissait du prêt d'une somme inférieure à trois grivnas, de ventes contractées entre commerçants sans l'assistance de témoins, on recourait, comme moyen de preuve, au serment du demandeur et du défendeur.

Ordonnances relatives au commerce et aux relations commerciales entre les Russes et les étrangers.

Si un commerçant, ayant reçu en dépôt des marchandises ou des sommes d'argent, les perdait par un cas de force ma-

jeure, par exemple : dans un naufrage, un pillage ou un incendie, le déposant n'avait pas le droit d'exercer de poursuites
contre lui. Il était accordé au dépositaire des délais pour se
libérer. Au contraire, si la perte ou la détérioration des choses qui lui avaient été confiées provenait de sa faute ou de sa négligence, dans ce cas, la loi ne lui accordait aucun délai pour
désintéresser le déposant, qui avait le droit de le poursuivre.
Entre plusieurs créanciers d'un même débiteur, il existait un
privilége au profit du commerçant étranger dont la bonne foi
était certaine et qui, sans avoir connaissance de l'insolvabilité
du négociant russe, lui avait vendu des marchandises à crédit.

Les autres créanciers étaient primés par lui, quant au droit
de poursuite, et pour le remboursement de leurs créances.

Les *serfs* n'avaient pas le droit de faire le commerce sans y
avoir été autorisés par leurs maîtres ou seigneurs. Dans le cas où
un maître aurait autorisé son esclave à faire le commerce, il
était obligé vis-à-vis des tiers pour toutes dettes commerciales.

Celui qui avait prêté de l'argent à un esclave et qui était
trompé par lui, pouvait, aux termes de la loi, le poursuivre sur
sa personne; droit qui était accordé à tous les créanciers. Si cependant le serf se livrait à un commerce avec l'autorisation de
de son maître, celui-ci pouvait le soustraire aux poursuites
exercées contre lui en le rachetant. Néanmoins, si le créancier
savait d'avance que son débiteur était serf, il n'avait pas le droit
de lui réclamer l'argent qu'il lui avait prêté.

Il est remarquable que déjà, à cette époque, la loi ait prévu
et déterminé, avec une grande précision, les obligations réciproques des parties, résultant du contrat de louage de services.

Celui qui, sans motif légitime, avait maltraité un serf était
puni des mêmes peines que si le délit avait été commis contre
un citoyen qui n'aurait pas appartenu à cette condition.

A l'époque dont nous nous occupons, le principe du droit de vengeance individuelle subsistait dans les lois pénales. Ce furent les fils d'Yaroslaf qui l'avaient rétabli lorsqu'il eut été supprimé.

Cependant ce principe reçut bientôt certaines modifications qui constituèrent un véritable progrès et un acheminement à une législation criminelle plus conforme aux intérêts de la société. En effet, nous savons que, dans l'ancien texte de la *Pravda* d'Yaroslaf, et dans les lois que ses enfants y ont ajoutées, une distinction avait été établie entre les peines pécuniaires (composition) (1) : les unes étaient prononcées au profit de la victime du délit ou de celui qui avait éprouvé le préjudice, elles constituaient de véritables dommages-intérêts ; les autres étaient, à

(1) Au moyen-âge, les peines infligées aux auteurs de crimes et de délits étaient : la mort, la composition et l'amende. Toutefois, la peine capitale n'était applicable que dans des cas très-rares. La loi Salique n'en fait pas même mention. Dans toutes les législations des peuples barbares, on pouvait racheter les crimes à prix d'argent, mais le coupable était soumis à une sorte de compensation afin de s'acquitter envers la société et la partie lésée. La compensation due à l'offensé, ou à sa famille, s'il avait été tué, portait le nom de *weregild*, *wehregild* ou *wehrgild*, argent de l'homme, du prix ou de la défense, suivant que l'on adopte une des trois étymologies. — On trouve dans les lois barbares, et surtout dans la loi Salique, le tarif minutieux des compositions pour tous les délits, depuis l'homicide jusqu'à un geste brutal ou une parole injurieuse. Entre le taux de la composition exigé pour un évêque, évalué à 900 sous d'or, et celui indiqué lorsqu'il s'agissait d'un esclave, fixé à 36 sous d'or, on y voit les compensations de tous les meurtres qui auraient pu être commis, et dont la proportion s'élève en raison de la dignité et même de la faiblesse des personnes lésées.

La composition et les épreuves judiciaires se retrouvent chez plusieurs peuples de l'antiquité et sont encore en usage chez quelques nations bar-

proprement parler, des amendes (1) dont le produit était versé dans la caisse de l'État ou dans celle du prince.

C'est alors que l'on admit, dans la législation, un principe qui bientôt fut généralisé : on décida que, pour les délits, quels qu'ils fussent, les sommes provenant des condamnations pécuniaires seraient versées uniquement dans la caisse du prince. En effet, tout délit portant atteinte à la liberté des citoyens ou à la propriété, constituait un péril social ; il était donc juste que le prince, mandataire et protecteur naturel de la société, bénéficiât de ces amendes.

Dans la *Pravda* du xiiie siècle, certaines sommes étaient attribuées, à titre de dommages-intérêts, au patient ; mais, le plus souvent, les condamnations pécuniaires constituaient des amendes attribuées au chef de l'État. Les délits prévus dans la la nouvelle *Pravda* étaient :

I. — Les meurtres ;

II. — Les atteintes portées à la propriété, de quelque nature qu'elles aient été.

bares. Les Écossais ne semblent pas avoir emprunté la compensation pécuniaire des crimes à leurs voisins les Anglo-Saxons. Ils distinguaient aussi les crgo ou composition du *galnes* ou amende. Le croo d'un comte était de 140 vaches et celui d'un *thane* de 66. Quant à la composition, Homère en parle dans l'Iliade, x. v, 497, et les lois d'Athènes l'autorisoient dans certains cas. Elle est de toute antiquité chez les Arabes et le Coran l'a consacrée : « Si un *Kalmouk frappe quelqu'un ou le blesse, il est puni » selon la qualité de la personne.* » (Voyages de Pallas dans les différentes provinces de l'Empire de Russie et dans l'Asie septentrionale ; traduction par Gauthier de la Peyronie ; cinq vol. In-4°, MDCCLXXXIX, t. II, p. 195.)

(1) La première compensation était l'amende ou *fredum*, dont l'étymologie teutonique est *friede*, paix, pour indiquer quel était le prix de la paix publique. Ordinairement, la moitié de cette amende revenait au fisc.

Quant aux actes coupables que l'on aurait pu qualifier de crimes (*délits sanctifiés*), tels que les attentats contre la personne du prince, les offenses adressées à l'église, le texte de la *Pravda* ne les mentionne pas. Cependant ces crimes ne restaient pas sans répression.

Les historiens nous apprennent qu'à cette époque, les coupables étaient punis de la peine capitale que l'on prononçait en l'abscence des garanties qui doivent sauvegarder les intérêts de la société et ceux de l'accusé. On ajoute même que souvent cette peine était appliquée avec une sorte de cruauté (1). La justice subissait alors l'influence des mœurs barbares de cette époque.

La nouvelle *Pravda* établissait une distinction entre les crimes et les délits commis avec préméditation et ceux qui l'avaient été instantanément, sous l'influence de l'ivresse ou d'une violente passion. Dans le premier cas, le coupable était condamné à une peine pécuniaire, en outre, il était exilé avec toute sa famille, et ses biens étaient confisqués. Les habitants de la circonscription à laquelle il appartenait devaient l'arrêter et le conduire auprès du prince. Dans le second cas, le coupable était également condamné à une amende; les habitants de sa circonscription en étaient responsables, lorsque la tête de la victime était trouvée sur le territoire commun.

L'amende, dans ce cas, était d'une somme aussi considérable que sous le règne des fils d'Yaroslaf; du reste, depuis cette époque, la valeur de l'or et de l'argent n'avait pas subi de variations sensibles. L'amende la plus légère avait été fixée à cinq grivnas; à partir de ce chiffre, elle pouvait s'élever jusqu'à quatre-vingts grivnas et était proportionnée à la position sociale et aux qua-

(1) Caramzin, *Histoire de la Russie*, vol. II, pages 114-115, 254.— Vol. III, pages 35-37, 49, 93, 161.

lités personnelles de la victime. La seule différence qui ait existé, d'après la nouvelle *Pravda*, entre les amendes prononcées à ces deux époques, c'est que la plus grande partie était dévolue au prince, une autre à la famille de la victime, à titre de dommages-intérêts, enfin une troisième, fort minime, au juge de la cause.

Le meurtre d'une femme était puni des mêmes peines que celui d'un homme. Mais, si une femme se rendait coupable d'un meurtre, l'amende qui était prononcée contre elle se composait de la moitié seulement de la somme à laquelle aurait été condamné l'homme qui aurait commis le même crime.

Si quelqu'un avait tué un serf, ou une femme serve, et qu'il eût été prouvé que le meurtrier avait commis ce crime sans une, excuse légitime, dans ce cas, les lois le punissaient avec une grande sévérité.

En ce qui concerne les peines qui auraient été prononcées pour coups et blessures, les lois de la seconde époque étaient celles contenues dans le code d'Yaroslaf; seulement, dans le cas où le profit de l'amende était attribué à plusieurs personnes, la portion recueillie par le prince était moins considérable que lorsqu'il s'agissait de punir un meurtre. On doit remarquer une disposition postérieure, qui n'existait pas dans le code d'Yaroslaf, et aux termes de laquelle celui qui aurait été blessé ou outragé, n'avait pas le droit de réclamer des dommages-intérêts, s'il était prouvé qu'il eût provoqué l'auteur des blessures ou des outrages.

Aux termes du traité conclu entre les villes de Smolensk et de Riga, une double amende avait été fixée, dans le cas où le coupable serait un prêtre ou un presbyte. Il était également énoncé, dans ce document, que celui qui se serait rendu coupable du crime de viol sur la personne d'une femme libre devait être condamné à une amende de dix grivnas.

Les déprédations et détériorations commises sur la propriété
d'autrui, étaient punies, en cas de récidive, d'une amende.

S'il s'agissait d'un cheval que quelqu'un aurait maltraité,
ou si le coupable avait mis volontairement le feu à des bâtiments, il était condamné à l'exil et tous ses biens étaient confisqués.

Lorsqu'un voleur avait été surpris, *flagranti crimine*, on lui
appliquait les dispositions de l'ordonnance des fils d'Yaroslaf;
mais, aux termes du traité conclu entre la Russie et la Gothlandie, en 1228, le propriétaire volé avait le droit de tuer le voleur jusqu'au lendemain matin; s'il ne l'avait pas tué à ce
moment, il perdait la faculté de se faire justice lui-même: dans
ce cas, il devait faire arrêter le coupable et le livrer à l'autorité judiciaire. La loi plus récente ne reproduit pas la dernière
partie de cette disposition, et lui laisse la faculté de faire, à cet
égard, ce qu'il jugera convenable, dans le cas où il n'aurait pas
tué le voleur dans le délai fixé par le code d'Yaroslaf.

Le législateur, dans la seconde période, s'est montré plus sévère contre ceux qui avaient détruit les animaux appartenant à
autrui, avec préméditation, et qui s'étaient rendus coupable
de vol.

Ceux qui avaient également détruit ou enlevé des fruits presque mûrs, encouraient une amende.

Quant aux autres dispositions de la nouvelle *Pravda*, relatives
aux délits contre la propriété, elles ne sont que la reproduction
des principes que contenait l'ancienne *Pravda*, auxquels on
avait ajouté quelques développements.

A cette époque, comme conséquence de l'extrême simplicité
des procédures, les affaires étaient instruites avec une grande
rapidité.

On trouve reproduites dans la *Pravda* du XIII° siècle les ordonnances du code d'Yaroslaf indiquant les formes de procéder,

alors usitées, quand il s'agissait de découvrir la vérité, relativement au droit de vengeance privée.

Il était très-rare que les citoyens parvinssent à se concilier entre eux sur leurs différends ; le plus souvent, ils avaient recours à la justice.

Les textes de la seconde époque ne parlent pas des douze juges qui, sous le règne d'Yaroslaf, étaient appelés à juger tous les procès de droit privé et à se prononcer dans d'autres instances, concernant de graves intérêts.

Ainsi que nous l'avons dit, c'est dans cette institution de douze juges ou jurés, que l'on trouve l'origine du jury qui fonctionne actuellement chez la plupart des nations modernes. Néanmoins le prince, en sa qualité de père et de chef de la nation, était investi des fonctions de juge suprême. Souvent, étant absent, ou pour d'autres motifs, il était remplacé par des juges choisis par lui, qui se transportaient d'une ville à l'autre, afin de juger les affaires qui leur étaient soumises. Ils étaient également investis du pouvoir exécutif, car ils contraignaient les débiteurs au payement des amendes et des frais.

Les divers modes d'épreuves alors usités dans les procédures civile et criminelle étaient : les dépositions des témoins, le serment, les épreuves du fer et de l'eau bouillante, enfin les duels judiciaires.

Lorsqu'une poursuite criminelle était intentée pour coups, blessures ou outrages, on considérait comme preuves les signes extérieurs existants sur le corps du plaignant.

Mais, à l'exception de ce dernier cas, et de quelques autres concernant les procès entre commerçants, etc., etc., pour lesquels on admettait le serment comme moyen d'arriver à la découverte de la vérité, toutes les autres demandes, en matière civile ou criminelle, étaient justifiées par les dépositions des témoins.

Lorsqu'il s'agissait d'affaires importantes, et quand on ne pouvait pas recourir à d'autres moyens de preuve, les témoins avaient être choisis parmi les citoyens jouissant de leur liberté. Pour les affaires d'un intérêt minime, ce principe était moins rigoureusement observé, et on admettait les dépositions des serviteurs à gages et même des serfs proprement dits.

Nous ignorons quel devait être le nombre des témoins requis pour pouvoir constituer des éléments de preuve complète ; les textes ne nous éclairent pas sur ce point. Cependant, aux termes de l'article 9 du traité de Smolensk, la présence de deux témoins suffisait. S'il s'agissait d'une affaire concernant des étrangers, la loi était moins rigoureuse, on se contentait, dans ce cas, de la déposition d'un témoin confirmée par le serment du deman-deur. Quelquefois, les témoins prêtaient serment de dire la vé-rité.

Quoique la déposition d'un seul témoin ou d'un serf ait été insuffisante pour constituer une preuve sérieuse et complète, cependant on pouvait s'autoriser de cette déposition pour en-joindre à l'accusé de subir l'épreuve du fer brûlant, afin de prouver son innocence. Si l'épreuve lui avait été favorable, on lui accordait le droit d'obtenir du plaignant des dommages-in-térêts. En outre, il était condamné à payer une amende et tous les frais du procès criminel motivés par l'accusation qu'il avait portée.

Si les témoins étaient des citoyens libres, leurs dépositions ne suffisaient pas pour convaincre les juges. Dans ce cas, l'accusé subissait l'épreuve ; seulement, s'il prouvait qu'il était innocent, il n'avait pas le droit de réclamer des dommages-intérêts à celui qui l'avait accusé, mais celui-ci devait supporter les frais du procès.

A défaut des dépositions des témoins, la loi autorisait le de-mandeur à se faire subir à lui-même l'épreuve du fer rouge, afin de démontrer aux juges ce que sa demande pouvait avoir de fondé ou pour justifier l'accusation qu'il portait.

Si l'épreuve avait été favorable à la prétention du demandeur, le défendeur pouvait être condamné à lui payer une demi-grivna d'or. S'il s'agissait d'une demande de deux grivnas d'argent, le demandeur devait subir l'épreuve de l'eau chaude. Si l'on réclamait une somme inférieure à deux grivnas d'argent, le serment du demandeur suffisait.

Les textes de lois de cette époque ne donnent pas de détails sur les épreuves du fer rouge et de l'eau chaude. Nous devons combler cette lacune en indiquant comment on procédait à ces épreuves. Celui qui était obligé de subir celle de l'eau, plongeait son bras dans un vase profond, rempli d'eau bouillante, et devait en retirer avec sa main une petite pierre ou un anneau placé au fond du vase. Voici en quoi consistait l'épreuve du fer brûlant. Le patient devait marcher pieds nus sur de longues barres de fer rougies au feu, et tenir à la main un morceau de fer soumis à la même température. Lorsque cette première partie de l'épreuve était terminée, la main de l'accusé était introduite dans un gant de fer chauffé. Le fer et l'eau étaient soumis à une température d'autant plus élevée que l'accusation était plus grave. Les juges enveloppaient ensuite d'un sac soigneusement cacheté la partie du corps du patient qui avait été mise en contact avec le fer rouge. Trois jours après on enlevait le sac, et l'accusé était reconnu innocent si les traces de brûlures avaient disparu (1). Dans le cas contraire, sa culpabilité était démontrée.

---

(1) Aristote nous apprend que l'épreuve de l'eau existait en Sicile, et Sophocle fait mention de l'épreuve par le feu et par le fer rouge.

ὁ Πρίν δίτόιρει ἐκ μύθρους αίρειν χερσίν καὶ πῦρ δίρσειν καὶ θεούς

» ὁρκτίν. »

(Antigone, V. — 270 — 1.)

La partie qui succombait dans une instance civile, ou l'accusé convaincu d'un crime ou d'un délit, était non-seulement condamné à une amende, mais encore devait supporter une partie des frais du procès.

CHAPITRE VI

Conquête de la Russie par les Tatares. — Règne d'Iwan III.

1210—1462.

En jetant un coup d'œil sur la législation russe à partir de 1210, il est facile de se convaincre qu'elle n'a fait aucun progrès.

Pendant toute la période de la domination des Tatares, les lois d'Yaroslaf et de ceux qui lui succédèrent sur le trône ne furent pas appliquées. Pour les remplacer, quelques princes *rendirent* des ordonnances contenant des règles de procédure qui furent appliquées. Sous l'empire de ces ordonnances, les juges étaient investis de pouvoirs arbitraires et absolus. Au XIVe siècle, elles faisaient partie de la charte judiciaire promulguée, en 1397, par le grand duc Wassily Dimitrovitch. En outre, on connaît deux autres chartes du XVe siècle, que l'on appliquait dans les principautés de Pscof et de Novgorod.

De ces documents législatifs, et d'autres encore, il semble résulter que le droit civil, et particulièrement le droit pénal, reçurent à cette époque certaines modifications importantes : c'est ainsi que dans la première loi qui fut promulguée, on infligeait la peine de mort au voleur en état de récidive ; l'accusé pouvait se soustraire à la peine de la prison prononcée contre lui en fournissant un cautionnement ; les juges avaient le droit de prononcer une condamnation contre l'accusé qui ne se présentait

pas; celui qui se faisait justice à lui-même était condamné à
l'amende; enfin, les accusés avaient auprès du prince une voie
de recours contre les jugements rendus.

Nous lisons dans les chartes de Novgorod et de Pscof que,
dans le cas ou un fait n'aurait pas été suffisamment prouvé, le
duel judiciaire était ordonné. Il résulte de ces textes que, malgré les efforts du clergé pour abolir cette loi barbare(1), il a
subsisté jusqu'à cette époque. D'après ces chartes, outre la peine
de mort, que l'on faisait subir au moyen du supplice de la corde
et qui était accompagnée de cruelles tortures, les coupables
étaient réduits en esclavage.

Il existait encore d'autres peines corporelles, telles que la
marque, qui était appliquée à tous les individus convaincus de
vol, et enfin le *knout*, introduit en Russie par les Tatares. Les
historiens rapportent que cette peine fut appliquée pour la première fois sous le règne de Basile de Moscou, surnommé
l'Aveugle, en 1450.

Comme les princes étaient investis du pouvoir judiciaire
dans leurs provinces avant la conquête de la Russie par les
Tatares, ils ont continué depuis cette époque à rendre la justice.
C'était le prince en personne qui prononçait dans les affaires qui
lui étaient soumises. Il envoyait dans les diverses villes de la
province, des juges chargés de le représenter, et ceux-ci délé-
guaient leurs pouvoirs à d'autres juges, qui rendaient la justice
dans les bourgs de la même province.

Si deux personnes n'appartenant pas à la même province
avaient un procès, les princes des deux provinces nommaient
deux juges qui devaient terminer le différend. C'est ainsi que
l'on procédait, aux termes des traités qui existaient entre les

(1) La lettre de l'évêque Photius adressée, en 1410, à l'archevêque de
Novgorod, témoigne de ces efforts.

princes. Dans le cas de dissentiment entre les deux juges, un troisième leur était adjoint. Le jugement qu'ils rendaient était alors inattaquable.

Il en était ainsi des affaires qui, par leur nature, n'étaient pas dévolues à la juridiction ecclésiastique ; car, le clergé s'était montré très-jaloux de conserver les prérogatives qui lui avaient été conférées en ce qui concernait le droit de rendre la justice. Ce privilège lui avait été reconnu par les princes qui avaient asservi la Russie.

Depuis la publication du code d'Yaroslaf, qui, comme on le sait, fut conservé par ses fils et ses successeurs, jusqu'à l'époque à laquelle nous sommes arrivé, nous n'avons trouvé nulle trace de législation qui eût été appliquée à la Russie toute entière.

En effet, on se rappelle que le territoire russe était divisé en un grand nombre de principautés, ou apanages, dans lesquels chaque prince appliquait, pour l'administration de la justice, des règlements particuliers.

IWAN III WASSILIVITCH.

1462—1505.

En montant sur le trône grand-ducal de Moscou, Iwan III Wassilievitch, prince d'un caractère énergique, avait conçu le projet de délivrer la Russie du fléau de l'invasion, en l'affranchissant du joug des Tatares. Ses efforts furent couronnés de succès. Il voulut, tout en maintenant l'intégrité du territoire, établir l'autorité suprême sur des bases solides, ce qui a toujours fait la force des grands empires. Il s'attacha à faire cesser les conflits qui s'élevaient sans cesse entre les divers chefs des provinces, par suite de la division de l'empire en plusieurs commandements. En un mot, il ne négligea rien pour établir en Russie l'unité territoriale et politique.

D'après le témoignage des historiens de cette époque, pendant les premières années de son règne, on appliqua le code d'Yaroslaf dans les procès qui furent soumis aux tribunaux. Mais, par suite de l'insuffisance de ces lois, les juges commettaient certains dénis de justice, en négligeant de recourir à un code ecclésiastique connu sous le nom de *Kormtchaïa kniga* (*Livre de pilote*), ainsi que cela leur avait été prescrit (1), dans le cas où la loi russe aurait été obscure ou incomplète.

La *Kormtchaïa kniga* se divisait en deux parties distinctes : la première contient les *Nomocanons* du patriarche Photius, les actes des Apôtres, ceux des sept conciles œcuméniques et de neuf conciles particuliers; dans la seconde partie se trouvent quelques extraits des novelles de Justinien, trois novelles d'Alexis Comnène insérées dans l'édition de Godfried : *Corporis juris civilis romani*, et dans la Synopsis de Leonclavius, une novelle de Constantin le Grand sur les procès, une de Léon et de Constantin, enfin quelques extraits de Harmenopulo, *Epitomen juris civilis*.

Depuis trop longtemps, l'unité de législation manquait en Russie, aussi Iwan III, après avoir soumis plusieurs principautés russes, songea à accomplir cette importante réforme. En 1497, il ordonna à son secrétaire Vladimir Goursef de réunir toutes les

---

(1) Nous en trouvons la preuve dans le fait suivant. En 1488, le métropolitain Géronce, de Moscou, renvoya devant le tribunal du lieutenant du grand prince plusieurs prêtres qu'il avait interdits. Dans la lettre qu'il écrivit à ce sujet, il prescrivit *de les juger d'après les ordres du monarque en ayant soin d'appliquer les statuts impériaux, ou lois des empereurs d'Orient insérées dans le code ecclésiastique*. Ces lois étaient spéciales aux infractions qu'il s'agissait de punir.

chartes et les lois relatives aux juridictions, les fit examiner et promulgua un code contenant trente-six lois, sous le nom de *Oulogenie zaconn* (*Code de lois*) (1).

Dans ce recueil de lois, Iwan III s'était surtout proposé d'organiser les diverses juridictions et particulièrement les duels judiciaires; il contient cependant diverses ordonnances de droit civil et criminel. D'après la hiérarchie des juridictions déterminée par Iwan III, le pouvoir judiciaire appartenait au prince o ses enfants ; néanmoins, il pouvait être délégué aux boyards o à leurs descendants.

Les boyards ne pouvaient pas juger sans être assistés d'un magistrat d'un ordre plus élevé, d'un bailli judiciaire, et de citoyens connus par leur honorabilité et qui devaient leur élection au suffrage du peuple.

C'est à partir de cette époque que s'introduisit en Russie l'usage de faire nommer les juges par le peuple.

On avait le droit d'interjeter appel auprès du prince d'un jugement prononçant une condamnation. S'il était infirmé ou annulé, aucune peine n'était infligée aux juges qui avaient rendu la première décision.

La partie condamnée était obligée de payer aux juges et à leurs secrétaires le dixième de la valeur des objets litigieux, indépendamment des frais du procès qui pouvaient être mis à sa charge sur la demande de la partie adverse.

Les duels judiciaires étaient ordonnés dans la plupart des procès civils et criminels.

(1) Jusqu'en 1817, on ne connaissait qu'un recueil de lois incomplètes publié en 1556 par Herberstein sous le titre de : *Ordinationes à Joanne Bassilii magno duce, anno mundi 1006 factæ.* La même année, le comte Roumiankoff découvrit le texte manuscrit du code d'Iwan III; et le publia à Moscou, en 1819.

En matière civile et criminelle, lorsque les juges so réunis-saient, l'accusé était interrogé ; on lui demandait si l'on devait ajouter foi à la déposition des témoins, il répondait : « Interro-« gez-les d'après la loi et votre conscience ». On procédait alors à l'audition des témoins ; l'accusé présentait sa défense qui se terminait habituellement par ces mots : « Je demande le ser-» ment et le jugement de Dieu, je demande le combat en champ » clos ». Lorsque le combat était ordonné, on avait le droit de se faire remplacer.

Les juges désignaient le lieu et l'heure du combat : on procé-dait au choix des armes. Il était défendu de se servir d'arcs et d'armes à feu. Les combattants étaient armés d'une pique, d'une hache, d'une épée, quelquefois d'un poignard (1).

Le code d'Iwan III avait maintenu la peine de mort, le knout et la confiscation.

Le combat en champ clos était ordonné lorsqu'il s'agissait de rendre un jugement sur des actes de brigandage. Dans ce cas, le vaincu, réputé coupable, était condamné à mort, et ses biens partagés entre le dénonciateur et les juges.

Celui qui ne possédait aucun bien, ne pouvait payer les frais et amendes auxquels il avait été condamné, était livré au plai-gnant.

Le voleur qui prenait la fuite, subissait la peine de mort ; dans ce cas, elle n'était pas appliquée en vertu d'un jugement. Pour constater l'identité du voleur, on se contentait du serment de six citoyens honorables.

Le code d'Iwan III parle également de la torture, comme

---

(1) L'usage des combats judiciaires dans les procédure civile et cri-minelle, à défaut d'autres preuves, remonte à une haute antiquité. — Muratori, *Ant. Italiæ*, Diss. 39. — Montesquieu, *Esprit des lois*, Liv. XXIII.

moyen de preuve, afin d'arriver à la découverte de la vérité, mais on ne l'appliquait qu'aux accusés connus par leurs mauvais antécédents, et sur lesquels existaient de graves présomptions de culpabilité. S'il s'agissait d'hommes honorablement connus, qui étaient l'objet d'une accusation, on ne recourait point à la torture.

Si un serf, fait prisonnier par les Tatares, parvenait à s'échapper, il recouvrait la liberté.

Lorsqu'une personne était morte sans avoir disposé de ses biens, ils étaient dévolus à ses fils ; à ses filles à défaut de fils, et, enfin, à ses plus proches parents.

Il était défendu aux paysans et aux cultivateurs d'abandonner les terres de leurs maîtres, indistinctement à toutes les époques de l'année. Cette faculté ne leur était accordée qu'en certaines saisons déterminées : dans ce cas, ils devaient payer à leurs maîtres une certaine somme pour les indemniser de leur absence.

Celui qui achetait des marchandises neuves en présence de deux ou trois témoins honorables, en acquérait la pleine propriété, même dans le cas où ces marchandises auraient été le produit d'un vol.

Le laps de temps requis pour la prescription des immeubles était fixé par la loi à trois ans, lorsque le véritable propriétaire était un simple particulier ; et à six ans, quand il s'agissait de biens appartenant au prince.

La possession était nécessaire pour fonder la prescription.

A cette époque, le clergé était propriétaire d'immenses domaines comprenant des villages entiers. Le grand prince, pensant que l'administration et la surveillance de ces propriétés devaient difficilement se concilier avec le saint ministère des prêtres, forma le projet, en 1500, de les déposséder de leurs biens de Novgorod pour les donner à ses enfants boyards. Cependant,

il crut devoir soumettre cette grave question au métropolitain
et aux évêques, qui, en apprenant ce projet, ne surent pas dissimuler leur mécontentement. Le grand prince y renonça, dans la
crainte d'indisposer le clergé.

C'est à partir de cette époque que fut constitué le droit de
juridiction des évêques sur le clergé et sur toutes les personnes
appartenant au service de l'Église. Quant aux procès concernant
les prêtres et de simples particuliers, ils étaient soumis, tou
la fois, à la juridiction civile et à la juridiction ecclésiastique.

Outre le code promulgué par Iwan III, il existe de lui des ordonnances spéciales qui ont complété la législation qu'il a
donnée à la Russie. Il apporta d'importantes améliorations
dans l'administration de la police des villes de l'empire : fit
placer des chevaux de frise à toutes les rues de Moscou dans un
but de sécurité pour les habitants ; afin d'assurer l'ordre et la
tranquillité dans les cités, rendit un ukase contre l'ivrognerie,
créa de nouveaux règlements relatifs à la voirie en général,
établit des relais de poste, etc...., en un mot, il ne négligea rien
pour apporter dans toutes les branches de l'administration
d'utiles améliorations.

Les tendances qui distinguent la législation d'Iwan III, les
principes qu'elle a consacrés, ses nombreuses imperfections,
reflètent l'époque encore barbare à laquelle elle a été formée ;
néanmoins, aux yeux de la postérité le souverain législateur aura
eu le mérite de tenter de persévérants efforts dans la voie du
progrès et de la civilisation.

CHAPITRE VII

WASSILI IWANOVITCH.

1505—1533.

En montant sur le trône, Wassili Iwanovitch, fils d'Iwan III, suivit, en tous points, les principes qui avaient guidé la politique de son père. Il avait la même fermeté de caractère, qu'il savait allier à une sévérité peut-être moins rigoureuse, et, comme lui, il favorisa l'aristocratie de l'empire. Siégeant en personne au sein de l'assemblée des boyards qui avaient servi sous le règne de son père, il se prononçait dans les affaires les plus graves, et, pour s'éclairer, ne dédaignait pas de recourir à leurs lumières et à leur expérience. Il usait du pouvoir souverain avec une grande modération, tout en déployant une énergique volonté lorsque les circonstances le lui commandaient. Aimant la paix et appréciant les avantages qu'elle procure, il ne redoutait pas la guerre, sans négliger les occasions qui lui étaient offertes d'accroître sa puissance dans de justes limites.

Il sut se distinguer comme souverain, plutôt par l'habileté de sa politique, qui lui servit à déjouer les projets de ses ennemis, que par l'éclat de ses armes. Dans la pensée d'ajouter encore à la grandeur et à la prospérité de la Russie, il en agrandit le territoire, et même après le règne d'Iwan III, sut justifier le titre de souverain de ce vaste pays soumis à sa domination. Il publia plusieurs ordonnances en matière administrative, s'efforçant par

l'application des décrets qu'il promulgua, de détruire les nombreux abus qui existaient alors. C'est ainsi que pour des motifs
d'utilité générale, il défendit aux propriétaires des villes de Tver,
d'Obolensk, de Velozersk et de Rezan, de vendre leurs biens-
fonds aux habitants des autres provinces. Il décida que les héritiers d'une personne qui, par son testament, aurait légué des
biens à un monastère, ne pourraient les racheter qu'autant que
ce droit leur aurait été formellement accordé par le disposant
lui-même dans son testament.

En outre, il détermina les règles de procédure qui devaient
être observées dans les procès jugés par les lieutenants des provinces. Ils étaient obligés de restituer au plaignant le corps du
délit qui avait été saisi; ils devaient essayer de concilier les
parties, afin de prévenir les procès, mettre immédiatement en
liberté les prévenus qui offriraient des garanties. Enfin, il publia
un tarif des droits à payer en ce qui concernait les frais de justice, de conciliation, relatifs au mariage, de pacage et d'abattoir.
Les ordonnances que Wassili promulgua pour la ville de Smolensk, alors nouvellement annexée au territoire russe, sont
surtout remarquables. On doit distinguer également celles qui
concernent la province de Novgorod. Ayant appris que les lieutenants et les gouverneurs de cette partie de l'empire s'étaient
signalés par de graves exactions, il fit désigner quarante-huit
jurés, chargés, à tour de rôle, de siéger aux audiences des
tiouns, magistrats supérieurs de Novgorod, afin de mettre un
terme a de si criants abus et de réformer sur ce point l'administration de la justice.

Il est regrettable qu'il n'ait pas fait participer toutes les parties de son empire aux avantages d'une institution aussi utile
que celle des jurés. La raison en est facile à comprendre : dans
les provinces autres que celle de Novgorod, les justiciables,
habitués à supporter les actes arbitraires commis journellement

par les juges, avaient toujours gardé le silence ; les Novgorodiens, au contraire, qui se souvenaient des garanties données
autrefois à leur qualité de citoyens, ne craignaient pas de faire
connaître au chef de l'état la conduite, le plus souvent blâmable, de ceux qui avaient été investis du droit de rendre la
justice (1).

A cette époque, la forme essentiellement autocratique du gouvernement n'empêchait pas le grand prince d'accorder aux citoyens honorables le droit de prendre part aux décisions judiciaires.

C'est avec raison que les annalistes ont loué Wassili d'avoir
rétabli le calme et la tranquillité dans la ville de Novgorod. Il y
fit d'utiles réformes, y établit des gardes et des officiers de police
chargés de veiller constamment à la sûreté des citoyens, ordonna que les rues de cette ville seraient, comme celles de
Moscou, garnies de chevaux de frise, et que, pendant la nuit, la
circulation y serait interdite. Les pénalités sévères qu'il infligea
à ceux qui se seraient rendus coupables de vol firent disparaître,
à peu près complétement de la cité ce genre de délit.

Tout en louant Wassili de l'esprit de justice qu'il s'est efforcé
d'apporter dans la confection de ses lois, malgré la clarté et la
simplicité qui les distinguent, cependant, elles se ressentent de
l'époque encore barbare à laquelle elles ont été promulguées.
En effets, les nombreux dénis de justice dont se rendaient coupables les juges, n'avaient été ni prévus ni réprimés par le législateur. Il aurait été nécessaire de préserver leur conscience d'en-
traînements trop fréquents. et de leur faire sentir, par la crainte
de sévères châtiments, qu'ils devaient, avant tout, être indépendants et ne se prononcer *qu'avec l'impartialité et la fermeté qui
conviennent à des hommes probres et libres.*

(1) Caramzin, vol. VII, page 254.

C'est ainsi que, le plus souvent, en dépit des règles de la justice et de l'équité naturelle, on donnait gain de cause à l'homme
riche coupable, pour condamner le pauvre, malgré son innocence ; enfin, les juges ne rougissaient pas de recevoir des
sommes d'argent des plaideurs pour prononcer d'iniques sen-
tences.

On racontait un jour à Wassili que, dans un procès, un juge de
Moscou n'avait pas craint d'accepter de l'argent des deux parties. Le grand prince l'ayant fait appeler, lui reprocha sa conduite ; le juge avoua le fait et répondit à Wassili avec une sorte
de naïve franchise : « *Sire, j'ajoute toujours plus de foi aux allégations d'un homme riche qu'à celles d'un pauvre.* » Peut-être
voulait-il dire que le riche étant à l'abri du besoin, avait moins
d'intérêts que le pauvre à chercher à s'approprier le bien d'autrui et à égarer la conscience de ses juges ? A ces paroles, Wassili ne put réprimer un sourire, et se contenta d'infliger une légère punition au juge prévaricateur.

Ainsi que dans les premiers temps, le prince était investi,
tout à la fois, des pouvoirs législatif et judiciaire. Tous ceux qui
avaient reçu la mission de juger, à quelque degré de la hiérarchie judiciaire qu'ils fussent placés, depuis les conseillers du souverain jusqu'au plus modeste bailli de village, n'étaient que
ses représentants rendant le justice en son nom. Souvent le
prince annulait leurs décisions de sa propre autorité.

Ils n'avaient pas le droit de condamner à mort les paysans et
les serfs.

Les ouvrages de Paul Jove et d'Herberstein contiennent le récit des cruelles tortures que l'on faisait alors subir aux malfaiteurs afin de les obliger à confesser les crimes dont ils avaient
pu se rendre coupables. On laissait tomber goutte à goutte de
l'eau glacée sur leur tête et sur leur corps, puis on enfonçait des chevilles de bois sous les ongles de leurs pieds et de leurs

mains(1). Ces coutumes barbares furent introduites en Russie à l'époque de la domination des Tatares , ainsi que le knout et d'autres peines corporelles que la civilisation devait plus tard aire disparaître de la procédure criminelle.

Wassili Iwanovitch mourut en 1533, laissant pour successeur ur le trône de Russie, son fils Iwan IV. N'ayant pas atteint sa majorité lors de la mort de son père, le jeune prince fut placé sous la tutelle d'Hélène de Lithuanie, sa mère.

Elle fut investie du pouvoir suprême, et gouverna l'empire au nom de son fils, en s'aidant des conseils de l'assemblée des boyards. Sa politique, à l'extérieur, n'aurait pas été désavouée par les souverains de Russie qui l'avaient précédée sur le trône. Elle possédait de sérieuses qualités, fit preuve d'habileté et de tact dans diverses circonstances ; à l'intérieur, elle réalisa un grand nombre d'utiles réformes dans l'administration, et cependant, malgré tant de titres à l'affection de ses sujets, elle ne parvint point à se la concilier, car on ne lui pardonnait pas son origine étrangère. D'après le témoignage des annalistes, ce serait elle qui aurait modifié la valeur des monnaies ayant cours en Russie. Cette mesure, dont l'utilité avait été depuis long-temps démontrée, avait un grand intérêt en raison même des circonstances : en effet, dans les premiers temps, la réduction en monnaie d'une livre d'argent produisait cinq roubles et deux grivnas; plus tard, la cupidité donna naissance à de nombreuses fraudes : on rogna les monnaies, elles furent même fondues; de l'alliage fut mêlé au métal pur, et l'on parvint ainsi à faire produire dix roubles à la livre d'argent. Un grand nombre de per-

(1) Une bulle du pape Eugène II, reproduite dans le Recueil des historiens de France, (tome IV, page 448) contient le récit détaillé du supplice de l'eau glacée.

sonnes s'étaient enrichies en so livrant à cette coupable industrie.

On comprend combien un tel état de choses devait inspirer
à tous les citoyens une juste défiance, et entraver les relations
commerciales. Le prix des marchandises, des denrées, était soumis à de continuelles variations et atteignait un taux très-élevé.
Lorsqu'il s'agissait de vendre des marchandises, le négociant,
dans la crainte d'être trompé par le vendeur, pesait et contrôlait
les monnaies qui lui étaient offertes en payement, ou bien faisait
jurer l'acheteur qu'elles n'étaient pas contrefaites. Afin de
mettre un terme à de si coupables manœuvres, Hélène fit retirer
de la circulation toutes les pièces de monnaie rognées ou usées
et ordonna qu'elles fussent fondues. On détermina avec précision
la valeur en numéraire que devait produire la livre d'argent,
sans qu'on y melat d'alliage. Cette valeur fut fixée à six roubles.

La peine de mort fut établie contre les faux-monnayeurs et
ceux qui altéraient les monnaies. Un cruel supplice leur était
infligé : on versait de l'étain fondu dans leur bouche après leur
avoir coupé la main.

Hélène mourut subitement, laissant pour héritier du trône son
fil Iwan IV, qui venait d'atteindre sa dix-huitième année (1).

(1 Le baron d'Herberstein, qui vivait sous le règne d'Hélène, affirme
qu'elle p rit empoisonnée. — (Caramzin, vol. VII, page 548).

CHAPITRE VIII

IWAN WASSILEVITCH,

Surnommé le Terrible.

1510—1615.

Si l'on en croit les historiens, qui dépeignaient ce prince sous les plus sombres couleurs, il justifia le surnom de Terrible qui lui fut donné.

Il succéda à son père Wassili, et prit le titre de *tzar*.

Sans aborder les considérations politiques auxquelles pourrait donner lieu le règne d'Iwan IV, ce qui nous obligerait à sortir du cadre que nous nous sommes tracé dans cet ouvrage, nous nous contenterons de signaler ses travaux législatifs qui ont complété l'ensemble de la législation russe à peine ébauchée.

Il s'attacha à augmenter de diverses dispositions le code civil qu'avait promulgué son aïeul, sans toutefois modifier l'esprit qui avait présidé à la confection des lois anciennes.

Il publia en 1551 le *sondenik* (1) qui se compose de cent articles. On trouve dans ce recueil de lois des principes qui semblent être un acheminement à une législation plus conforme aux règles de l'équité. On n'a pas oublié qu'Iwan III avait expressément défendu aux juges d'accepter des sommes d'argent des

(1) Le mot *sondenik* tire son étymologie du verbe *Sondite*, juger. Tolstoy, page 29.

7

plaideurs à l'occasion de leurs procès, Iwan IV prononça des
amendes considérables contre les juges convaincus de concussion
ou de déni de justice commis avec préméditation. Si, dans les
actes qui pouvaient leur être reprochés, ils avaient agi sans avoir
eu de pensée criminelle, aucune pénalité ne leur était appliquée.
Quant aux auxiliaires de la justice occupant auprès des juges
une position subalterne, la loi leur attribuait également une
part de responsabilité lorsqu'ils étaient convaincus de complicité :
c'est ainsi que dans ce cas les secrétaires des juges étaient punis
de l'emprisonnement; on appliquait le knout aux autres
employés de l'ordre judiciaire.

Les individus qui prétendaient être fondés à porter une accusation contre un gouverneur de province étaient obligés de le
dénoncer avant qu'il n'eût quitté sa charge. Si l'accusation
n'était pas justifiée, ils étaient considérés comme calomniateurs ;
on les condamnait à une peine corporelle et, en outre, ils devaient payer une amende, à titre de réparation, pour l'atteinte
portée à l'honneur et à la considération de celui qu'ils avaient
faussement dénoncé.

Les impôts ou taxes perçus au profit des magistrats de la
couronne, ne subirent point d'augmentation, quoique le rouble eût diminué de valeur : en 1557, il était estimé seize schel-
lings huit pences, en 1582, il avait pour équivalent environ trois
zlotes ou florins de Pologne; sous le règne de Fedor, il valait
un marc, et enfin, au commencement du xvii° siècle, deux
rixdalers et *dix dengas*.

Conformément aux divers modes de preuves qui jusqu'alors
avaient été admis par la loi russe en matière civile et criminelle, les dépositions des témoins, le serment, le duel et le sort,
entre les Russes et les étrangers, pouvaient servir de base
aux demandes ou aux plaintes que formait le demandeur. Le
secrétaire enregistrait l'affaire sur un rôle destiné à cet effet,

et le jugement une fois rendu, était relaté sur un registre sur lequel les anciens et jurés apposaient leurs signatures. Dans le cas de conciliation, ce qui avait été l'objet de la préoccupation constante du législateur, les parties ne devaient supporter aucun frais de justice.

En matière criminelle, un homme était-il accusé de vol? une enquête préliminaire, ou avant faire droit, était ordonnée dans le but de connaître sa moralité et ses habitudes.

Celui qui était convaincu d'avoir mené une conduite dissolue était soumis à la question et emprisonné pour toute sa vie, dans le cas où il n'aurait pas fait des aveux complets. S'il était démontré, par l'enquête à laquelle on avait procédé, que l'accusé avait toujours eu des mœurs irréprochables, il était jugé selon la loi, et on lui appliquait les dispositions législatives qui jusqu'alors avaient été en vigueur. Sa culpabilité était-elle prouvée, on prononçait contre lui la peine du knout, s'il avait commis un premier vol. Dans le cas de récidive pour ce même délit, s'il s'était rendu coupable d'un meurtre, des crimes de haute trahison, de sacrilége, si enfin, par suite d'intelligence avec l'ennemi, il lui avait livré une place forte, dans tous les cas, il était condamné à la peine de mort.

En général, la peine capitale était prononcée contre les incendiaires, les brigands, les calomniateurs et ceux qui par de faux témoignages cherchaient à tromper les juges. Pour que l'on ajoutât foi aux allégations d'un voleur, il était nécessaire qu'elles fussent appuyées des déclarations de vingt citoyens dont l'honorabilité était connue de tous.

Les agents ou employés des gouverneurs de province n'avaient pas le droit d'arrêter ou d'enchaîner un citoyen, avant d'en avoir donné connaissance aux anciens et aux jurés.

Si l'on compare ces dispositions à celles du code d'Iwan III, on y remarque certaines garanties données aux accusés, des

pénalités plus douces et mieux proportionnées, enfin on voit
les sentiments d'humanité s'allier à la rigoureuse sévérité des
châtiments.

Les dispositions de droit civil dénotent également un notable
progrès ; elles sont moins imparfaites et présentent un ensemble plus complet : c'est ainsi que l'on établit une distinction
bien tranchée dans l'origine des biens, entre ceux qui proviennent de successions et d'autres acquis en vertu de contrats
translatifs de propriété.

Dans le cas de vente d'immeubles, un délai de quarante ans était
accordé aux parents du vendeur pour exercer la faculté de rachat
de ces biens, si toutefois ils n'avaient pas assisté au contrat de
vente comme témoins ou à l'acte de constitution d'hypothèque.

S'ils pouvaient prouver que les biens ne valaient pas le prix
d'acquisition énoncé au contrat lorsque la faculté de rachat
était exercée par eux, ils n'étaient tenus de ne tenir compte que
de la valeur réelle. La faculté de rachat n'existait pas pour les
biens acquis en vertu de certains contrats.

En matière commerciale, une lettre de change n'était valable
qu'autant qu'elle était revêtue du sceau du boyard et de la signature de son secrétaire, formalités pour lesquelles les commerçants devaient payer des droits.

Dans les poursuites tendant au payement de sommes d'argent,
aux termes de la loi, on devait toujours consulter *les registres*
contenant les noms des citoyens, leurs ressources et la contribution des impôts qu'ils payaient à la couronne. Une copie de ce registre était déposée dans les cours et tribunaux de Moscou, une
seconde se trouvait chez les anciens et les jurés.

Toute demande introduite contre une personne, et dont le
montant n'aurait pas été proportionné aux ressources du défendeur était considérée comme non avenue, et le demandeur était
obligé d'en supporter les frais.

Quoique le législateur n'eût pas complétement modifié les droits des seigneurs sur la personne de leurs serfs ou vassaux, cependant certains changements furent introduits en cette matière : c'est ainsi que les enfants issus d'un père qui avait aliéné sa liberté, mais postérieurement à leur naissance, restaient libres.

Les sommeliers, les intendants de village ne pouvaient exercer la contrainte par corps contre leurs débiteurs insolvables, qui, dans ce cas, n'étaient obligés qu'au payement des intérêts de leur dette. Si l'un de ces débiteurs avait été indûment retenu en esclavage par son créancier, et s'il prenait la fuite après avoir commis un vol au préjudice de son maître, celui-ci ne pouvait exercer aucune demande en justice fondée sur ce délit.

La liberté des fils des boyards et de leurs descendants était inaliénable et imprescriptible. Tout en confirmant les lettres d'affranchissement qui auraient pu être faites, le tzar ne les autorisait que dans les villes de Moscou, Novgorod et Pscof. A peine de nullité, elles devaient être revêtues du sceau des boyards ou de celui des gouverneurs, lors même qu'elles auraient été écrites de la main des seigneurs.

Il existait une loi relative au changement de domicile des paysans ; elle était ainsi conçue : lorsqu'ils quittaient un village pour aller habiter une autre localité, indépendamment d'une contribution qu'ils devaient payer, et qui profitait à la maison qu'ils abandonnaient, ils étaient, en outre, obligés de payer deux *altines* par maison au propriétaire, afin de l'indemniser de ce changement de domicile et des frais qu'il aurait pu lui occasionner. Si en partant ils laissaient des terres ensemencées, il leur était enjoint, une fois la récolte faite, de payer deux *altines* au seigneur. Ils pouvaient se vendre aux propriétaires en qualité de serfs.

Conformément aux usages qui avaient été suivis jusqu'alors, le tzar conférait le pouvoir judiciaire aux évêques, leur donnant ainsi le droit de juger les prêtres, les diacres, les moines, les

veuves âgées que l'Église nourrissait. Les religieux habitant les
monastères pouvaient donner l'hospitalité aux mendiants, ce
qui était défendu aux bourgeois.

Le règlement relatif aux marchés fut complété par les dispositions suivantes :

« I. — Il sera nécessaire de donner caution pour tous les achats
» faits dans un marché ou une boutique;

» II. — Chaque cheval qui aura été vendu devra être marqué
» par les agents du timbre et enregistré par eux. Dans le but de
» prévenir les contestations, la couronne percevra un droit de
» deux *deniers* sur le prix de vente. Celui qui contreviendra à
» cette disposition sera puni d'une amende de deux roubles au
» moins. »

Nous devons également mentionner une loi nouvelle destinée
à réprimer les atteintes portées à l'honneur et à la considération
des citoyens. Ce genre de délit était puni d'une amende que l'on
payait aux fils des boyards, proportionnellement à leur position
de fortune et aux secrétaires de la cour, d'après l'évaluation qui
était faite par le tzar.

Lorsqu'un étranger ou un négociant de marque avait été
offensé, l'amende était de cinquante roubles; s'il s'agissait de
marchands, bourgeois, gens de moyenne classe, de *bons* serviteurs des boyards, elle était de cinq roubles; enfin elle était
d'un rouble pour les gens de basse classe et les paysans.

L'indemnité allouée aux femmes à l'occasion de ce délit était
toujours double de celle que l'on payait à leurs maris, afin de
proportionner la réparation à la gravité de l'offense. Aux yeux
du législateur, elle était, dans ce cas, d'autant plus blâmable
qu'elle atteignait le sexe le plus faible que la loi devait surtout
protéger.

Aux termes d'une disposition qui se trouvait à la fin de son
code, Iwan avait posé en principe que ses lois n'auraient pas

d'effet rétroactif et ne modifieraient point les décisions prises antérieurement, en tant qu'elles ne seraient pas incompatibles avec celles-ci, et quoique la législation nouvelle n'eût pas encore été appliquée. Iwan ajouta qu'en prévision de nouveaux cas que feraient connaître les jugements rendus par les tribunaux, d'autres dispositions pourraient être ajoutées à son code, afin de combler les lacunes qui s'y trouvaient. En effet, dans l'espace de trente ans, de 1550 à 1580, il promulgua plusieurs ordonnances destinées à compléter sa législation.

En 1556, il supprima les droits que payaient les justiciables, à l'occasion des jugements rendus par les tribunaux, et les remplaça par des émoluments fixes qui furent accordés aux gouverneurs de province. Il établit un impôt général sur les villes et les communes, et confia l'instruction des affaires criminelles aux juges élus par les habitants des villes et des campagnes, aux chefs des villages, aux anciens et aux centeniers. Il prohiba les duels judiciaires dans tous les cas où, en matière criminelle, on pouvait arriver à la découverte de la vérité par les dépositions des témoins ou en déférant le serment. C'était en quelque sorte abolir presque complétement cet usage barbare qui avait été enfanté par l'ignorance superstitieuse de peuples grossiers. Il fit infliger la peine du knout aux individus convaincus de faux témoignage et prononça contre eux des amendes considérables.

Enfin, il ajouta aux lois qui existaient alors les articles suivants :

I. — Si, dans le cours d'une procédure criminelle, les dépositions des témoins sont contradictoires entre elles, et insuffisantes pour arriver à la découverte de la vérité, on doit se décider d'après la majorité de cinquante ou soixante voix. Dans le cas de partage des voix, une nouvelle enquête est ordonnée et les habitants des villages voisins seront convoqués, afin que leurs témoignages puissent éclairer la justice. Les dépositions de cinq ou six personnes peu connues ne seraient pas suffisantes pour en faire dépendre la condamnation d'un accusé. La déclaration faite par un boyard, un secrétaire ou un fonctionnaire public sera toujours considérée comme digne de foi, et l'on ne pourra s'inscrire en faux contre eux. Si les deux parties consentent à s'en rapporter à la décision d'un tiers qu'ils choisissent pour arbitre, celui-ci décidera du gain du procès. Les boyards et les gentilshommes seront responsables des faux témoignages produits par leurs gens ou serviteurs, et dans ce cas seront soumis à toute la rigueur du tzar. Toutefois, ils ne seront exposés à aucune poursuite s'ils font connaître au tzar que leurs subalternes en ont imposé à la justice.

Il est prescrit aux anciens de considérer comme le plus impérieux de leurs devoirs de prévenir les manœuvres frauduleuses dont se rendraient coupables les individus appartenant à leur commune, dans le but de faire entendre des déclarations mensongères. S'il était prouvé que les anciens eussent agi de mauvaise foi et avec partialité, ils seraient punis avec une grande sévérité.

II. — Dans le cas où un serf affranchi consentirait à servir de nouveau son ancien maître, ses lettres d'affranchissement seraient considérées comme non avenues et ne produiraient aucun effet.

III. — Dans le cas où un individu, se trouvant au service d'un maître comme esclave, aurait justifié de sa qualité d'homme libre et aurait été mis en liberté sous caution, s'il prend la fuite, sa caution devra payer pour lui au demandeur la somme de quatre roubles, indépendamment des poursuites ultérieures qui pourront être exercées contre lui.

IV. — Celui qui, en vertu d'un contrat, aura vendu comme esclave un homme libre sera puni de mort.

V. — Les prisonniers de guerre pourront être mis en escla-

vage, mais ils seront affranchis par la mort de leurs maîtres.
Leurs enfants jouiront toujours de leur liberté, à moins qu'ils
n'aient épousé des esclaves, ou qu'ils n'aient été vendus en vertu d'un contrat.

Les étrangers qui se seront convertis au christianisme pourront devenir claves, mais ils devront à cet égard, faire connaître leur intention au trésorier du tzar, si toutefois ils ne sont
plus au service de la couronne.

VI. — Le débiteur d'une somme de cent roubles pourra se
faire accorder un délai d'un mois pour payer sa dette ; s'il appartient au service de la couronne, le délai sera de deux mois.

A l'expiration de ce délai, si le débiteur n'a pas satisfait à son
engagement, il sera livré au créancier et restera sous sa dépendance jusqu'à ce qu'il se soit racheté, sans cependant qu'il
puisse être maintenu pendant toute sa vie en esclavage.

Les poursuites exercées contre les débiteurs insolvables
étaient désignées sous le nom de *pravége*. On procédait de la
manière suivante : un agent de la police conduisait le débiteur,
pieds nus, dans la rue et à la porte de la chambre de justice, et,
pendant toute la durée de l'audience, il lui frappait les pieds
avec une verge. Quelquefois il se contentait de simuler les coups
jusqu'au moment où les juges sortaient du tribunal pour se
rendre chez eux.

VII. — Les gens de service à gages seront tenus de payer,
mais sans intérêts, les dettes qu'ils auraient contractées pendant
l'espace de cinq années, de 1558 à 1563. Quant au payement
de celles contractées postérieurement à cette époque, il aura
lieu en y comprenant les intérêts, qui, toutefois, seront réduits
de moitié : ils seront calculés à raison de dix pour cent, au lieu
de vingt pour cent, taux beaucoup trop élevé, que le tzar avait
cru devoir prohiber pour l'avenir.

VIII. — Le mari, après la mort de sa femme, devra restituer

aux parents de celle-ci la dot qu'il aura reçue, sans tenir compte des intérêts, si toutefois il n'existe pas d'enfants issus du mariage.

IX. — Celui qui aura mis des effets en gage sera prévenu, à l'expiration du terme fixé, que, dans le cas où il ne les reprendrait pas, un délai de deux ou trois semaines lui sera accordé. A l'expiration de ce nouveau délai, si le déposant reste dans l'inaction, les effets seront portés chez les anciens ou chez les jurés, et vendus en présence de témoins honorables, et avec toutes les garanties désirables. Le capital de la dette et les intérêts seront prélevés sur le prix de la vente. Cette déduction opérée, s'il reste un excédant, il sera remis au débiteur. Dans le cas où le produit de la vente ne suffirait pas pour désintéresser complétement le créancier, le débiteur sera obligé de compléter la somme due de ses deniers personnels.

X. — Dans le cas où le débiteur aurait reconnu sa dette en présence des juges, le créancier poursuivant ne sera pas tenu de produire des titres à l'appui de sa demande.

XI. — Si des propriétés ont été affectées à l'acquittement d'une obligation, et qu'il ait été convenu entre les parties qu'au lieu de percevoir les intérêts de la somme due, le créancier aura le droit d'ensemencer les terres pour en recueillir les produits, dans ce cas, et en considération de la position des débiteurs nous ordonnons que les terres dont il s'agit seront libérées de toutes charges et rendues aux propriétaires, qui n'auront pas le droit de les aliéner. Ils devront désintéresser leurs créanciers dans un délai de cinq années. Ce laps de temps écoulé, si les débiteurs ne se sont pas libérés, leurs terres seront de nouveau grevées des mêmes charges.

Enfin, cet article nous apprend qu'il existait alors des registres, tenus par les secrétaires, et sur lesquels étaient relatés les faits constitutifs des droits de propriété, de possession, d'hypothèque et les contrats de ventes immobilières.

XII. — Si une femme mariée a choisi son mari pour exécuteur testamentaire, par acte de dernière volonté, dans le cas où il lui survivrait, cette disposition sera considérée comme non avenue. En effet, comme la femme est sous la puissance de son mari, on présume que, dans ce cas, elle n'a pas agi librement, et qu'elle a pu obéir à la pression qu'il aurait exercée sur elle.

XIII. — Si des chrétiens captifs ont juré de ne pas prendre la fuite, et que plus tard ils aient violé leur serment, on leur infligera une punition; car la violation d'un serment est un péché mortel, et l'on doit plutôt consentir à perdre la vie que d'enfreindre une promesse sacrée.

XIV. — Les contestations qui s'élèveront entre les habitants d'une même province seront jugées à Moscou par les officiers du tzar, dans le cas où les parties seraient originaires de deux villes différentes; s'ils habitent la même ville, le gouverneur sera compétent pour se prononcer sur leur différend : cette règle sera appliquée en matière civile. Si, au contraire, il s'agit d'une affaire criminelle, le jugement sera prononcé au lieu même où la plainte aura été portée.

XV. — Aucune exécution à mort n'aura lieu, nulle peine corporelle ne sera infligée à Moscou le jour de la grande messe des morts, époque à laquelle le métropolitain est reçu par le tzar.

On sait qu'il était défendu aux membres du clergé d'acheter des immeubles sans que la vente eût reçu l'approbation du souverain. Aux termes des articles additionnels du code d'Iwan IV, il fut ordonné aux évêques et aux monastères de restituer les terres, villages et pêcheries ayant appartenu à la couronne, et dont ils s'étaient emparés, sans aucun droit, à l'époque des troubles suscités par la tyrannie des boyards.

A cette occasion, Iwan IV écrivit à l'évêque de Kazan une

lettre, dont nous reproduisons les termes, et qui montre quelles
étaient les dispositions de ce prince.

« Ce sont les cœurs, écrivit-il, et non les terres, que les
religieux doivent cultiver; ce n'est pas le blé qu'ils doivent se-
mer, mais bien la parole divine; ils sont destinés à avoir pour
héritage le royaume des cieux, et non des terres et des villages.
Au contraire, la plupart de nos évêques songent plutôt aux
biens temporels qu'ils possèdent qu'aux intérêts spirituels de
l'Église. »

En ne craignant pas de proclamer de telles vérités, Iwan IV
déguisait, sous la forme de conseils, les reproches fondés qu'il
aurait pu adresser au clergé de cette époque, et qu'il n'a que
trop souvent mérité dans les diverses phases de l'histoire des
peuples modernes d'Europe. Convaincu de la nécessité de mettre un terme à cet état de choses, plus hardi que son aïeul, il
n'hésita pas à augmenter le domaine de la couronne, en enlevant
au clergé, qui ne fit aucune protestation, les immenses domaines qu'il s'était appropriés.

Depuis le règne d'Iwan IV jusqu'à celui du tzar Alexis, *le nouveau code* fut le recueil de lois que l'on appliqua généralement
en Russie. De plus, Iwan IV avait adressé aux diverses autorités
de l'empire des règlements relatifs à l'administration et à la
procédure criminelle. Les premiers réglaient les émoluments
que devaient toucher les gouverneurs, ainsi que les autres dignitaires de l'empire, et déterminaient l'étendue de leurs droits
et de leurs devoirs.

On trouve dans un de ces règlements, publié en 1557, les
conditions que le tzar avait imposées aux habitants de Kolmogore
en ordonnant qu'ils fussent distraits de la juridiction des gouverneurs ; les voici :

Ils verseront annuellement au trésor du tzar vingt roubles par
charrue, c'est-à-dire par soixante-quatre feux. Afin de réprimer

les vols, les brigandages, les délits commis en état d'ivresse, les chefs des communes riveraines de la Dwina devront nommer des centeniers, des surveillants qui auront sous leur autorité certaines fractions de la population composées de cinquante hommes, de dix hommes, etc.; ils seront responsables du bon ordre et de la tranquillité publique dans leurs circonscriptions respectives.

Les chefs, ou juges du peuple, qui ne craindraient pas d'abuser de leur autorité sur leurs concitoyens, en les opprimant, ou en leur faisant subir d'injustes vexations seront punis de mort.

Toutes les enquêtes judiciaires auxquelles il sera procédé seront enregistrées par le secrétaire de la commune.

Les habitants des bords de la Dwina auront le droit de révoquer leurs juges pour des raisons légitimes, et pourront en élire de nouveaux. Lors de leur nomination, ces derniers se rendront à Moscou, et, en présence du secrétaire du tzar, y jureront de se conformer strictement aux règles de la justice et de l'équité.

Il existe un autre règlement d'administration rendu également pour les habitants des bords de la Dwina, et qui règle l'étendue des cours, maisons, glacières et constructions élevées par eux pour leurs gouverneurs et *tiouns* ou juges.

Aux termes des *édits de procédure criminelle* adressés au juges des provinces, il était enjoint aux anciens, aux jurés et aux secrétaires, à leur entrée en fonctions, de procéder à une enquête générale. Ils convoquaient les habitants notables de leur juridiction, tels que les princes, les enfants des boyards, les archimandrites, les abbés, prêtres, et les citoyens les plus honorables de chaque commune, qui étaient obligés, en baisant la sainte croix, de dénoncer tous les voleurs ou gens sans aveu qu'ils pouvaient connaître. On enregistrait ces déclarations, puis les accusés étaient mis en jugement et leurs bien séquestrés.

Celui qui faisait l'aveu de son crime était puni d'après les lois du code.

L'accusé contre lequel il n'existait pas de preuves manifestes, ou qui pouvait faire constater sa moralité, était mis en liberté. Celui dont la culpabilité n'était qu'imparfaitement démontrée, mais sur lequel planaient de graves soupçons, était condamné à l'emprisonnement pour toute sa vie.

Le citoyen qui se portait garant de la moralité d'un homme jugé par le tribunal criminel répondait pour l'avenir, sur ses biens, des actes du condamné; il payait même de sa vie les crimes dont il se serait rendu coupable.

On voit, d'après cette dernière disposition, que le tzar, dominé par la ferme volonté de réprimer énergiquement tout ce qui pourrait troubler la tranquillité publique, faisait preuve d'une sévérité excessive, poussée même jusqu'à la cruauté. Ces tendances étaient contraires à l'esprit de la nouvelle législation introduite en Russie, qui avait consacré ce principe : qu'il valait mieux absoudre dix coupables que de s'exposer à condamner un innocent. Les règles inhérentes à toute véritable justice sont immuables comme elle ; aussi, celle-ci est-elle encore appliquée de nos jours chez la plupart des nations civilisées, après avoir traversé la longue série des événements qui se sont succédé depuis cette époque.

On appliquait aux colléges, cours principales ou *tchétes*, les dénominations suivantes : cour des ambassades, de la guerre, du domaine, et de Kazan.

La première connaissait surtout des affaires politiques extérieures relatives aux relations diplomatiques ; la seconde concernait le mode d'administration de l'armée ; la troisième réglait les concessions de terres faites aux fonctionnaires et aux fils des boyards, en récompense de leurs services; enfin, la dernière jugeait les affaires concernant les provinces de Kazan, d'Astra-

...an, de Sibérie et de toutes les villes situées sur les bords du Volga.

Indépendamment des attributions dont nous venons de parler, les trois premières cours étaient chargées de contrôler l'administration des villes des provinces et de se prononcer sur les procès jugés en premier ressort dans les provinces où le gouverneur, assisté de ses *tiouns* (juges), rendait la justice. Les *starostes*, dont les fonctions correspondaient à celles des maire s d'une commune ou d'un village, avaient également le droit de juger; ils étaient assistés des centeniers. Les affaires qui leur avaient été soumises étaient ensuite déférées à l'assemblée des *tchètes*, dans laquelle siégeaient les plus illustres dignitaires de l'État. De là, en matière civile ou criminelle, elles étaient examinées par le conseil des boyards : c'est ainsi que toutes les peines prononcées, surtout les plus graves, telles que les condamnations à mort et les confiscations de biens, n'étaient pas exécutées avant d'avoir reçu la sanction du tzar.

Les gouverneurs de Smolensk, de Pscof, de Novgorod et de Kazan qui, chaque année, étaient remplacés avaient seuls le droit, dans le cas de circonstances impérieuses, de faire mettre à exécution les peines prononcées.

Les lois nouvelles, les règlements, le tarif des impôts étaient toujours publiés par les *tchètes*.

Le domaine particulier, ou apanage du tzar, était soumis à une juridiction qui lui était propre. Il existait encore certaines cours ou administrations désignées sous le nom de *izbas* des *strelits* des postes, de la maison du tzar, du trésor, de la commune ou de la ville de Moscou, du bureau des armements et approvisionnements, du tribunal criminel et de celui des serfs devant lesquelles étaient jugées les affaires concernant les domestiques esclaves des seigneurs.

Dans toutes les cours, ainsi que dans les administrations ou

tribunaux de province, les fonctionnaires de l'ordre le plus
élevé étaient les *diaks lettrés* ou secrétaires. Ils s'occupaient également des négociations conclues avec les puissances étrangères,
de l'administration du département de la guerre, de la correspondance générale et des contributions. Les *diaks* ou gens de
robe, se distinguaient, non-seulement par leur instruction,
mais encore avaient une profonde connaissance des lois, coutumes et règlements de l'empire. Parmi les fonctionnaires de
l'État, ils formaient un corps spécial. Dans l'ordre hiérarchique
des dignitaires, ils étaient placés au-dessous des gentilshommes,
mais au-dessus des fils de boyards appartenant à la cour, et des
négociants de marque.

Les secrétaires du conseil ne le cédaient en dignité qu'aux
conseillers d'État, tels que les boyards, les *okolniks* et les nouveaux gentilshommes du conseil qui avaient été nommés par
Iwan, en 1572, dans le but de conférer certaines prérogatives
aux dignitaires d'une naissance illustre, et qui s'étaient distingués par leurs talents.

Iwan IV augmenta le nombre des fonctionnaires publics et
leur assura une plus haute position dans l'ordre social. Il fit
preuve d'habileté par la création de nouvelles dignités conférées aux princes et aux gentilshommes, et divisa les premiers en
deux classes distinctes : les princes proprement dits et les princes serviteurs de l'État ; il établit une subdivision entre les seconds, qui furent classés parmi les *gentilshommes pairs* ou les
gentilshommes cadets. Le nombre des gens de cour fut également augmenté par l'adjonction des *stolniks* ou échansons. Ces
derniers étaient, à la fois, officiers de bouche et investis de fonctions militaires. Ils appartenaient à un ordre plus élevé que les
gentilshommes cadets.

A cette époque, les Russes venaient de s'affranchir complétement de la domination des Tatares.

L'unité du pouvoir souverain résidait uniquement dans la personne du tzar, seul chef de l'État. C'était, comme on le voit, une condition essentielle pour faciliter, en Russie, le complet développement des institutions sociales et ouvrir librement la route du progrès et de la civilisation, en permettant au souverain de prendre, seul et sans contrôle, toutes les mesures propres à assurer la prospérité de l'empire.

Iwan IV mourut le 18 mars 1584.

Malgré le surnom de Terrible que lui valurent certains actes de cruauté, qui ont pu ternir son long règne sans en effacer complétement l'éclat, on doit reconnaître qu'il déploya, en gouvernant, les qualités qui distinguent les grands administrateurs. Les lois dont il dota l'empire furent le complément de la législation imparfaite qui existait alors, et, il sut toujours imposer sa volonté partout où il croyait devoir apporter d'utiles réformes dans l'administration de la justice ou les différentes sphères du gouvernement. En résumé, son nom doit être cité avec éloge parmi ceux des souverains de la Russie.

CHAPITRE IX

FÉDOR. — BORIS-GOUDUNOFF. — WASSILY SCHOUISKY.

1584—1610

Iwan IV eut pour successeur, sur le trône de Russie, son second fils Fédor. Ce prince se distinguait par une grande dou-
ceur de caractère et un esprit craintif. Il était d'une excessive
piété. Il n'avait point, au même degré, les qualités d'homme politique de son père, et ne pouvait exercer le même prestige sur
ceux qui l'entouraient.

Il confia les rênes du gouvernement à son beau-frère Boris
Goudunoff, qui reçut le titre de régent. En réalité, celui-ci était
le seul souverain de Russie; quoiqu'il ait toujours agi au nom
de Fédor, lui seul imprimait une direction aux affaires de l'État,
malgré les conseillers placés auprès de lui : en un mot, personne
ne partageait avec lui l'autorité suprême. Loin de rester inactif,
il s'occupait avec sollicitude des grands intérêts de l'État, cherchait à corriger les abus, encore nombreux à cette époque, et à
maintenir la tranquillité tant à l'extérieur qu'à l'intérieur. Pendant sa régence, qui dura quatorze ans, il se signala par deux
actes législatifs qui méritent d'être mentionnés. C'est à lui que
l'on doit l'institution du patriarchat en Russie, en 1588 (1), qui,

(1) Chopin, vol. III, page 217.

du reste, ne modifia, en aucune manière les services administratifs de l'État. Vers 1592 ou 1593, il abrogea la loi qui donnait
aux paysans le droit de changer leur domicile, en abandonnant
les villages habités par eux, pour s'établir dans une autre partie du territoire ; enfin, il compléta cette seconde disposition
en déclarant qu'à l'avenir ils seraient considérés comme serfs
des seigneurs.

Dès l'époque la plus reculée, les paysans jouissaient, en Russie, de la liberté civile, mais ils n'avaient pas le droit de devenir propriétaires de biens fonds. Plus tard, une loi les autorisa
à changer de domicile et à servir un autre seigneur, à la condition, toutefois, de cultiver une partie des terres pour leur propre compte, et l'autre pour celui du propriétaire, à moins de
consentir à lui payer une redevance (*Obrok*). Le régent ne tarda
pas à comprendre quels étaient les graves inconvénients de
ces changements de domicile, qui finirent par devenir de véritables émigrations. En effet, souvent, les paysans croyant trouver un meilleur maître en abandonnant celui au service duquel
ils se trouvaient, étaient trompés dans leur attente. Ils s'établis-
saient dans des contrées qui leur étaient inconnues, sur un sol
aride ou peu productif. En outre, ils s'exposaient à être mal
accueillis des populations auprès desquelles, le plus souvent, ils
ne trouvaient ni aide ni assistance. C'est ainsi que des villages
et des bourgs devinrent complétement déserts par l'abandon
des habitants. Le régent qui avait accordé certains avantages
aux cultivateurs des domaines du tzar, voulut également favoriser les propriétaires et les fermiers, afin qu'ils vécussent en
bonne intelligence, comme les membres d'une même famille.
Aussi, voulut-il établir entre eux une communauté d'intérêts.
C'est dans ce but qu'il crut devoir prohiber les émigrations
dont nous venons de parler.

Cette mesure causa un mécontentement presque général en

Russie et même parmi un assez grand nombre de riches propriétaires. Quant aux paysans, ils regrettèrent la liberté dont ils
jouissaient autrefois, quoique parfois elle les eût poussés à l'oi-
siveté et au vagabondage, et pendant de longues années, sans les
soustraire aux mauvais traitements de fermiers qui n'étaient jamais sûrs de les conserver. D'un autre côté, les riches propriétaires qui possédaient de vastes terres incultes ne pouvaient
les faire cultiver, faute de bras. Au contraire, les seigneurs
moins favorisés de la fortune devaient être reconnaissants envers Goudunoff de la mesure qu'il avait prise, car, désormais,
ils ne pouvaient craindre de voir leurs champs abandonnés
par l'émigration presque subite des habitants et des cultivateurs.

Sans doute, le régent n'avait pas prévu toutes les graves conséquences que devait entraîner la nouvelle ordonnance que
compléta l'édit de 1597 (1). Aux termes de cet édit, les mesures les plus rigoureuses furent prises pour que les seigneurs
pussent rentrer en possession de ceux de leurs paysans qui, depuis les cinq dernières années, avaient pris la fuite avec leurs
femmes, leurs enfants et les objets mobiliers qu'ils possédaient.

Ce fut à cette époque que parut l'ukase par lequel il était
ordonné que tous les boyards, les princes, les nobles, les employés civils et militaires pourraient exercer les droits qu'ils
avaient sur leurs domestiques serfs, afin qu'ils fussent inscrits
sur le livre du tribunal des serfs. Il fut, en outre, enjoint aux
juges composant ce tribunal de comprendre dans cette classe les
domestiques libres qui servaient un maître, même depuis un
laps de temps fort court, n'eût-il été que de six mois. Par ces
dispositions, le législateur avait voulu favoriser, autant que possible, les seigneurs, sans toutefois opprimer les serviteurs pau-

(1) Caramzin, vol. X, page 282.

vres, et, dans tous les cas, obéir à un sentiment d'humanité.
Aussi voulut-il confirmer la liberté des affranchis, ainsi que
celle de leurs femmes et de leurs enfants des deux sexes.

C'est alors que le gouvernement fit procéder à un nouveau
recensement des habitants et des terres labourables; on ordonna
de faire une égale répartition des impôts entre tous les citoyens;
enfin, on prit des mesures pour repeupler les campagnes aban-
données et construire de nouvelles villes.

A cette époque, l'administration était constituée de la même
manière que sous le règne d'Iwan IV : les tribunaux des provinces avaient pour présidents les lieutenants du tzar, choisis
parmi les boyards et les principaux dignitaires de l'État. Tous
les membres du conseil privé de Fédor étaient des lieutenants
de province, mais ils s'éloignaient rarement de la ville de
Moscou. Aussi se faisaient-ils remplacer dans leurs tribunaux respectifs, par des juges adjoints, les *diaks*, auxquels ils
avaient donné l'autorisation de rendre la justice en leur lieu
et place.

On raconte que les diaks, qui passaient pour être très-cupides,
étaient l'objet de l'animadversion générale; rarement ils occupaient longtemps leur position. Leur unique souci, dit-on, était
de s'enrichir par tous les moyens possibles. De nombreuses
plaintes étaient journellement portées contre eux auprès des
autorités supérieures; mais quand on y répondait, le juge prévaricateur n'était plus investi de ses fonctions et avait été remplacé. Néanmoins, il était jugé avec une grande sévérité : on lui
enlevait le produit du gain que lui avaient procuré ses coupables
manœuvres, il était exposé en public, on le fouettait de verges,
on lui attachait au cou quelques-uns des objets qu'il avait
détournés, une bourse garnie d'argent, des zibelines, etc...; telle
était la série d'humiliations auxquelles étaient soumis les *diaks*
qui s'étaient rendus coupables de dénis de justice. Le législateur

défendait formellement aux parties d'offrir des présents aux
juges, et cependant on trouva moyen d'éluder cette prohibition
de la loi. Les solliciteurs se rendaient chez le juge, et, en entrant,
avaient soin de déposer de l'argent sous des images placées à sa
porte, en feignant d'acheter des cierges. Cette fraude fut bientôt
découverte et punie aux termes d'un ukase que l'on rendit à
cette occasion.

Quoiqu'il en soit, et malgré l'imperfection des lois qui existaient alors, le pouvoir s'efforçait de faire comprendre aux juges
de quelle manière ils devaient remplir les fonctions qui leur
étaient confiées, en réprimant avec une grande sévérité de pareils
abus, si nuisibles au respect qui doit entourer ceux qui sont
chargés de rendre la justice. Tandis que ces louables efforts
étaient tentés dans le but de diminuer le nombre des délits,
l'usage barbare d'employer la torture comme moyen de preuve
dans les procès criminels subsistait encore en Russie.

Afin d'obtenir des aveux de l'accusé, on l'exposait à un feu
ardent, on lui rompait les côtes et on lui enfonçait des clous
dans le corps.

Les meurtriers et les autres coupables qui avaient mérité la
peine capitale, étaient pendus, décapités, noyés ou empalés. En
se rendant au lieu du supplice, le condamné à mort tenait à la
main un cierge allumé. La peine était adoucie pour les militaires
nobles qui s'étaient rendus coupables d'un crime ; il en était de
même pour les fils de boyards, qui n'étaient punis que de l'emprisonnement, ou seulement, battus de verges, dans certains cas
où l'on aurait appliqué la peine capitale si le coupable eût été
un paysan ou un bourgeois. Celui qui avait tué l'un de ses
esclaves était condamné à payer une amende consistant en une
somme d'argent.

A cette époque, il existait en faveur des nobles un singulier
privilége : dans les procès civils, ils avaient le droit de se faire

remplacer par un de leurs serviteurs pour prêter serment en justice, ou pour subir à leur place les peines corporelles auxquelles ils auraient pu être condamnés pour n'avoir pas rempli leurs engagements.

Dans toutes les parties de l'empire, Goudunoff révoqua de leurs fonctions les lieutenants, les voïevodes et les juges dont la conduite avait donné lieu à des plaintes justifiées, et pourvut à leur remplacement en nommant, à leur place, des magistrats et des fonctionnaires qu'il croyait dignes de ce choix. Les appointements des divers employés furent doublés, afin de leur créer des ressources suffisantes pour pouvoir vivre honorablement, sans être tentés de se rendre coupables d'exactions. Dans le cas où ils auraient manqué à leurs devoirs, ils étaient menacés de la peine capitale.

La cour de Moscou était alors plus brillante que jamais. Sous le règne d'Iwan IV, lorsque l'État était agité par de sérieuses crises politiques, ses favoris seuls étaient admis auprès de lui : au contraire, lorsque Fédor vint occuper le trône de Russie, tous les boyards et les hauts dignitaires de l'empire se réunissaient chaque jour, le matin et le soir, dans le palais du Kremlin, pour saluer le tzar, et assister aux séances du conseil qui, à moins de circonstances exceptionnelles, se réunissait trois fois par semaine.

Fédor mourut en 1598. Son beau-frère Boris-Goudunoff, qui jusqu'alors avait gouverné comme régent, lui succéda sur le trône.

L'avénement du nouveau souverain et le serment qu'il dût prêter à cette occasion, furent confirmés par la *charte d'élection* qui fut rédigée au nom des états généraux, et à laquelle on ajouta la déclaration suivante : « Tous ceux qui ne se confor- » meront pas aux volontés du tzar seront exposés aux malé- » dictions de l'Église et frappés du glaive de la loi. Seront punis

» des mêmes peines, tous les individus qui se mettront en état
» de rébellion, oseront blâmer les actes du grand conseil natio-
» nal, et exciter les citoyens à la révolte par des discours sédi-
» tieux. Ces peines pourront s'appliquer à tous les citoyens,
» indistinctement, quel que soit leur rang : ecclésiastiques,
» boyards, membres du conseil, officie.s de l'armée, simples
» particuliers ou grands seigneurs; leur mémoire sera à jamais
» flétrie dans l'avenir. »

Le 1er août 1598, cette charte reçut la sanction du souverain,
qui y apposa son sceau ; elle fut ensuite signée par toutes les
autorités civiles et ecclésiastiques, au nombre d'environ cinq
cents personnes.

En 1599, Boris, voulant donner au patriarche Job (1) un
témoignage de sa sollicitude pour les intérêts de l'Église, renouvela les lettres de grâce qu'Iwan IV avait accordées au métropolitain Athanase et par lesquelles il avait été décidé que
les serviteurs de l'Église, les religieux appartenant aux couvents, les fonctionnaires ecclésiastiques, les valets et les paysans,
seraient soumis à la juridiction du patriarche, excepté toutefois
dans le cas d'une accusation de meurtre. Boris ajouta, en
outre, que ces diverses classes de personnes seraient affranchies
de l'autorité des boyards, des lieutenants et des magistrats du
tzar, qu'elles seraient exemptées de tous impôts envers la couronne. C'était un ancien privilége politique du clergé en
Russie, qui a constamment été maintenu dans toute son intégrité, même sous le règne de Wassily Schouisky, dont nous
aurons l'occasion de parler plus tard.

La loi qui attribuait aux paysans la condition de serfs favo-
risait les propriétaires peu fortunés, et, cependant, elle avait;

(1) C'était lui qui avait présidé le conseil des boyards depuis la mort
de Fédor jusqu'à l'avénement au trône de Boris-Goudunoff.

même pour eux, de graves inconvénients, car elle facilitait les
émigrations, en les rendant de plus en plus fréquentes, surtout
sur les terres qui n'appartenaient pas à la haute noblesse. Les
seigneurs à la recherche des paysans fugitifs, s'accusaient les
uns les autres de les cacher, et s'engageaient ainsi dans de rui-
neux procès. Cet état de choses s'aggrava à un tel point que
Boris, sans vouloir abroger une loi dont certaines dispositions
présentaient un véritable caractère d'utilité, se décida néanmoins à la modifier en partie. En 1601, il autorisa, dans toutes
les parties de l'empire, excepté dans le territoire de Moscou,
les cultivateurs des nobles n'appartenant pas à la haute noblesse, des fils de boyards et des autres propriétaires, à changer
de domicile à une époque déterminée. Seulement, pour que
cette faculté pût être exercée, on exigeait que le nouveau
maître fût de la même classe que le premier, et il n'était
permis qu'à deux cultivateurs de changer ainsi, à la fois, de
domicile, afin d'éviter que ces sortes d'émigrations eussent lieu
en masse.

Les paysans des boyards, des nobles, des diaks de distinction,
ceux de la couronne, du patriarche et des couvents ne furent
point admis à jouir de cette mesure.

La loi qu'avait promulguée Fédor, uniquement afin de favoriser la noblesse, et qui autorisait à réduire en esclavage les
serviteurs qui avaient travaillé plus de six mois chez leur maître,
ruina complétement les cultivateurs, et rendit leur condition
presque intolérable: les maisons étaient remplies de boyards,
d'esclaves, parmi lesquels, contrairement aux règlements publiés par Iwan IV, il se trouvait un grand nombre de militaires
et de nobles que la misère avait contraints de se mettre au
service des riches.

Cette loi inique donna lieu à de nombreux abus d'autorité
de la part des boyards : ceux-ci, forts des droits exorbitants

qui leur avaient été accordés, ne craignaient pas de rendre esclaves, non-seulement leurs serviteurs, mais encore tous ceux
qui, trop faibles pour se défendre, étaient obligés de se plier à
leurs volontés; c'est ainsi que tous les individus qui se distinguaient par leurs talents, leur adresse, ou une aptitude quelconque, et dont les services pouvaient être de quelque utilité
aux boyards, devinrent leurs esclaves. Pendant les années d'a-
bondance, les nobles s'étaient hâté d'augmenter le nombre de
leurs serviteurs, mais, lorsque survint la disette, ils voulurent
les abandonner. Cette conduite, de leur part, excita un mécontentement général dans les contrées qu'ils habitaient.

Les maîtres qui avaient conservé quelque sentiment d'humanité pour ceux qui les servaient, avaient eu soin, en ren-
voyant leurs esclaves, de les affranchir. D'autres, au contraire,
les chassaient impitoyablement sans leur conférer la liberté
d'une manière légale, afin de pouvoir, plus tard, les accuser
d'avoir pris la fuite, de s'être rendus coupables de vol, et, par
des procès longs et onéreux, ruiner ainsi les propriétaires plus
humains qui leur auraient donné l'hospitalité.

Tel était le déplorable état de choses créé par l'imprévoyance
du législateur.

Boris-Goudunoff mourut en 1605; il eut pour successeur,
sur le trône de Russie, le tzar Wassily Schouïsky, en 1606.

Le nouveau souverain ne fit subir aucune modification au
code d'Iwan. Il augmenta, dans une notable proportion, les
émoluments des dignitaires et des officiers de l'armée, fit payer
toutes les dettes de la couronne contractées sous le règne
d'Iwan IV, supprima un certain nombre d'impôts que payaient
les commerçants et les justiciables, publia des ordonnances
destinées à réprimer sévèrement la vénalité de la magistrature,
et les fit appliquer à l'égard de plusieurs juges prévaricateurs.

Enfin, voulant donner une preuve de sa sollicitude pour toutes les classes de la société, il fit annoncer que le mercredi et le samedi de chaque semaine, il recevrait lui-même les suppliques et les réclamations qui lui seraient remises par les gens du peuple.

Ce fut lui qui promulgua une loi importante relative à la condition des paysans et des esclaves.

Il ordonna que tous les esclaves et serviteurs fugitifs se rendraient auprès de leurs seigneurs et de leurs maîtres, à l'exception de ceux qui les auraient abandonnés par suite de l'insuffisance des moyens d'existence, pendant la famine qui avait désolé la Russie sous le règne de Boris. Il fit mettre en liberté les serviteurs qui en avaient été privés à la suite d'actes de violence, et dont la condition d'esclaves n'avait pas été mentionnée sur le livre de la couronne. Il publia également un code de justice militaire qu'il avait fait traduire de l'allemand et du latin. Mais son règne fut trop court, et les graves désordres qu'il dut réprimer pendant qu'il était sur le trône, ne lui permirent pas de songer à une législation nouvelle (1).

Il éleva à la dignité de sénateur tous les membres du conseil, et en porta le nombre à soixante-dix. Chaque jour, ils se réunissaient sous sa présidence.

Il était d'une nature affable, très-accessible à tous ceux qui désiraient l'entretenir des affaires publiques dont il s'occupait avec la plus grande sollicitude.

(1) Chopin, vol. III, page 251.

CHAPITRE X

LE TZAR MIKHAILOVITCH.

1613—1645

Le tzar Mikhailovitch, fils de Fédor et cousin maternel du dernier souverain de la dynastie des Varègues, n'avait pas encore seize ans lorsqu'il fut appelé à occuper le trône de Russie (21 février 1613).

Ce fut lui qui, d'après les conseils de son père Fédor Romanoff, ordonna la formation du cadastre. Afin d'arriver à la réalisation de cet utile projet, il envoya dans les diverses provinces de l'État des commissaires et des experts chargés d'inscrire avec la plus grande exactitude, sur des registres spéciaux tenus à cet effet, les diverses propriétés tant urbaines que rurales, en ayant soin de mentionner le chiffre de leurs produits et celui de la population. Cette réforme une fois réalisée pouvait seule permettre au gouvernement d'avoir une connaissance complète du territoire, de ses ressources, et de prendre ainsi, au point de vue administratif les mesures propres à prévenir les nombreuses contestations relatives aux limites et au barrage des propriétés en général.

Le tzar Mikhailovitch Fédorovitch mourut à l'âge de quarante-neuf ans, au mois de juillet 1645.

LE TZAR ALEXIS MIKHAILOVITCH.

(1645 — 1648)

Alexis Mikhailovitch succéda à son père sur le trône. Pendant les premières années de son règne, diverses crises politiques agitèrent successivement la Russie et furent un obstacle à la réalisation des projets de réforme qu'il avait conçus. Néanmoins il put les mettre à exécution à la suite d'une sédition qui éclata dans la capitale, et il lui fut permis de contribuer ainsi au bonheur de ses sujets.

Bientôt il comprit que de notables améliorations devaient être apportées à la législation qui existait alors. A cette époque, un véritable progrès commençait à se manifester dans les institutions sociales de la Russie; les nombreux étrangers qui étaient venus s'y fixer, avaient introduit de nouveaux usages qui ne furent pas sans influence sur la civilisation.

Le jeune prince avait eu pour conseiller le boyardin Boris Morozof, homme doué d'un jugement sûr et d'une grande pénétration d'esprit. Une sédition qui éclata dans la capitale de la Russie lui donna l'occasion de s'emparer du souverain pouvoir. Personne n'aurait été plus digne que lui de gouverner, si sa cupidité n'avait fait oublier les talents qui le distinguaient (1).

Dans ce but, il convoqua les hommes les plus remarquables de l'empire (2), et choisit parmi eux une commission à laquelle fut confié le soin de réunir, en un seul corps, toutes les

---

(1) Levesque, *Histoire de la Russie*, vol. IV, page 52.

(2) Chopin, vol. III, pages 273, 274.

lois qui avaient été décrétées dans les différentes provinces
de l'empire.

Ce travail fut publié, en 1649, sous le titre de *Sobornogie
Oulogenie Zaconn*, dont la signification est : *Code général des
lois*. C'est le premier recueil de lois qui ait été imprimé en
Russie. On y remarque de graves imperfections, comme dans
tout ce qui sort de la main des hommes, et il ne pouvait
guère que servir de guide dans les procédures usitées à cette
époque.

La rapidité avec laquelle ce travail fut exécuté ne permettait
pas d'espérer une œuvre législative irréprochable : commencé
le 16 juillet 1649, il fut terminé, dans l'espace de trois mois et
demi, le 30 octobre de la même année (1).

Cependant, c'était un nouvel acheminement vers une législation moins imparfaite. Ce code, tel qu'il a été composé, a contribué pour une large part au développement successif des
institutions judiciaires en Russie. Il résume, aussi exactement
que possible, l'état de la législation russe à cette époque.

Ainsi que nous l'avons dit, ce recueil se composait des lois
promulguées antérieurement dans toutes les provinces de l'empire, et particulièrement de celles de Soudebnik, qui avaient été
confirmées par Iwan IV. Toutefois, dans cette codification, un
assez grand nombre de lacunes ont été comblées par des dispo-

----

(1) A ce sujet, voici dans quels termes s'exprime Levesque (*Histoire de
la Russie*, vol. IV, page 43).

« Sans doute on peut relever bien des imperfections dans ce recueil de
législation, mais nous ne devons pas refuser un juste tribut de respect et
de reconnaissance à la mémoire d'un prince qui, à une époque où les lumières de la civilisation avaient à peine pénétré dans ses États, voulut donner
à ses peuples une législation basée sur leurs mœurs, leurs idées religieuses,
leurs tendances et la forme du gouvernement auquel ils obéissaient. »

sitions empruntées au droit romain, qui, depuis longtemps, avait été introduit en Russie.

Le manuscrit original de l'*Oulogénie* est actuellement conservé dans le dépôt d'armes de Moscou. Il est revêtu de la signature du patriarche Joseph, de celles de plusieurs autres archevêques et, enfin, de trois mille boyards ou citoyens les plus distingués de l'empire.

Le code d'Alexis se compose de neuf cent soixante-trois articles, divisés en vingt-cinq chapitres, contenant les règles relatives à l'exercice des pouvoirs exécutif et administratif. Voici les titres des chapitres :

I. — Des sacriléges et des émeutes religieuses ;

II. — Des honneurs dus au souverain ;

III. — De la maison du tzar ;

IV. — Des faussaires et de ceux qui se livrent à la contrefaçon des sceaux ;

V. — Des joailliers, orfévres et des fabricants de monnaies ;

VI. — Des passe-ports ;

VII. — Du service militaire ;

VIII. — Du rachat des prisonniers ;

IX. — Du péage des octrois et des douanes ;

X. — De la procédure ;

XI. — Du jugement des paysans ;

XII. — De la manière de juger les individus attachés au service des patriarches ;

XIII. — Des prélats et des personnes appartenant aux cloîtres

XIV. — Du serment ;

XV. — Des transactions sur procès, — de la défense de les intenter de nouveau ;

XVI. — Des propriétés foncières ;

XVII. — Des biens patrimoniaux ;

XVIII. — De l'impôt foncier;

XIX. — Des habitants des faubourgs;

XX. — Du jugement des esclaves;

XXI. — Du brigandage et du vol;

XXII. — Énumération des crimes punis de la peine de mort

XXIII. — Des strelitzis;

XXIV. — Des attamans (hetmans) et des Cosaques;

XXV. — Des cabarets et de la vente des liqueurs fortes.

On voit, d'après cette nomenclature, que le code du tzar Alexis était loin de présenter un ensemble complet, et qu'aucun système de législation n'y est formulé.

Aux termes des dispositions de ce code, les sacriléges et les crimes de haute trahison étaient punis de mort; la même peine était prononcée contre ceux qui, agissant avec préméditation, auraient mis le feu à une ville ou une maison. Ceux qui avaient contrefait les sceaux étaient condamnés à avaler du plomb fondu.

La femme qui avait donné la mort à son mari était enterrée vivante jusqu'au cou; on coupait la main à ceux qui volaient des chevaux; l'injure était punie d'une amende pécuniaire, de l'emprisonnement, ou bien le knout était infligé au coupable, en tenant compte toutefois de la position sociale de la personne offensée. Lorsqu'une femme enceinte était condamnée à mort, l'exécution n'avait lieu qu'après sa délivrance; la peine de mort était également prononcée contre les contrebandiers, qui étaient obligés d'indemniser la partie lésée.

Le code du tzar Alexis prononçait, dans plusieurs cas, la torture, la confiscation, le supplice du pal, et le knout jusqu'à ce que la mort du condamné s'ensuivît. Il était défendu aux citoyens de se rendre à l'étranger sans s'être munis de passe-ports. Les juges avaient reçu l'ordre d'instruire les affaires qui leur étaient confiées, et de rendre les jugements dans le plus bref délai; il leur était expressément défendu de recevoir des présents des justiciables.

Outre le recueil de lois connu sous le nom d'*Oulogenie*, le tzar Alexis avait rendu d'autres ordonnances législatives et administratives.

Voici les principales :

    I. — Code de justice militaire ;

    II. — Règlement concernant la police municipale ;

    III. — Ordonnance relative à la vénerie et à la chasse au faucon ;

    IV. — Ordonnance concernant les péages et les octrois ;

    V. — Code de commerce ;

    VI. — Code maritime ;

    VII. — Règlement relatif au cadastre.

Parmi les actes administratifs du tzar Alexis, il existe deux ordonnances qui ont été vivement critiquées par les historiens : aux termes de la première, il a substitué la monnaie de cuivre à la monnaie d'argent ; la seconde est relative à l'institution d'un tribunal secret (*cancellaria*) fonctionnant avec la plus grande célérité, et devant lequel étaient jugés principalement les individus accusés de crimes contre la sûreté de l'État, tels que les conspirateurs. On sait qu'à cette époque, il n'était pas rare de voir des séditions se former, dans le but de chasser du trône le souverain.

Ces diverses dispositions étaient nécessairement très-imparfaites : aussi, plus tard ont-elles été abrogées.

LE TZAR FÉDOR (THÉODORE) ALEXEIEVITCH.

1676—1689.

Fédor, l'aîné des fils d'Alexis, avait dix-neuf ans lorsqu'il succéda à son père sur le trône de Russie. D'une complexion

9

faible et maladive, il ne put développer les heureuses qualités
qu'il avait reçues de la nature. Il est certain que, doué d'une
meilleure santé, et après un règne plus long, son nom, passant
à la postérité, eût été cité avec éloge, comme celui d'un
prince dont tous les efforts avaient eu pour but de réaliser d'u-
tiles réformes et de contribuer au bonheur de ses sujets (1). Cependant, malgré la courte durée de son règne, il publia un
grand nombre de lois destinées à compléter l'*Oulogenie,* mais
dont les dispositions sont souvent contradictoires avec les articles du code. L'acte le plus important du règne de Fédor fut
l'abolition du *droit de préséance,* usage qui donnait lieu à de
graves abus, et dont on ne peut indiquer exactement l'origine.
En temps de paix, à la guerre, dans les emplois civils, ou dans
les offices de la cour, la distinction de naissance donnait à
l'homme issu d'une illustre famille une supériorité sur celui
que le hasard ou la fortune avait moins favorisé.

Entre plusieurs individus d'origine noble, cette qualité ne
suffisait pas pour établir l'égalité parmi eux et, souvent, quelques
uns, sous divers prétextes, refusaient de servir à l'armée à côté
de ceux qu'ils prétendaient leur être inférieurs par la naissance.
Ainsi, celui dont le père ou l'aïeul avait été investi de quelque
dignité qui l'aurait placé au dessus des ancêtres d'un autre noble
ne consentait jamais à servir sous les ordres de ce dernier ou à
occuper le même poste que lui. Ces prétentions ridicules et
puériles étaient si peu basées sur l'ancienneté de la noblesse,
qu'un homme n'aurait jamais consenti à devenir l'inférieur ou
l'égal d'un de ses proches parents, si le père de ce dernier avait
servi autrefois sous les ordres d'un de ses ascendants. Le jeune
homme qui n'avait pour titres que les services de ses aïeux ou
leur noblesse avait le droit de commander à des militaires expé-

_____

(1) Levesque, vol. IV, page 108.

rimentés, blanchis sous les armes, uniquement parce que leurs
ancêtres avaient occupé des charges moins élevées que les siens.
Ces luttes dérisoires s'élevaient sans cesse entre des personnes
appartenant à la même carrière, à la même classe ou à la même
famille. Leur unique préoccupation était de rechercher quels
emplois avaient occupés leurs ancêtres. Il en résultait que des
militaires, dont les services auraient pu être d'une grande utilité à l'État, indignés de se voir préférer, dans les divers commandements de l'armée, des hommes qui n'avaient aucun titre
personnel digne d'être pris en considération, se retiraient.
Avec un pareil état de choses, il était impossible que l'armée
fût régulièrement organisée, aussi perdait-on souvent tout le
fruit d'une campagne qui aurait pu produire d'heureux
résultats.

En temps de paix, des abus non moins graves, mais d'une
autre nature, se produisaient journellement et avaient des conséquences analogues : ainsi, à la cour, aux fêtes, aux cérémonies,
aux repas qui étaient donnés, continuellement, des seigneurs
présentaient des requêtes au prince pour ne pas être placés au
même rang que tels autres seigneurs, sur lesquels ils prétendaient avoir le pas.

On doit s'étonner que de semblables plaintes se soient produites si fréquemment, quand on sait avec quelle sévérité étaient
punis ceux qui, sans motifs légitimes, énonçaient de tels griefs.
Parmi ceux-ci, un grand nombre était, le plus souvent, condamné à subir l'emprisonnement, au moins pendant quelques
jours ; dans d'autres circonstances, la même infraction aux
ordonnances donnait lieu à des pénalités plus sévères : on prononçait contre les coupables les peines des batogues, du knout,
de l'exil, et même on confisquait leurs biens.

Cette sévérité même rendait les Russes fort désireux de conserver et de pouvoir produire les titres constatant leur généa-

logie. Ceux qui se trouvaient dans ce cas, et que l'on appelait *Rodoslavie Liouds (hommes à généalogie)*, avaient de nombreuses prérogatives sur les autres. Quant à ceux que les guerres, les invasions des barbares, les incendies, avaient privés de ces titres précieux, ils étaient placés dans une position très-précaire.

C'était le sénat qui avait mission de juger les contestations qui s'élevaient, entre les nobles, relativement au rang et aux prérogatives. Pour s'éclairer il consultait des registres auxquels on donnait le nom de *Rozviadine Knicni (Livre d'arrangement)*.

Les familles illustrées par leurs ancêtres avaient grand soin de s'en procurer des copies ou des extraits qu'elles consultaient, dans les moindres circonstances, afin de se procurer des preuves à l'appui des droits et prérogatives qu'elles prétendaient avoir. Cette constatation avait pour elles une grande importance : car si un dignitaire d'un ordre élevé avait souffert qu'un noble, qui, selon sa prétention, devait être placé dans un rang inférieur au sien, pût acquérir quelque prééminence sur lui, dans les services civils ou militaires, cette négligence avait, à cette époque, de graves conséquences et influait dans l'avenir sur le rang et la hiérarchie des membres de la famille du dignitaire.

Le tzar Fédor conçut donc le projet d'introduire d'utiles réformes à cet égard, principalement en ce qui concernait le service militaire. Guidé par les conseils du prince Wassily Galitzin, il reconnut bientôt que la réforme la plus urgente était l'abolition de la hiérarchie héréditaire. Malgré le pouvoir absolu qui lui avait été conféré, il avait besoin de déployer une certaine habileté pour atteindre son but dans cette circonstance, car il courait risque de froisser bien des susceptibilités en faisant disparaître des prérogatives chères à l'orgueil des plus puissantes familles russes.

Il donna l'ordre aux nobles de remettre à l'autorité supérieure les titres et copies des registres, sur lesquels se trouvait relatée leur généalogie, sous le prétexte de combler les lacunes qui auraient pu exister. Une fois en possession de ces docu-ments, il réunit, dans son palais, un conseil composé des patriarches du haut clergé et de tous les officiers de la cou-ronne. Il leur exposa les graves abus résultant des nombreuses prérogatives uniquement attachées à la naissance, puis il fit brûler les registres qui servaient à les constater, en présence du prince Dolgorousky, d'un conseiller d'État, et de tous les métropolites et évêques. Ces hauts dignitaires, appelés à être témoins de cet auto-da-fé, ne se retirèrent que lorsque les registres eurent été entièrement réduits en cendres.

Cette exécution, qui devait porter un coup terrible à l'or-gueil et à la vanité de la noblesse, était devenue nécessaire. Si l'on doit approuver Fédor de n'avoir pas reculé devant les conséquences qu'elle pouvait entraîner, il faut surtout accorder un juste tribut d'éloges au ministre courageux qui a fait preuve d'indépendance en la conseillant au souverain (1).

Cependant ces efforts tendant à détruire certains abus par-ticuliers devaient être le prélude d'une réforme dans la justice de l'empire, accomplie sur de larges bases. Le souverain qui remplaça Fédor sur le trône de Russie modifia complétement la forme du gouvernement ; il aurait donc été utile de régé-nérer, en quelque sorte, la législation de l'empire. Ces progrès ne s'accomplirent que lentement, ainsi que nous aurons l'occasion de le voir dans la suite de ces études.

Fédor, en mourant, n'avait pas laissé de postérité. Dans l'empire, les avis furent partagés sur le choix du successeur qui lui serait désigné : les uns se prononcèrent en faveur de son frère, — Iwan V, — les autres auraient appelé au trône

____

(1) Levesque, *Histoire de la Russie*, vol. IV, pages 116, 117, 118 et 122.

Pierre, encore enfant, et à peine âgé de dix ans. Ce dernier fut proclamé souverain, avec sa mère Nathalie pour régente (27 avril 1682). Bientôt la révolte des strelitzis le contraignit à abandonner la couronne. Iwan V monta sur le trône et confia l'administration de l'empire à Sophie (18 mai 1682). Celle-ci choisit pour conseiller le sage Galitzin, qui gouverna la Russie pendant sept ans. Peu de temps après, Pierre parvint à s'emparer du pouvoir (1689). Il eut seul le droit de porter le titre de tzar, et néanmoins témoigna toujours de respectueux égards à Galitzin : jamais, dans les affaires importantes, il ne négligeait de recourir à son expérience.

Iwan V mourut au commencement de l'année 1696.

CHAPITRE XI

PIERRE LE GRAND.

1689—1762

Les historiens ne tarissent pas d'éloges en parlant des bien-faits que Pierre le Grand a répandus sur la Russie pendant son règne, et des éminents services qu'il a rendus à sa patrie(1).

Nous n'aborderons pas ces considérations, qui sont étran-gères à notre sujet, et nous nous occuperons exclusivement de la législation dont il a doté la Russie ; c'est encore un de ses titres de gloire les plus remarquables.

Ce fut Pierre le Grand qui, le premier, conçut le vaste projet de coordonner les lois de l'empire et d'en former un code uniforme.

Aux termes d'un ukase publié le 18 février 1700, il ordonna de réunir le code de 1649 aux divers actes législatifs promul-gués depuis cette époque. D'après le plan général dont il avait posé les bases, les lacunes qui pouvaient se trouver dans ce recueil de lois devaient être comblées plus tard, à mesure que

(1) Voltaire, *Histoire de Pierre le Grand*, vol. 1. — *Dictionnaire des sciences morales, économiques, politiques et diplomatiques*, article Génie de Pierre le Grand.

le temps et l'expérience en démontreraient l'utilité. C'est dans ce but que furent successivement publiés des actes législatifs complémentaires, sous le nom d'*ukases*, et des arrêtés du conseil semblables aux anciennes novelles.

A proprement parler, la pensée du législateur, en publiant ces ordonnances, était d'expliquer et de compléter les dispositions de ce nouveau code dont elles étaient l'utile développement. Mais la nécessité de ces commentaires se fit sentir plus que jamais; il en résulta bientôt une regrettable confusion dans ces actes législatifs, dont le nombre s'augmentait de jour en jour, et qui, le plus souvent, présentaient des dispositions incompatibles entre elles. Dans l'espace de cinquante ans, leur réunion formait déjà plusieurs volumes. Cet état de choses créait, pour les tribunaux, de sérieuses difficultés d'application, qu'aurait aplanies une législation uniforme et logiquement codifiée.

Pierre le Grand, plus que tout autre souverain, possédait le genre d'aptitude et les qualités propres à remédier au mal qui, chaque jour, s'aggravait; mieux que personne, avec la sûreté de jugement qui le caractérisait, il savait discerner les vices de l'organisation judiciaire et y remédier d'une manière efficace. Aussi, son premier soin fut-il de nommer une commission chargée de coordonner cet amas confus de dispositions.

Doué d'une activité infatigable, il crut, dans le principe, que ce travail pourrait être achevé dans un laps de temps assez court, et que prochainement, il aurait la gloire de donner à la Russie des institutions judiciaires conformes à ses vues.

Son espoir fut déçu: la commission instituée par lui devait se dissoudre et se reformer à plusieurs reprises, sous diverses formes, et subsister pendant cent vingt-six ans, avant de terminer le travail pour lequel elle avait été primitivement réunie. En effet, ce prince, en publiant, presque journellement, des ordonnances auxquelles il donnait force de loi, multipliait, dans une proportion sans cesse croissante, les travaux de la commission législative. Si l'on considère seulement les actes émanés de lui, qui ont dû être la conséquence de ses nombreuses réformes et par lesquelles la situation physique et morale de l'empire a été modifiée, leur réunion seule formerait un code complet.

Pierre le Grand ne s'est pas contenté de publier des ordonnances isolées. Sans parler des nombreux ouvrages qui ont été rédigés par son ordre, dans lesquels se trouvent comprises les diverses parties de la législation, on a de lui un code de justice militaire promulgué le 30 mars 1716; un code maritime qui date du 13 janvier 1720. Ces deux recueils ont longtemps servi de guide aux tribunaux civils et militaires.

Déjà on remarquait que l'esprit qui avait présidé à ses travaux législatifs se modifiait et accusait certaines tendances vers les principes de la législation moderne de nos jours. Dans ses voyages, il avait réuni de nombreux matériaux, qu'il voulut utiliser pour la confection des lois nouvelles; aussi y remarque-t-on l'empreinte des mœurs germaniques. Les législations de la Suède et de la Hollande lui ont fourni de nombreux modèles qu'il a appliqués à la Russie. Ce sont surtout ses actes administratifs qui méritent l'admiration de la postérité : c'est ainsi qu'il a cru devoir licencier les strelitzis, troupes indisciplinées, pour les remplacer par une force armée régulièrement organisée, qu'il a formée d'après un mode de recrutement introduit par lui en Russie. Il s'attacha à rehausser le courage et les talents militaires, accorda des grades et des titres de noblesse aux soldats et aux officiers qui, en campagne, avaient fait preuve de capacité et de bravoure. Par la création de nouveaux impôts, il augmenta les revenus de l'État, régla le mode de perception des contributions et, enfin, ordonna que les revenus des couvents

seraient versés dans la caisse du trésor public. Il accorda aux
commerçants russes et étrangers le droit d'élire, parmi eux,
quatre juges qui devaient composer un tribunal chargé de se
prononcer dans toutes les affaires commerciales intéressant les
étrangers. Il unit l'administration générale du royaume au sénat, en reconstituant l'ancien conseil des boyards, attribua les
divers services administratifs à douze ministères et divisa la
ville en sections, afin de faciliter l'application des diverses mesures administratives qui seraient ordonnées.

La première commission chargée de reviser le code de 1649
fut nommée par Pierre le Grand en 1700. Elle se borna à rédiger un projet destiné à mettre ce code en harmonie avec la
législation nouvelle; mais il resta inachevé. Ce prince, voyant
les faibles résultats obtenus à la suite des travaux de la commission, crut que l'obstacle le plus sérieux consistait dans la
difficulté de concilier le code avec les actes législatifs promulgués à une époque postérieure. En conséquence, il abolit toutes
les lois rendues après la promulgation du code et dont les dispositions étaient contradictoires avec celles qu'il contenait.
Cette prohibition générale était fondée sur des motifs ration-
nels; mais il fallait décider la question de savoir quelles étaient
exactement les dispositions de lois inconciliables les unes avec
les autres. Une seconde commission, instituée en 1714, fut
chargée de procéder à ce dernier travail : elle eut pour mission
de réunir séparément les lois nouvelles et d'en distraire, pour
les annexer au code, celles qui pouvaient en être l'utile complément. Cette commission, qui avait été instituée sous la surveillance du sénat, siégea pendant quatre ans. Le résultat de
ses travaux fut, pour ainsi dire, nul; néanmoins, ils composent
dix chapitres qui devaient faire partie d'un recueil intitulé :
Code de concordance (Svodnoe Oulogenie). Là se bornèrent les
tentatives faites par la seconde commission chargée de la rédac-

tion d'un nouveau code, en revisant l'ancien sur le modèle du code suédois et, plus tard, sur celui du code danois.

Une vive opposition se manifesta lorsqu'il fut question d'adopter ce projet; aussi, la commission dut nécessairement suspendre ses travaux. C'est à tort que ce travail fut jugé avec sévérité; car c'était l'œuvre d'hommes, en général, peu versés dans l'étude du droit, et dont les idées et les tendances diverses devaient difficilement se concilier; enfin, ne devait-on pas apprécier les nombreux obstacles qu'il fallait surmonter pour mettre en harmonie avec le code d'Alexis les lois d'un pays dont les mœurs et les usages différaient essentiellement de ceux de la Russie. Ainsi que les précédents, ce dernier projet n'eut aucune suite.

Depuis la mort de Pierre le Grand jusqu'au règne de Catherine II, c'est-à-dire pendant un laps de temps de trente-sept ans, de 1725 à 1762, six souverains occupèrent le trône de Russie.

Par un ukase en date du 5 février 1722, Pierre le Grand avait décidé officiellement qu'en Russie, le monarque régnant aurait le droit de désigner celui qui devait lui succéder sur le trône; il mourut, sans avoir pu faire choix de son successeur. A sa mort, ce fut sa femme Catherine Iʳᵉ qui prit la direction des affaires publiques. Pendant deux années, de 1725 à 1727, elle s'occupa avec une grande activité de l'administration de l'État, cherchant à se conformer strictement aux tendances politiques de son mari, et s'efforçant de mettre à exécution les projets de réforme que sa pensée avait conçus lorsqu'il était sur le trône de Russie.

Pierre II succéda à Catherine Iʳᵉ. Ce prince était mineur lorsqu'il monta sur le trône. Sa grand'mère Catherine Iʳᵉ confia le soin de sa tutelle à un conseil composé des deux filles de Pierre le Grand, Élisabeth et Anne, du duc d'Holstein, qui

avait épousé Anne, enfin de six membres du conseil privé
formé en 1726.

La seconde fille du tzar Iwan V, Anne, veuve du duc de Gourland, succéda à Pierre II. Son règne dura dix ans et neuf mois,
de 1730 à 1740. A sa mort, la Russie fut gouvernée pendant
treize mois, de 1740 à 1741, au nom d'Iwan VI, encore enfant,
et neveu de la fille aînée d'Iwan V.

Élisabeth, seconde fille de Pierre le Grand, succéda à Iwan VI;
ce fut à la suite d'une conspiration qu'elle monta sur le trône
de Russie. Elle régna glorieusement pendant vingt ans, de 1741
à 1761.

Élisabeth eut pour successeur le fils de sa sœur aînée Anne
et du duc d'Holstein Gottorp Charles-Frederich et neveu de
Pierre le Grand, Pierre III, qui ne régna que six mois (1761-
1762), à cause du mauvais état de sa santé.

Pendant ces divers règnes, et particulièrement sous le règne
des impératrices Anne et Élisabeth, plusieurs lois concernant
le droit public vinrent augmenter la multitude d'ordonnances
et de règlements qui existaient alors; on en comptait six mille
neuf cent quarante-huit.

La troisième commission instituée par Pierre le Grand fut
dissoute à la mort de Catherine Iʳᵉ.

La quatrième fut nommée sous le règne de Pierre II, en 1728.
Ce fut alors que l'on revint au projet qui avait été formé, dès
le principe, de composer un code de concordance, sans faire
d'emprunt aux législations étrangères. Dans le but de faciliter
ce nouveau travail, des députés furent convoqués: chaque gouvernement ou province devait déléguer cinq citoyens honorables et instruits, choisis au sein de la noblesse. La mort subite de
Pierre II, qui survint peu de temps après, ne permit pas à cette
commission de s'occuper des travaux pour lesquels elle avait été
réunie. Elle fut dissoute sous le règne de l'impératrice Anne.

La cinquième commission fut convoquée en 1730. On lui confia une tâche encore plus difficile : elle fut chargée d'abroger l'ancien code pour en composer un nouveau. Deux chapitres seulement de ce recueil furent publiés : ils avaient trait à l'administration de la justice et aux propriétés patrimoniales qui, alors, étaient considérées comme constituant la base de toutes les lois civiles et criminelles. Au milieu de tant de fluctuations diverses, souvent le cours de la justice était arrêté par suite de l'incohérente confusion des lois et de leur perpétuelle contradiction : les procès traînaient en longueur, devenaient interminables. Tandis que l'on s'occupait de la confection d'un code, des ukases, nécessités par les besoins sociaux, mettaient au jour de nouveaux principes contraires à l'esprit des travaux législatifs dont s'occupait la commission.

Dès lors, l'on comprit qu'il fallait abandonner le projet de création d'un code entièrement neuf, travail beaucoup trop difficile, et se borner à établir la concordance de l'ancien code avec les lois ultérieurement promulguées. Cette résolution, prise si tardivement, présentait des inconvénients : au lieu d'accélérer le travail commencé, on ne fit que le compliquer. Les tribunaux et les diverses administrations de l'empire reçurent l'ordre de réunir les lois en vigueur dans leurs départements respectifs et d'en former ainsi un recueil distinct, s'appliquant à certaines matières spéciales. La collection de ces divers recueils devait former un code complet de législation. A la suite de cette ordonnance, la confusion devint encore plus grande, et l'exécution du projet de codification générale fut encore une fois ajournée. Par suite de l'organisation défectueuse des tribunaux des provinces, ils furent surchargés d'affaires; des correspondances sans utilité sérieuse furent échangées; les travaux nécessités par la révision complète des deux chapitres récemment composés absorbèrent plusieurs années; enfin, le mauvais résultat de tant d'efforts mal combinés détermina le pouvoir à dissoudre la commission législative en 1741 (1).

En 1751, lors de l'avénement au trône de l'impératrice Élisabeth, un nouveau projet de code fut proposé; il était conçu d'après les bases qu'avait adoptées Pierre le Grand : il consistait à supprimer toutes les lois tombées en désuétude ou abrogées par d'autres dispositions promulguées postérieurement, contradictoires avec les premières, et à réunir en un seul corps toutes celles destinées à être mises en vigueur.

Cette fois, ce fut au sénat que l'on confia le soin de s'acquitter de cette tâche. Pendant treize ans, on s'occupa de réunir et de coordonner les différents textes de lois qui devaient composer le nouveau code projeté; mais ce travail n'avançait pas, par suite des nombreuses difficultés qui se présentaient sans cesse.

Cependant l'impératrice Élisabeth avait fermement résolu de continuer l'œuvre commencée par son père. Elle convoqua son conseil qu'elle voulut présider en personne.

Dans un discours qu'elle prononça à l'ouverture des séances, elle fit sentir la nécessité pour l'empire d'avoir une législation claire, uniforme, appropriée aux mœurs de cette époque, et qui pût sauvegarder les intérêts de la société. Elle exhorta les membres du conseil chargé de préparer un projet de code, à s'en occuper avec zèle et activité, afin que la nation n'eût pas à souffrir plus longtemps des nombreux abus résultant de la confusion qui régnait alors dans les lois.

Elle signala son règne par une mesure digne de fixer l'attention des criminalistes : elle décréta l'abolition de la peine de mort.

En enlevant à la législation de l'empire la plus sévère de toutes les pénalités, celle dont l'application n'avait été jus-

(1) Tolstoy, page 56.

qu'alors que trop fréquente en Russie, Élisabeth, devançant l'esprit encore barbare de son siècle, avait résolu un de ces graves problèmes sociaux qui, de tout temps et chez la plupart des nations civilisées, ont divisé les publicistes et les jurisconsultes les plus éminents. Cette abolition de la peine de mort fut ordonnée aux termes d'un ukase publié le 30 septembre 1745. Elle devait nécessiter de notables changements dans le code criminel. Une nouvelle commission fut nommée, la même année, afin de mettre les autres dispositions pénales en harmonie avec celles qui avaient été substituées à la peine de mort. Si l'on s'en rapporte à la classification adoptée dans un ouvrage publié sous les auspices du comte Speransky, ce fut la sixième commission nommée pour réviser et coordonner les lois russes (1). On voit que le projet qu'elle fut chargée de préparer présentait une certaine analogie avec celui dont s'était occupée la commission instituée, en dernier lieu, par Pierre le Grand. Seulement, celle-ci devait se borner à répartir le travail entre les diverses autorités des provinces qui, chacune dans leur sphère, donneraient leur avis; du reste, cette répartition ne concernait que les règlements relatifs aux affaires administratives. Quant à la codification complète, elle devait être l'œuvre de la commission générale qui, elle-même, se divisait en commissions spéciales ou rogatoires. Le travail particulier de ces commissions spéciales devait être soumis à la commission générale. Celle ci, après l'avoir étudié, le soumettait au sénat qui, en dernier lieu, le présentait à l'impératrice pour qu'elle le sanctionnât.

On décida que le code général des lois serait divisé en quatre parties distinctes; savoir :

(1) *Précis des notions historiques sur la formation du code des lois russes.* Saint-Pétersbourg, 1833.

I. — Règlements sur la procédure judiciaire ;

II. — Des affaires criminelles ;

III. — Des propriétés patrimoniales ;

IV. — Définitions de l'état des personnes.

Dans l'espace d'un an, la commission générale termina les trois premières parties. Les deux premières furent présentées à l'assemblée du sénat et du saint synode.

On les examina ; un rapport fut fait par l'un des membres, et enfin, elles furent soumises à la sanction de l'impératrice. Mais l'accomplissement de ces diverses formalités n'amena aucun résultat, et on suppose qu'à ce moment l'impératrice différa de donner son approbation à cette partie des travaux législatifs, dans l'espérance qu'ils seraient bientôt complétement terminés.

Les dispositions relatives à l'état des personnes ne furent publiées qu'en 1760.

Pendant cette période de cinq années, depuis 1755, on ne s'occupe pas de travaux législatifs ; malgré les ordres réitérés qui lui furent donnés, la commission resta dans l'inaction la plus complète.

Un tel état de choses ne pouvait durer : vers la fin de son règne, Élisabeth songea à faire achever l'œuvre commencée qu'il lui tardait de voir achevée. La commission législative fut entièrement réorganisée ; on en institua une nouvelle. C'était la septième. Les diverses sous-commissions qui avaient été nommées lui furent réunies pour n'en former qu'une seule ; deux sénateurs furent désignés pour la diriger.

Dans le but de faciliter le travail, on crut qu'il était nécessaire de convoquer des députés pris dans la noblesse, le clergé, et parmi les marchands. Mais l'exécution de ces mesures, qui semblait devoir produire d'heureux résultats, ne fit que constater, une fois de plus, l'impuissance de cette commission, qui ne subsista de nom que jusqu'en 1767.

Sous le règne de l'empereur Pierre III, plusieurs réformes importantes furent introduites dans la législation de l'empire : aux termes d'un ukase publié le 21 février 1762, on supprima la chancellerie secrète qui avait été établie par le tzar Alexis Mikhaïlovitch, et qui était, comme nous l'avons dit, une sorte de tribunal d'inquisition. En outre, de nouveaux droits et priviléges furent accordés à la noblesse, mais, sous ce règne, qui fut du reste fort court, on ne donna aucune suite aux travaux législatifs qui avaient été commencés et dont l'exécution resta indéfiniment suspendue.

CHAPITRE XII

CATHERINE II.

1762—1801

Une princesse d'une haute intelligence vint occuper le trône de Russie, sous le nom de Catherine II. Tous ses efforts tendirent constamment à hâter les progrès de la civilisation, dans son empire, en réformant la législation.

Après avoir cimenté la paix, qui avait été sérieusement compromise sous le règne de Pierre III par suite des hostilités qui eurent lieu entre la Russie, l'Autriche et le Danemark, elle consacra exclusivement les premières années de son règne à réorganiser les diverses parties de l'administration intérieure de ses États, et ordonna de reviser et de compléter entièrement le code des lois russes. Un semblable travail était d'autant plus opportun qu'à cette époque la confusion la plus grande régnait dans les lois. L'impératrice Catherine II ne négligea rien pour améliorer cet état de choses ; aussi, pendant son règne, elle parvint à plus d'utiles réformes dans la législation que ne l'avaient fait les successeurs de Pierre le Grand. La Russie avait fondé en elle de grandes espérances : elle sut les justifier.

Un grand nombre d'actes législatifs émanés de Catherine II témoignent des efforts qu'elle a faits pour mettre les anciennes lois en harmonie avec les besoins sociaux de cette époque, com-

bler les lacunes et effacer de la législation les dispositions inutiles ou superflues. A l'exemple de Pierre le Grand, elle voulut
elle-même examiner et étudier les diverses branches de l'administration de l'empire ; partout elle se signala par d'importantes améliorations, et imprima à tous les services la vie et le
mouvement.

Ses actes législatifs sont au nombre de cinq mille neuf cent
cinquante-sept (1). A peine montée sur le trône, elle voulut
restituer, en partie, au clergé les biens ecclésiastiques dont il
avait été dépossédé. Quant à ceux qui en étaient devenus propriétaires, des pensions viagères leur furent accordées à titre
d'indemnité.

Elle institua au sénat et dans les tribunaux supérieurs des
comités spéciaux chargés de statuer sur les conflits qui pourraient s'élever entre les diverses juridictions de l'empire, nomma
des juges de paix dans les provinces, augmenta les émoluments
des fonctionnaires de l'ordre judiciaire et mit leur vieillesse à
l'abri du besoin par la création de pensions de retraite ; en un
mot, elle réalisa toutes les réformes praticables dans la sphère
judiciaire et administrative. Elle établit de nouveaux impôts, introduisit le papier-monnaie en Russie, augmenta le contingent
des armées de terre et de mer, et enfin ne négligea rien pour
hâter le libre développement de l'industrie, des sciences et des
arts.

Parmi tant d'utiles réformes, Catherine II songea à la réalisation du projet de codification formé par son prédécesseur.
C'est alors que, par son ordre, fut réunie, en 1767, la huitième
commission, sur laquelle on fondait des espérances que l'avenir
ne devait pas réaliser. Ce fut l'impératrice qui voulut, en personne, inaugurer les séances de cette commission.

(1) Voir le tableau qui se trouve à la fin du *Précis historique*, etc.

Elle indiqua l'ordre dans lequel on devait procéder aux travaux, dans un mémoire remarquable qu'elle rédigea sous le titre de : *Instruction à la commission législative.*

Ce mémoire peut être, avec raison, considéré comme un code de législation. Plus tard, il a servi de guide aux jurisconsultes russes dans les travaux législatifs auxquels ils se sont livrés et a été consulté avec fruit jusqu'à l'époque de la promulgation du code de Nicolas. *L'Instruction à la commission* a été entièrement écrite de la main de l'impératrice dans les langues russe et française. C'est le résultat des sérieuses études auxquelles elle s'est livrée, en se pénétrant des ouvrages de Montesquieu, Pufendorff, Beccaria, Confucius, etc. (1).....

Le roi de Prusse Frédéric II, après avoir pris connaissance du projet de codification conçu par Catherine II, lui adressa ses félicitations. Lorsqu'il en fit remettre la copie au comte de Solms, il y joignit une lettre dans laquelle se trouve le passage suivant :

(1) Le manuscrit original de l'*Instruction à la commission* se compose de cent vingt-trois pages; il est conservé à l'Académie impériale de Saint-Pétersbourg. En 1757, une édition in-8° de ce mémoire a été publiée à Moscou; une seconde édition parut, en 1770, à Saint-Pétersbourg; enfin une dernière édition fut publiée dans les langues latine, russe, allemande et francaise. En 1767, Giovanni Vignoli en avait également fait paraître une traduction italienne à Zurigo, en un volume in-8°.

L'*Instruction à la commission* est divisée en douze chapitres et six cent cinquante-cinq paragraphes ; dix chapitres et cinq cent vingt-six paragraphes composent l'ouvrage proprement dit ; deux chapitres et cent vingt-neuf paragraphes forment les deux suppléments dans l'édition contenant la traduction en quatre langues.

On remarque dans ce travail des principes de philosophie humanitaire et une douce philanthrophie. Catherine, en traçant aux hommes d'État la voie qu'ils doivent suivre dans la confection des lois, les engageait à user d'indulgence à l'égard des coupables, en matière pénale.

« J'ai lu avec un véritable sentiment d'admiration l'œuvre
» de l'impératrice, et je n'ai pas voulu lui exprimer, à cet
» égard, toute ma pensée, afin qu'elle ne puisse pas m'accuser
» de flatterie ; mais, à vous je puis dire, sans craindre d'offen-
» ser sa modestie, que c'est l'œuvre d'une femme douée d'un
» génie viril, ayant les qualités qui n'appartiennent qu'aux
» grands législateurs. D'après le témoignage des historiens, Sé-
» miramis commandait en personne son armée, la reine Élisa-
» beth, dit-on, égalait de profonds politiques, l'impératrice
» qui régna fit preuve d'une grande fermeté dans l'exercice du
» pouvoir souverain ; mais aucune femme placée sur le trône
» n'avait encore fait des lois pour son empire. C'était à
» la tzarine de Russie que devait être réservé ce titre de
» gloire. »

Dans ce précieux travail, Catherine II avait écrit « qu'un ci-
» toyen ne devait pas craindre un autre citoyen ; mais que tous
» devaient redouter la loi ». Maxime empreinte d'un profond
sentiment de sagesse, et que devait suivre le législateur dans la
confection des lois. Plus loin, elle énonce le principe « qu'il
» vaut mieux pardonner à dix coupables que de condamner
» un innocent ».

Elle considère les progrès de la civilisation comme devant
contribuer à prévenir les crimes. Elle abolit la torture comme
un usage barbare, une pénalité par laquelle les juges n'attei-
gnent jamais le but qu'ils ont voulu se proposer. En un mot,
toutes les parties de cet ouvrage portent l'empreinte de la haute
intelligence de Catherine II, et lui ont été inspirées par les sentiments d'une philanthropie tout à la fois généreuse et éclairée.

Bientôt, une huitième commission fut nommée. L'ordonnance
qui la constituait était précédée d'un exposé succinct des motifs
qui avaient engagé l'impératrice à la réunir ; les voici :

1. — L'absence de lois, pour un grand nombre de cas, et, pour

d'autres, la confusion résultant d'une multitude de dispositions
entre lesquelles aucun lien logique n'existait;

II. — La nécessité de distinguer les lois d'une application
constante et celles qui n'étaient que provisoires;

III. — L'obscurité et l'incertitude de certaines dispositions
législatives résultant de leur ancienneté et des changements
fréquents survenus dans l'organisation sociale, leur interprétation arbitraire, si l'on se reporte à l'esprit qui, primitivement, avait présidé à leur formation;

IV. — Les modifications survenues dans les mœurs et les
usages du peuple, depuis l'origine de la nation russe.

La commission avait été chargée de s'occuper de la confection d'un code, dans le sens le plus étendu du mot. En conséquence, les lois furent divisées en quinze catégories, comprenant toutes les parties de la législation, à l'exception des
dispositions relatives à l'armée de terre et de mer.

Conformément à ce qui avait été fait dans les commissions
précédentes, celle-ci fut divisée en sections, dont la réunion
formait la commission générale. La première section se composait de députés appartenant à toutes les administrations de
l'empire, aux divers tribunaux, à la noblesse, aux négociants
des villes et des bourgs, et même aux différents peuples soumis
à la Russie. Les membres formant la commission générale
étaient au nombre de cinq cent soixante-cinq. Les sections
particulières prises dans le sein de la commission générale se
composaient, d'une part, de cinq membres élus au choix, qui,
réunis à quatorze autres désignés pour en faire partie, en portaient le nombre total à dix-neuf pour chaque section. Une
d'entre elles reçut le nom de *Commission de direction*. Elle était
particulièrement chargée de la révision des travaux législatifs,
avant qu'ils ne fussent présentés à la commission générale.
Cette section était présidée par le procureur général, qui alors

était investi des fonctions de ministre de la justice. Enfin, une autre section, nommée *Commission d'expédition*, devait s'occuper des corrections relatives à la forme même des projets et de leur rédaction définitive.

Le plan de cette organisation paraissait sagement conçu; toutes les mesures semblaient avoir été prises pour que cette institution pût librement fonctionner et donner d'heureux résultats. Il n'en fut pas ainsi : une sorte de fatalité devait reculer dans les incertitudes de l'avenir l'époque à laquelle la Russie serait dotée d'une législation uniforme.

L'installation de la commission générale eut lieu à Moscou, le 31 juillet 1767 et le 29 décembre de la même année. Cinq mois après, elle fut dissoute; les membres de la commission générale furent renvoyés dans leurs provinces pour y rester tant qu'il ne leur serait pas fait un nouvel appel. Toutefois, les membres des sections particulières continuèrent à siéger, à l'exception de ceux qui étaient adjoints à chacune d'elles et qui avaient la qualité de députés.

A cette époque, la guerre contre les Turcs était sur le point d'éclater; la lutte pouvait prendre de grandes proportions. D'un autre côté, les Polonais, soutenus par l'Autriche, et prinpipalement par la France, s'étaient emparés de Cracovie, d'une partie de la Podolie, et avaient organisé la confédération de Bar. De 1767 à 1774, Catherine, uniquement préoccupée des graves événements qui menaçaient l'empire russe, et se trouvant obligée de déployer toutes ses ressources pour faire face aux dangers qui menaçaient son trône, se vit dans la nécessité d'interrompre les travaux législatifs dans lesquels elle avait fait preuve d'une si étonnante supériorité.

Les députés furent donc définitivement congédiés et reçurent chacun une médaille d'or frappée en commémoration de la réunion de la commission législative. Néanmoins, les sections

particulières siégèrent encore pendant six ans; mais les membres qui les composaient ne mirent aucun zèle à s'occuper du
travail qui leur avait été confié : ils se bornèrent à publier des
sommaires de projets énonçant uniquement les matières et leurs
principales divisions.

Les guerres qui eurent lieu sous le règne de Catherine l'em-
pêchèrent de songer sérieusement à donner suite à ses travaux
de législation. La lutte de la Russie avec la Turquie et la Pologne venait de se terminer; l'impératrice, voyant combien
étaient faibles les résultats obtenus dans les sections particulières, se décida, en 1774, à en prononcer la dissolution; néanmoins, elle conserva une chancellerie destinée à fournir des
renseignements. Elle promulgua un grand nombre de lois qui
ont contribué, dans une certaine mesure, à donner à la législa-
lation qui existait alors des bases plus solides; nous mention-
nerons seulement :

I. — *L'organisation des gouvernements* (7 novembre 1775),
que l'on peut considérer avec raison comme un code de droit
administratif. Sauf quelques modifications qui y ont été apportées à notre époque, on suit encore les règles tracées dans cet
ouvrage, en ce qui concerne l'administration des provinces;

II. — *Loi sur la navigation de commerce* (25 juin et 23 novembre 1781), qui contient les sources du droit maritime actuellement en vigueur dans l'empire russe;

III. — *Loi sur la police* (8 avril 1782);

IV. — *Lettres patentes adressées à la noblesse* (21 avril 1785),
par lesquelles Catherine II avait conféré certains priviléges à la
noblesse, particulièrement le droit d'élire ses magistrats;

V. — *L'organisation municipale* (21 avril 1785), d'après laquelle certains droits particuliers étaient attribués aux négociants et à la bourgeoisie;

VI. — *Lois sur l'instruction publique* (août 1786). En vertu d'édits spéciaux, l'impératrice décréta l'abolition de la torture et supprima les frais de justice.

Malgré tous les obstacles qui se sont opposés à la réalisation de son projet de codification, elle ne l'a jamais abandonné. Sa pensée revenait sans cesse à ce qui était pour elle l'objet de ses plus sérieuses méditations et de sa constante sollicitude. Mais elle ne se dissimulait pas toutes les difficultés que devait présenter la confection d'un code qui n'aurait pas été préparé de longue date et mûrement réfléchi. Afin de remédier, du moins en partie, à l'état des choses qui existait alors, elle se décida à réunir les éléments propres à composer un code de concordance des lois de l'empire, travail qui déjà avait été commencé.

Paul, fils unique de Catherine II, lui succéda sur le trône de Russie. Il régna peu de temps, quatre ans et quatre mois seulement, du 6 novembre 1796 au 18 mars 1801. Pendant ces quelques années, il ne négligea rien pour contribuer, de tous ses efforts, à la grandeur et à la prospérité de l'empire.

Parmi les actes législatifs qui émanent de lui, et dont le nombre s'élève au chiffre de deux mille deux cent cinquante, nous devons mentionner :

I. — Les diverses ordonnances concernant l'armée, la discipline et les améliorations qui peuvent y être apportées ;

II. — Les ukases concernant l'instruction publique en général (5 avril, 18 et 19 décembre 1797 et 23 décembre 1798).

III. — *Lois sur les banqueroutes* (19 décembre 1800).

L'acte le plus important du règne de l'empereur Paul fut l'abrogation d'une ordonnance de Pierre le Grand, qui donnait au souverain placé sur le trône le droit de désigner d'avance son successeur. C'est ainsi que fut établi, en Russie, le droit héréditaire du fils aîné d'occuper le trône, droit dévolu aux descendants, en ligne directe. A défaut de descendants, les femmes étaient appelées dans le même ordre.

L'empereur Paul, lui aussi, à l'exemple de ceux qui l'avaient
précédé sur le trône, conçut le projet d'une codification générale des lois; dans ce but, il nomma une commission législative (18 décembre 1796). En suivant l'ordre des dates, c'était la
neuvième qui avait été réunie pour le même objet. Elle ne se
composa que de quatre membres présidés par le procureur
général impérial. Cette commission fut chargée de réunir les
lois qui étaient alors en vigueur, et d'en former trois recueils
spéciaux, sous les noms de codes civil, pénal et administratif.
Elle ne publia que dix-huit chapitres sur la procédure civile,
neuf sur les propriétés patrimoniales, et treize sur les lois pénales; encore ce travail resta-t-il toujours incomplet, n'ayant
jamais été revisé.

CHAPITRE XIII

ALEXANDRE Ier.

1801—1825

Le fils aîné de Paul Ier lui succéda sous le nom d'Alexandre Ier. Ce prince, animé de l'ardent désir de coordonner et de reviser les lois de la Russie, tenta de continuer l'œuvre commencée par ses prédécesseurs. Cette fois encore, ces efforts, aidés des travaux des hommes d'État les plus distingués de l'empire, ne furent pas couronnés de succès. Il se vit contraint d'y renoncer en présence des difficultés sans nombre qu'il rencontra. Du reste, les graves événements qui signalèrent son règne, en le plaçant à la tête du mouvement européen, durent nécessairement détourner son attention des améliorations à introduire dans l'intérieur de l'empire pour la porter tout entière sur la politique extérieure (1). Néanmoins, dès son avénement au trône, une commission fut nommée dans le but de préparer un projet de codification des lois de l'empire. D'après le témoignage de M. le comte de Speransky, ce fut la dixième que l'on institua en Russie pour le même travail. Elle se réunit en 1804. Antérieurement, un des membres du conseil de l'em-

(1) Alp. Rabbe, *Histoire d'Alexandre Ier, empereur de Russie, et des principaux événements de son règne*. Paris, 1826.

pire avait été chargé d'examiner l'état des travaux déjà commencés et de tracer un plan sur le même objet, qui permit de
les continuer ; un peu plus tard, le ministre de la justice fut
chargé de diriger cette révision.

Il s'en occupait, lorsque fut créée la commission dont nous
venons de parler. On ne devait pas se dissimuler que la tâche
qui lui avait été confiée présentait de grandes difficultés : en
effet, elle devait publier de nouveaux codes sur toutes les parties de la législation russe en général, sur le droit des provinces, en prenant pour base les lois qui existaient alors. En
outre, elle avait reçu la mission d'y apporter toutes les améllo-
rations qu'elle jugerait nécessaires et de combler les trop nombreuses lacunes qu'on y remarquait.

Au sein de la commission, diverses modifications furent introduites dans les travaux projetés et le mode d'exécution du
plan que l'on avait tracé. La première de ces modifications eut
lieu en 1809, la seconde en 1810, enfin la troisième et dernière en 1812. Il avait été décidé que les travaux de la commission s'étendraient aux codes civil, pénal et commercial. De
1804 à 1826, quelques titres furent rédigés seulement sous la
forme de projets, mais elle ne publia aucun code complet, méthodique, formant un véritable corps de lois. Pour imprimer
à ces travaux l'impulsion nécessaire, il aurait fallu l'énergique
volonté d'un homme sérieusement pénétré des avantages inap-
préciables qui devaient en résulter pour la Russie, lorsqu'ils
seraient terminés.

Ce souhait devait être réalisé par l'avénement au trône de
Russie d'un prince dont le caractère et les qualités devaient
faire présager pour l'empire de brillantes destinées : une haute
intelligence, une nature énergique, un amour profond de sa
patrie, tels étaient les principaux traits qui distinguaient l'empereur Nicolas.

Avant d'aller plus loin et de nous occuper d'une époque qui a vu se terminer des travaux depuis si longtemps commencés, il convient de parler des lois dont l'empereur Alexandre a pris l'initiative.

A peine monté sur le trône, ce prince voulut introduire et sanctionner certaines réformes dans la législation; ainsi, quoique la torture, proprement dite, eût été abolie de fait, cependant il était nécessaire qu'une nouvelle loi intervînt pour faire disparaître complétement de la procédure alors usitée cet usage barbare. Par une autre loi qu'il promulgua, la peine de mort ne devait être prononcée par un tribunal que dans le cas où l'opinion des juges aurait été unanime pour appliquer cette pénalité. Il fut, en outre, défendu de mutiler les coupables condamnés à subir la peine capitale. On sait que cette peine avait été abolie par l'impératrice Élisabeth; mais on comprenait encore sous cette dénomination les travaux forcés dans les mines de Sibérie et le knout appliqué aux individus qui n'étaient pas nobles ou qui n'avaient pas le rang d'officier.

En 1812, Alexandre Ier publia un recueil qui était en quelque sorte un code militaire; il institua également un corps particulier d'état-major, à la tête duquel se trouvait placé un officier supérieur remplissant les fonctions de ministre de la guerre, et auquel on donnait le titre de chef d'état-major de l'empereur. Sous sa direction se trouvaient placés plusieurs états-majors d'un rang moins élevé, attachés aux divers corps de l'armée et dont l'organisation était à peu près semblable à celle des états-majors de l'armée française. Ce code, destiné à être appliqué à l'armée en temps de guerre, contient des chapitres spéciaux sur l'institution des cours militaires, la procédure qui doit être suivie devant cette juridiction et la législation criminelle en campagne.

Jusqu'à l'époque de l'avénement au trône d'Alexandre Ier,

les différentes administrations de l'empire étaient divisées en départements et collèges. Les attributions des chefs de ces départements n'étaient pas définies d'une manière assez précise; aussi, avait-on à leur reprocher de fréquents excès de pouvoir.

Dans le but de faire disparaître ces irrégularités, source d'abus trop fréquents, Alexandre institua plusieurs ministères dont l'organisation fut réglée d'après celle des ministères de France et d'Angleterre.

Peu de temps après fut établi le comité des ministres chargé de se prononcer dans les affaires qui n'étaient pas spécialement classées dans les attributions de leurs ministères respectifs : par exemple, celles relatives à des intérêts généraux, et enfin les affaires contentieuses d'une grande importance.

L'organisation du conseil de l'empire, tel qu'il est constitué de nos jours, date du règne d'Alexandre Ier.

Il nous suffira d'énoncer sommairement les actes les plus remarquables qui ont signalé ce long règne. On peut dire d'Alexandre que, par suite des violentes commotions politiques qui ont agité le continent, il a dû momentanément quitter ses États, et a su étendre sur l'Europe tout entière les effets de sa sollicitude si éclairée.

Le comte de Speransky, en examinant, dans son savant ouvrage, quels ont été les obstacles qui se sont si longtemps opposés à la réalisation du projet de codification des lois russes, notamment sous le règne de l'empereur Alexandre, signale, en particulier, l'absence d'hommes versés dans l'étude de la législation. « Les commissions, en général, dit-il, étaient uniquement composées de personnes n'ayant que des connaissances pratiques, et qui n'avaient fait aucune étude préalable des matières qu'ils étaient appelés à traiter. »

Sans doute, l'absence de jurisconsultes, au sein des commissions, a dû nuire aux travaux pour lesquels elles avaient été instituées ; et pourtant il n'aurait pas été difficile d'en réunir un certain nombre qui eussent pu donner à ces travaux une direction éclairée.

En 1816, les études de droit n'avaient pas progressé d'une manière notable ; cependant les travaux de la commission législative, nommée la même année, et auxquels l'empereur prit une part active, avancèrent avec une grande rapidité. On dut ces résultats si féconds à la participation personnelle du souverain.

L'empereur Alexandre Ier mourut sans postérité, le 19 novembre 1825. Son frère Constantin aurait dû être appelé à lui succéder ; mais il crut devoir renoncer à ses droits. Ce fut un de ses frères, le troisième de la famille impériale, qui occupa le trône de Russie, sous le nom de Nicolas Ier.

CHAPITRE XIV

Depuis l'avénement de Nicolas Ier jusqu'à nos jours.

1825—1857

Il semble, au premier abord, que la réunion, en un seul corps, des lois d'un peuple et leur classification par ordre de matières, doive être un travail aussi simple que facile à exécuter. Aussi suppose-t-on généralement que, chez la plupart des nations, cette œuvre a dû être accomplie lorsque les lois se sont multipliées dans une certaine proportion. Cette grave question se présente sous un double point de vue : en effet, les lois naissant des besoins sociaux qui se font sentir, sont essentiellement variables comme eux. Il est donc difficile de pouvoir leur assigner un cadre déterminé à l'avance ; d'un autre côté, l'agglomération d'un trop grand nombre de lois ne se rattachant les unes aux autres par aucun lien logique, amène une inévitable confusion, et l'on a à surmonter de sérieuses difficultés pour les disposer dans un ordre régulier. Aussi, doit-on distinguer chez les peuples deux formes de législation : la forme naturelle et primitive et, enfin, celle d'après laquelle les dispositions sont méthodiquement classées.

En Russie, on songeait sans cesse à mettre à exécution le projet de réunion des lois en un seul corps.

A chaque nouveau règne, cette pensée renaissait, malgré les

obstacles que devaient faire naître les différences caractéristiques des lois de l'empire entre elles.

La difficulté était de la mettre à exécution.

On ne savait si l'on adopterait la classification des lois anciennes, ou s'il serait préférable de faire une nouvelle codification. Malgré ces irrésolutions, le but que l'on voulait atteindre était toujours le même : composer un corps de lois clair, uniforme et régulier (1).

La plupart des fonctionnaires auxquels fut confiée cette tâche difficile déployèrent le zèle le plus louable. On ne doit donc pas leur imputer le peu de résultats obtenus; il faut en chercher la cause dans les circonstances au milieu desquelles on se trouvait, et dans la direction donnée aux travaux. Le gouvernement a obéi à des nécessités inhérentes à cette époque, auxquelles il ne pouvait se soustraire : il a dû confier cette importante mission à des hommes qui, pour la plupart, surchargés d'autres affaires, n'ont pu y donner tous leurs soins. En outre, lorsqu'ils siégeaient dans la commission législative depuis peu de temps seulement, et qu'ils avaient commencé à faire les études qui devaient leur permettre de rendre les services que l'on était en droit d'attendre d'eux, ils recevaient presque subite-

_____

(1) On doit reconnaître qu'en Russie rien n'a été épargné dans le but de réaliser ce projet. Les seules dépenses nécessitées par l'entretien des commissions se sont élevées à un chiffre considérable, et encore sans y comprendre les sommes affectées à diverses personnes à titre de récompenses ou d'encouragements.

On n'a point retrouvé dans les archives de l'empire les comptes relatifs aux commissions instituées jusqu'en 1754; mais l'on a constaté que depuis cette époque jusqu'en 1826, les commissions législatives n'ont pas coûté moins de 5,678,893 roubles en assignation (Foucher, *Introduction historique à la législation russe*, page XI).

11

ment l'ordre de quitter la commission pour aller remplir ailleurs d'autres fonctions. C'est ainsi que tous les résultats des
travaux auxquels ils s'étaient livrés en particulier, dans le but
de concourir à l'œuvre dont était chargée la commission, se
trouvaient perdus. Quant aux membres nouvellement élus et
chargés de les remplacer, complétement étrangers au genre de
travail auquel ils devaient se livrer, ils étaient obligés de commencer des études spéciales, afin de ne pas rester trop au-dessous de la mission qui leur avait été confiée. Pour se rendre
compte de l'imprévoyance avec laquelle les ordres étaient donnés, il suffira de dire que, par suite de ces mutations inconciliables avec les travaux de la commission, presque tous les
membres qui auraient dû y siéger assidûment avaient été répartis dans d'autres administrations. Il en résultait que, le plus
souvent, on ne trouvait dans la commission que trois ou quatre personnes sachant à peu près de quelles matières on devait
s'occuper : c'étaient un rédacteur et deux ou trois copistes.
Tel était le personnel chargé de diriger les travaux si sérieux
auxquels aurait dû se livrer la commission tout entière, si elle
eût été organisée de manière à pouvoir fonctionner utilement ;
c'est ainsi que le gouvernement, agissant dans ces circonstances
avec une légèreté et une imprévoyance regrettables, faisait en
sorte que chaque commission nommée pût successivement
commencer les travaux qui lui étaient confiés, et les mettait
dans l'impossibilité absolue de les continuer. Ce déplorable
état de choses, si préjudiciable aux progrès de la civilisation,
aux intérêts de la justice et de la nation tout entière, se pro-
longea jusqu'à l'année 1804, époque à laquelle se réunit la dernière commission.

Enfin, il faut également attribuer l'inefficacité presque complète des résultats produits par les travaux des commissions à
l'absence d'hommes ayant le genre de connaissances néces-

saires pour accomplir une tâche telle que celle qui leur fut confiée. En effet, lorsqu'il s'agit de l'application des lois, l'expérience des affaires est la première condition de succès, et
aucune étude purement spéculative ne pourrait la remplacer.
Au contraire, s'il faut coordonner diverses lois, leur donner
une classification tout à la fois méthodique et rationnelle, dans
ce cas, l'instruction pratique seule est insuffisante; car il sera
nécessaire de connaître avant tout leur origine, l'ordre auquel
elles appartiennent, les points de concordance et de dissem-
blance qui existent entre elles... C'est alors qu'il est indispensable de joindre à la pratique les connaissances théoriques. A
cette époque, en Russie, l'instruction n'était pas encore assez
répandue, et ses progrès avaient été jusqu'alors trop peu sensibles pour que l'on pût espérer rencontrer, même dans le
sein des commissions, des hommes possédant ces divers genres
de connaissances. Aussi, lorsqu'il s'agissait de mettre à exécution les plans qui avaient été tracés, il se produisait nécessairement un grand nombre d'hésitations et d'incertitudes faciles
à comprendre. Souvent des questions de droit d'une extrême
simplicité et résolues depuis longtemps, arrêtaient inutilement
les membres de la commission.

Une telle direction donnée aux travaux législatifs faisait
naître encore d'autres obstacles : presque tous les membres des
diverses commissions se persuadaient qu'ils s'acquitteraient
avec une grande facilité de la tâche qui leur était confiée; aussi,
s'occupaient-ils des matières qui devaient terminer les travaux,
sans avoir suffisamment préparé celles qui auraient dû en être
la base. C'est ainsi qu'avait procédé la première commission :
après avoir été réunie, son premier soin fut de rédiger le rapport qui devait accompagner la publication du code projeté,
dont trois chapitres seulement avaient été préparés.

Toutes les commissions avaient cru devoir diviser leur tra-

vail en trois parties : 1° réunir les diverses lois de l'empire;
2° les coordonner; 3° les compléter et leur faire subir les modifications jugées nécessaires. Lorsqu'elles s'occupèrent de col-
lectionner les lois, elles crurent que ce travail ne présentait
aucune difficulté, dans la pensée qu'il avait été suffisamment
préparé par les commissions précédentes. Mais, quand l'expérience eut démontré qu'il n'en était rien, au lieu de se livrer
exclusivement à ce travail, de s'y appesantir et de le terminer,
les commissions se hâtaient de l'ébaucher et passaient à une
partie toute différente, c'est-à-dire se bornaient à extraire des
textes réunis précipitamment, sans ordre ni méthode. En procédant ainsi, on obtenait un amas de documents législatifs
tronqués ou incomplets, dans lequel les lois alors en vigueur
étaient confondues avec celles qui étaient abrogées depuis longtemps; de là naissaient des contradictions, de grossières erreurs
et de nombreuses lacunes.

Personne n'ignore que les lois appartenant à un même ordre
d'idées ont non-seulement entre elles des points de concordance,
mais encore doivent se rattacher à d'autres parties de la législation régies par les mêmes principes. On ne peut donc avoir
complétement l'intelligence de textes de lois rangés sous un
titre particulier sans les comparer avec ceux qui composent les
autres titres. Il était impossible de se livrer sérieusement à cet
examen sur les extraits de lois incomplets et isolés qui composaient le travail définitif des commissions. En outre, à mesure
que le temps s'écoulait, on s'éloignait davantage de l'époque à
laquelle la première commission avait été réunie, et chaque
jour voyait s'augmenter le nombre toujours croissant des lois
promulguées, ce qui rendait de plus en plus difficile le travail
de réunion et de classification de ces nombreux documents législatifs.

La commission qui s'assembla en 1801 mit beaucoup plus

d'ordre et de régularité dans la confection de ses travaux que toutes celles qui l'avaient précédée; cependant, en 1818, on s'occupait encore du travail de réunion des lois, et, en 1820, on en dressait une table complète.

Ce mode de procéder des commissions montre la tendance qu'elles avaient sans cesse à chercher à atteindre le but pour lequel elles avaient été instituées, sans s'efforcer de vaincre les nombreuses difficultés qui se présentaient dans les parties intermédiaires du travail. Enfin, elles s'attachaient à publier de nouveaux projets et négligeaient de rechercher les anciens textes de lois, tâche moins attrayante, plus pénible, lors même qu'elle produit des résultats satisfaisants.

Tels furent les obstacles contre lesquels les diverses commissions instituées eurent à lutter, et les vices de leur organisation.

Bientôt une nouvelle ère s'ouvrit pour la Russie; elle devait être signalée par une heureuse et intelligente impulsion donnée aux travaux législatifs.

L'empereur Nicolas venait de monter sur le trône. Dès son avénement, il publia un ukase, en date du 31 janvier 1826, par lequel il déclara qu'il avait résolu de prendre en personne la direction des travaux relatifs à la codification générale.

En conséquence, il ordonna que l'ancienne commission composerait à l'avenir la deuxième section de sa chancellerie particulière, et il en confia la présidence au comte de Speransky.

Le premier travail qui lui fut confié eut pour objet la réunion de tous les actes législatifs publiés par ordre chronologique, depuis l'année 1649, époque à laquelle parut la première *Oulogente*, jusqu'aux temps modernes. Ceux qui en furent chargés eurent à lutter contre de nombreuses difficultés, mais il était urgent qu'il fût terminé afin qu'il pût être consulté pendant que l'on se livrerait au travail de codification, d'autant plus qu'il n'existait à cette époque aucune collection officielle des lois de l'empire.

Les *ukases* ou lois sont de deux sortes :

I. Ceux que l'empereur envoie au sénat pour qu'il les enregistre et les promulgue ;

II. Ceux qu'il rend *motu proprio*.

Ainsi qu'on a pu le remarquer, les premiers n'étaient point réunis dans les recueils authentiques. Quant aux seconds, adressés directement à la nation, sans intermédiaire, ils étaient, le plus souvent, conservés en manuscrits et formaient une sorte de législation occulte, bien qu'elle s'appliquât à l'universalité des sujets de l'empire. Les membres de la commission ont donc dû compulser les archives civiles, judiciaires, militaires, synodales de l'empire, le cabinet impérial, le chapitre des ordres, les diverses autorités centrales. En outre, ils se sont livrés à de minutieuses recherches pour découvrir un grand nombre d'actes législatifs ensevelis dans l'oubli, afin de pouvoir composer la collection complète des lois de l'empire.

Il a fallu ensuite procéder au dépouillement de ces matériaux amassés sans ordre, les comparer les uns aux autres, laisser de côté ceux qui reproduisaient des dispositions déjà classées, vérifier les textes, les coordonner, etc.

Tels furent les travaux auxquels se livra la commission qui, dans l'espace de deux années, de 1828 à 1830, put ainsi mettre au jour un nombre considérable d'actes législatifs.

A la suite de cet important travail, deux collections officielles (*Sobranie Zaconu*) furent publiées. La première (*Sobranie Pervoe*) comprend toutes les lois promulguées depuis la publication de l'Oulogente d'Alexis (1649) jusqu'à l'avénement au trône de Russie de l'empereur Nicolas, en 1825 ; leur nombre s'élève à trente mille neuf cent vingt. La seconde (*Sobranie Vtoroe*) se composait des actes législatifs publiés depuis l'avénement de l'empereur Nicolas (12 décembre 1825), augmentés et complétés de ceux qui avaient paru jusqu'au mois de janvier 1832, dont le chiffre total était de cinq mille soixante-treize.

Ces deux collections furent publiées sous le titre de *Polnoe sovranie Zaconow rossuschoï imperii* (*Recueil complet des lois de l'empire de Russie*).

Dans le but de faciliter les recherches, des tables chronologiques et alphabétiques furent ajoutées aux différents textes des lois; on y joignit également des annotations établissant la concordance, des sommaires généraux et spéciaux, etc....

L'active impulsion donnée à ces travaux législatifs par l'empereur Nicolas amena, dans l'espace de sept années, la solution d'un problème qui avait consumé les efforts d'un siècle tout entier. Dix commissions successivement réunies n'avaient pu atteindre le but que l'on s'était proposé.

Ainsi qu'on a pu le remarquer, l'œuvre de codification des lois russes avait donné lieu à deux projets différents.

Se contenterait-on de publier un *code de concordance*, en réunissant les lois alors en vigueur, coordonnées entre elles par ordre de matières, sans faire subir aux textes de changements, ou bien le travail projeté devait-il être un *code nouveau*, c'est-à-dire l'ensemble des lois complétées et modifiées?

Telle était la question à résoudre.

L'empereur Nicolas Ier adopta le premier de ces deux projets et donna à la commission nouvelle qu'il avait instituée des instructions auxquelles elle devait se conformer pour la direction de ses travaux (1).

On chercha d'abord à déterminer les bases de ce travail. La

(1) Tolstoy, page 83. Fœlix, *Revue étrangère de législation et d'économie politique*, page 392, 393 et 394. — Foucher, *Aperçu historique sur le code civil russe*, page 11.

codification adoptée par Justinien pouvait offrir des divisions applicables à un code de concordance; mais on préféra suivre, à cet égard, les règles plus explicites tracées par Bacon, que l'on eut soin, toutefois, de modifier et d'approprier à la nature du travail dont on s'occupait.

En conséquence, l'on adopta les résolutions suivantes:

I. — Supprimer, dans le corps de lois, celles qui étaient tombées en désuétude;

II. — Supprimer également celles reproduisant des dispositions qui existaient dans d'autres lois, et, parmi celles-ci, ne conserver que les plus complètes.

III. — Conserver les expressions employées dans la loi; réunir dans une seule disposition les articles reproduits dans plusieurs lois traitant la même matière;

IV. — Indiquer avec précision les documents qui ont servi à la confection de chaque loi;

V. — Entre deux lois contenant des dispositions contradictoires les unes avec les autres, adopter celle qui aura été promulguée en dernier lieu, conformément aux règles de la jurisprudence russe, d'après laquelle la loi la plus ancienne est virtuellement abrogée par celle qui lui est postérieure.

D'après Bacon, si plusieurs lois sont contradictoires entre elles, celle qui aura été jugée la meilleure devra être conservée. La commission législative, ne pouvant se prononcer sur le mérite de deux lois contradictoires, l'opinion de Bacon, en cette matière, ne fut pas adoptée; on se contenta de se conformer à l'usage suivi en Russie;

VI. — Chaque partie du travail sera soumise à l'examen des ministres et des diverses autorités administratives, pour les matières qui appartiennent à leurs attributions respectives. Des comités spéciaux seront établis afin de reviser le travail de la commission législative. Un comité particulier composé de sé-

nateurs et des fonctionnaires les plus élevés de l'empire, sous
la présidence du ministre de la justice, sera institué pour examiner les travaux relatifs aux lois civiles et criminelles ;

VII. — Comme il existait en Russie des lois exécutoires dans
toute l'étendue de l'empire, tandis que d'autres, essentiellement
locales, ne s'appliquaient qu'à certaines provinces déterminées,
on décida que l'on rédigerait un premier code général de lois
pour tout l'empire, à l'exception des gouvernements de l'Ouest
et de la Baltique, qui auraient un corps de lois exclusivement
applicable à ces provinces.

Dans ces instructions, l'empereur Nicolas avait déclaré qu'en
établissant le mode de codification qui venait d'être adopté, et
par lequel les lois antérieurement promulguées étaient coordonnées, il n'entendait pas disposer exclusivement pour l'avenir : qu'il laisserait donc une entière latitude à cet égard.

En effet, des circonstances tout exceptionnelles, des besoins
inconnus jusqu'alors, peuvent faire sentir la nécessité de lois
nouvelles ; il était donc prudent de permettre d'élargir dans de
certaines limites le cadre de la législation de l'empire. Toutefois, dans le but d'éviter la confusion et les inconvénients qui
pouvaient résulter d'un grand nombre de lois qui pouvaient
être promulguées, l'empereur décida que la commission législative siégerait en permanence, et qu'à la fin de chaque année,
elle s'occuperait de la classification des actes législatifs décrétés
pendant l'année, d'après les termes du règlement.

Par un ukase en date du 31 janvier 1826, l'empereur avait déclaré qu'il dirigerait en personne les travaux de codification(1),
et que la commission législative deviendrait la deuxième section
de sa chancellerie privée. En effet, il s'acquitta lui-même avec

(1) *Précis des notions historiques sur la formation du code des lois
russes.* Saint-Pétersbourg, 1833, page 65.

zèle et activité des nouveaux devoirs qu'il s'était imposés. les
travaux législatifs durèrent sept années consécutives; et pendant ce laps de temps, l'empereur examinait chaque jour, avec
la plus grande attention, le travail qui avait été fait; il y joi-
gnait ses notes et ses observations, prenait connaissance des
documents qu'il se faisait remettre; en un mot, rien n'échap-
pait à sa perspicacité. Si l'on songe que le code terminé ne
comprenait pas moins de quatorze cent quatre-vingt-dix-neuf
chapitres, renfermant quarante-deux mille cent quatre-vingt-
dix-huit articles, en y comprenant les annexes, on ne peut se
défendre d'un sentiment de reconnaissance et d'admiration
pour la sollicitude si éclairée du souverain, qui a voulu se livrer
lui-même à l'examen approfondi du recueil de lois dont il do-
tait son empire. Tous les huit jours, des mémoires, résumant
les travaux faits pendant la semaine par la commission, étaient
placés sous les yeux de l'empereur; il en était de même des
différentes parties du code qui, une fois achevées, étaient soumises à son approbation.

Ces bases posées, l'exécution avança avec une grande rapidité. On s'occupa d'abord de faire le choix des matériaux, et,
dans ce but, l'on traça des exposés historiques sur les matières
qui devaient être traitées. Ce sont de véritables recueils de
droit, dans lesquels les diverses transformations de chaque partie de la législation étaient mises en lumière. Leur réunion formait, en quelque sorte, l'*histoire interne* du droit russe. Ce travail préliminaire terminé, on s'occupa du choix et de la composition des textes. Les lois dont la reproduction avait été
décidée, furent dégagées de toutes les dispositions qui n'étaient
pas en harmonie avec elles. Les dispositions qu'elles conte-
naient furent réparties dans des codes distincts et formulées en
articles. C'est cette partie du travail général qui, à proprement
parler, constitue le véritable *Digeste* de l'empire russe.

C'est ainsi que, grâce aux efforts persévérants de l'empereur Nicolas dans le but d'activer la conclusion de cette grande œuvre législative, vers la fin de l'année 1832, huit codes, formant quinze volumes, furent terminés et publiés en Russie, sous le nom de *Svod Zaconow rossuskoï imperiï*, c'est-à-dire coordination des lois de l'empire de Russie (1).

Le 31 janvier 1833, l'empereur voulut consacrer par la publication d'un manifeste l'époque qui vit se terminer ce travail, qui a inauguré pour la Russie une nouvelle ère de progrès.

Nous reproduisons textuellement ce document :

Manifeste de Sa Majesté l'empereur de Russie:

Par la grâce de Dieu, Nous, Nicolas Ier, empereur et autocrate de toutes les Russies, etc., etc.

« Ayant reconnu, dès notre avénement au trône, la nécessité absolue de disposer les lois de notre patrie dans un ordre » logique et régulier, nous avons d'abord ordonné de les réunir et d'en publier la collection complète. En outre, nous » avons décidé que toutes les lois actuellement en vigueur dans » notre empire seraient extraites de ce recueil, pour être réunies en un corps de lois uniforme et régulier, sans rien changer à leur esprit, et en suivant exactement, dans ce travail, » les instructions données par Pierre le Grand, en 1700.

« L'exécution de la première partie de ce plan a été terminée » en 1830.

» Quant à présent, avec l'aide du Tout-Puissant, et après sept

(1) Tolstoy, pages 86 et 87. — Foelix, *Revue étrangère de législation et d'économie politique*, vol. II, page 394. — Angelot, *Législation des États du Nord*.

» années de travaux assidus, exécutés sous notre direction per-
» sonnelle, la seconde partie vient d'être terminée.

» Toutes les lois promulguées depuis l'année 1649 jusqu'au
» 1ᵉʳ janvier 1832, c'est-à-dire pendant une période de cent
» quatre-vingt-trois ans, et qui, malgré les nombreux change-
» ments nécessités par le temps ont conservé jusqu'à nos jours
» leur force et leur teneur, ont été réunies dans l'ordre des ma-
» tières qu'elles traitaient. On en a supprimé toutes les dispo-
» sitions abrogées par des lois postérieures, et, à l'exception
» des règlements concernant les armées de terre et de mer et de
» quelques autres ci-dessous énoncées, toutes ces lois ont été
» coordonnées dans un ordre uniforme, réunies en un seul
» corps et réparties dans un code, d'après les principales divi-
» sions adoptées pour les affaires administratives et judiciaires:

» Toutes les dispositions réglementaires qui auront été pu-
» bliées depuis le 1ᵉʳ janvier 1832, et celles qui seront publiées
» dans l'avenir seront réunies, chaque année, dans un Supplé-
» ment ou corps de lois, d'après l'ordre adopté pour les codes
» et avec des renvois à leurs articles, de sorte que le système de
» codification générale une fois nettement arrêté, conservera
» toujours son ensemble et son unité dans l'empire de Russie.

» Les besoins les plus urgents, la justice et l'ordre dans l'ad-
» ministration exigeaient impérieusement que l'on prît cette
» mesure. Elle garantit la force, l'action efficace des lois en
» établissant de solides bases pour aider à les perfectionner
» dans l'avenir ; enfin, elle réalise les vœux exprimés par nos
» ancêtres pendant une période de cent vingt-six années con-
» sécutives.

» En adressant, par ce manifeste, ces codes de lois au sénat
» chargé de les faire mettre à exécution, nous ordonnons que
» les dispositions suivantes seront prises, en ce qui concerne
» leur force et leur autorité légale.

» I. — Le nouveau recueil de lois sera mis en vigueur à
» partir du 1er janvier 1835 ;

» II. — La force légale des lois de l'empire lui sera donnée
» expressément par l'application immédiate qui en sera faite
» dans les affaires judiciaires et administratives. En consé-
» quence, toutes les fois que les lois ou les considérants d'une
» décision devront être cités textuellement par extraits, ou seu-
» lement par l'indication de leur titre, à partir du 1er janvier
» 1835, on devra rapporter et citer les articles du corps de lois
» applicables à l'espèce. »

» III. — Tous les ukases et règlements promulgués depuis
» le 1er janvier 1832, et qui ne sont pas compris dans le corps
» des lois actuelles, ainsi que ceux qui seront promulgués à
» l'avenir, seront cités et rapportés immédiatement à leurs
» dates et sous leurs titres, jusqu'à ce qu'ils aient été insérés
» dans les suppléments annuels, etc...

« Seront également transcrites :

» I. — Toutes les lois des provinces, dans les lieux où elles
» sont actuellement en vigueur, jusqu'à ce qu'elles aient été
» insérées dans les codes spéciaux, en conséquence des mesures
» qui auront été prises à cet égard ;

» II. — Les lois relatives à l'instruction publique, au con-
» trôle de l'empire, la réorganisation projetée n'ayant pas
» encore permis de terminer les règlements qui doivent régir
» ces matières ;

» III. — Les lois et règlements concernant les cultes étran-
» gers ;

» IV. — La réunion des lois en un corps unique ne fera
» subir aucune modification au texte et aux dispositions, mais
» elle a été ordonnée dans le but d'introduire de l'ordre et de
» l'uniformité dans l'ensemble. Si des doutes s'élevaient sur
» le sens précis de la loi, dans le cas où elle serait insuffisante,

» ou si l'on y remarquait de graves lacunes, afin de l'inter-
» préter ou de la compléter, on se conformera aux règles in-
» diquées par les règlements actuellement en vigueur. Le sénat
» dirigeant prendra toutes les dispositions nécessaires pour
» assurer l'exécution du présent manifeste.

» Donné à Saint-Pétersbourg, le trente et unième jour du
» mois de l'an de grâce 1833, et de notre règne le huitième (1).

» NICOLAS.

» Contre-signé par le président du conseil de l'empire,

» Prince VICTOR KOTCHOUBEI. »

A partir de cette époque, la Russie eut un code de lois régulier.

L'empereur Nicolas avait ainsi élevé un monument qui
devait ajouter encore à sa gloire et lui faire mériter les sentiments d'admiration et de reconnaissance de tous les sujets de
l'empire.

La première édition de la codification des lois russes (Svod)
se composait de quinze volumes in-4°. Le texte était rédigé en
deux colonnes remplissant chaque page. Elle contenait quatorze cent quatre-vingt-dix-neuf chapitres, trente-six mille
articles, et, en y comprenant les suppléments, on en comptait
quarante-deux mille cent quatre-vingt dix-huit.

Cet ouvrage a pour titre : *Digeste de l'empire russe, rédigé*
par ordre de l'empereur Nicolas Pavlovitch.

Il est divisé en livres, les livres en parties, les parties en rè-

_____

(1) *Précis des notions historiques sur la formation du code des lois*
russes, page 178.

glements ou codes particuliers concernant les diverses matières
de la législation générale, civile, criminelle et administrative.
Les divisions particulières se composent de titres, chapitres,
sections, et un certain nombre de sous-divisions.

Quant à la division générale en huit codes, voici quelles sont
les matières qui les composent :

I. — Statuts organiques . . . . 3 vol.
II. — Règlement sur les prestations . . . . 1 —
III. — Règlements sur les finances . . . . 1 —
IV. — Lois sur l'état des personnes . . . . 1 —
V. — Lois civiles et délimatives . . . . 1 —
VI. — Règlements d'économie politique . . . . . . 2 —
VII. — Règlements de police intérieure . . . . 2 —
VIII. — Lois pénales . . . . 1 —
                                                    15 vol.

En tête du premier livre sont placées les lois fondamentales
de l'empire. Elles sont relatives aux prérogatives de l'autorité
suprême autocratique, aux divers ordres de succession dans la
famille impériale, à la régence, à l'avènement des souverains
au trône de Russie, au serment prêté par les sujets, au couronnement de l'empereur, à la religion de l'État; de plus, elles
règlent l'exercice du pouvoir législatif, le mode de confection,
la promulgation, l'interprétation, les effets et l'abrogation des
lois. Ces statuts, propres à la famille impériale, ne font pas
partie du digeste; ils ont une pagination différente, l'exécution
typographique n'est pas la même que celle du corps de l'ouvrage.

Le premier livre se divise en trois parties : dans la première,
sont exposés les statuts organiques de l'État; le deuxième con-

tient ceux relatifs aux divers rouages du gouvernement; enfin,
la troisième concerne les agents et employés de l'administration.

On distingue, en Russie, les autorités supérieures, centrales,
départementales et locales.

Les autorités supérieures sont :

I. — Le conseil de l'empire ;

II. — Le comité des ministres ;

III. — Le sénat dirigeant, qui compose en même temps une
juridiction judiciaire, ainsi que ses dépendances, telles que la
chambre nobiliaire et le chartrier de l'État.

IV. — Le saint synode.

L'administration centrale est exercée par les ministères. Si
nous comprenons sous le titre de ministères des autorités, en
quelque sorte, parallèles entre elles, et ne dépendant que du
pouvoir souverain, en Russie, leur nombre s'élèverait à douze,
savoir :

I. — Le ministère des finances ;

II. — Le ministère de l'intérieur;

III. — Le ministère de l'instruction publique ;

IV. — L'administration centrale des travaux publics ;

V. — L'administration centrale des postes ;

VI. — Le contrôle de l'État;

VII. — Le ministère de la justice ;

VIII. — Le chapitre des ordres impériaux et royaux ;

IX. — Le ministère de la maison impériale;

X. — Le ministère de l'extérieur ;

XI. — Le ministère de la guerre;

XII — Le ministère de la marine.

L'administration des gouvernements (*départements*) est confiée à une régence de gouvernement, pour ce qui concerne les

matières purement administratives et de police, et à une chambre des finances.

La justice est rendue par les cours de conscience, sorte de magistrature chargée de concilier les parties, et par les tribunaux civils et criminels. Dans les arrondissements, des juridictions analogues ont été établies, mais à un degré inférieur. Il existe en outre une institution appelée *tutelle de la noblesse*, semblable aux colléges pupillaires du royaume de Prusse.

Les autorités locales sont de deux sortes :

I. — Celles dites *municipales*, qui se subdivisent en autorités administratives, placées dans le ressort de l'hôtel de ville, et les autorités judiciaires représentées par trois classes de juges;

II. — Celles appelées *communales*. Les autorités communales ont pour justiciables les cultivateurs des domaines de l'État, qui peuplent un quart du territoire de l'empire russe et ceux d'un certain nombre de vastes propriétés privées (vol. I, II et III).

Le deuxième livre traite des prestations. Elles se divisent en personnelles et réelles. Les premières comprennent le recrutement; les secondes les corvées, les servitudes rurales, l'entretien des relais, des routes, les cantonnements, transports, et l'approvisionnement des troupes (vol. IV).

La législation des finances, contenue dans le troisième livre du Digeste formant le troisième code, se compose d'une série de règlements qui sont autant de recueils spéciaux. Le premier comprend les impositions foncières, le timbre, les boissons; le deuxième les douanes; le troisième les monnaies, les mines, les salines; le quatrième les forêts, les redevances des cultivateurs dans les domaines de l'État; enfin ces domaines eux-mêmes (vol. V, VI, VII).

L'inégalité dans les conditions sociales en Russie devait nécessiter l'application, à chaque classe de citoyens, de règlements particuliers. Cette matière est traitée dans le livre

12

quatrième. Il comprend les lois relatives à la noblesse, au
clergé, à la bourgeoisie et à une classe spéciale de bourgeois
nommés *bourgeois notables*, créée de nos jours.

Les actes de l'état civil, les rôles de la population, qui ser-
vent de base au recrutement pour la capitation à la conscrip-
tion, sont également exposés dans le livre quatrième (vol. VIII).

Sous la rubrique de règlements d'économie politique, le
sixième comprend un grand nombre de dispositions diverses.
Il est divisé en cinq parties, et contient de nombreuses sous-
divisions formant autant de codes distincts.

Dans la première partie, se trouve exposée l'organisation des
établissements de crédit, qui sont de deux sortes :

I. — Banques de l'État ;

II. — Banques communales.

A la première de ces classes appartient *la banque d'emprunt*,
que l'on pourrait qualifier de caisse hypothécaire. Les opérations auxquelles elle se livre embrassent spécialement les
avances de fonds avec garantie sur les immeubles ; *la banque
de commerce*, qui a des succursales dans les villes de Moscou,
Archangel, Odessa et Riga ; enfin *la banque d'assignations* ou
du papier-monnaie.

Les banques communales, au nombre de trois, ont été fon-
dées par de simples particuliers ; elles sont placées sous le pa-
tronage du gouvernement.

En tête des dispositions spéciales qui règlent les attributions
de ces diverses institutions, se trouvent celles relatives au conseil des établissements de crédit et de la commission d'amortissement.

Les industries agricole, manufacturière et commerciale, qui
permettent à l'homme de développer les ressources infinies
qu'il s'est créées par son travail et son activité sont traitées
par autant de parties distinctes. Le législateur, s'écartant de la

classification adoptée par les économistes, s'est d'abord occupé
des dispositions relatives à l'industrie commerciale. Il a ensuite
énoncé celles qui concernent les manufactures, la voirie, la
police du roulage, des bâtiments civils, la navigation, les incendies.

La cinquième et dernière partie termine le sixième livre et
comprend les divers règlements relatifs à l'industrie agricole.

Quant à la partie commerciale, nous nous bornerons à l'ana-
lyser : elle reproduit tous les principes admis par le code de
commerce français, et contient en outre des dispositions purement administratives.

Dans le premier titre, le législateur s'est occupé du commerce
et du trafic en général. Il distingue trois classes ou corporations
(*guildes*) de commerçants patentés, et énumère les cas dans
lesquels l'exercice de la profession commerciale est affranchi
de la patente. A l'exception des dispositions qui concernent
les commissionnaires, ce titre peut être considéré comme un
simple règlement administratif.

Le second titre traite des engagements et conventions entre
commerçants pour actes de commerce. Dans le Digeste, on
comprend sous le nom d'engagements les contrats résultant de
lettres de change ; sont rangés dans la classe des conventions
le louage des gens de service à gages, le mandat et les sociétés.

Le titre troisième est exclusivement consacré au commerce
maritime.

Le quatrième est relatif à l'organisation des tribunaux, à la
procédure commerciale et aux faillites.

Le cinquième s'occupe des divers établissements créés dans
le but de favoriser et de protéger les intérêts commerciaux,
tels que les consulats, les bourses de commerce. Il traite également des livres de commerce, des agents de change, des
poids et mesures, et, enfin, des foires et marchés.

Le septième livre du Digeste renferme les règlements de police intérieure.

La police administrative comprend : les mesures de prévoyance établies contre la disette, les règlements relatifs aux établissements d'assistance publique, tels que les hôpitaux, hospices et autres fondations analogues, enfin, les règlements relatifs aux passe-ports et au vagabondage.

La police sanitaire est organisée aux termes de trois règlements : le premier traite de l'administration ; le second s'occupe des mesures de surveillance à observer en ce qui concerne la salubrité publique ; enfin, le troisième est relatif à la médecine légale.

La police judiciaire a été instituée dans le but de prévenir et de réprimer les délits partout où ils pourraient être commis.

Le huitième et dernier livre renferme la législation pénale.

Quoique la division de cet ouvrage en huit codes distincts, dont chacun traite de matières spéciales, rende les recherches faciles, on a cru devoir les aider de la manière suivante :

I. — Chaque partie se termine par un sommaire qui permet de trouver, sinon l'article que l'on cherche, du moins le chapitre et la section qui le contiennent.

Tous ces sommaires particuliers ont été réunis et forment un sommaire général ;

II. — Une table chronologique est jointe à chacune des parties. Cette table, en deux colonnes, indique exactement les dates de tous les actes législatifs codifiés, en regard des articles qui les ont remplacés. Ainsi, soit que l'on veuille remonter aux sources, ou se rendre compte du dernier état de la législation, les recherches deviennent extrêmement faciles.

C'est ainsi que la transition de l'ancien ordre de choses à ce qui existe actuellement devient aussi douce que possible.

III. — Une table des matières, par ordre alphalbétique, complète et raisonnée, résume toutes les matières contenues dans les quinze volumes du Digeste. Cette table, qui donne l'indication abrégée de toutes les dispositions de la législation russe ainsi coordonnée, est un travail beaucoup plus utile à consulter que le long vocabulaire de la table chronologique.

La coordination et la codification du Digeste russe (*svod*) indiquent, d'une manière exacte, quel était l'état de la législation de l'empire lorsque ces travaux ont été faits. Mais, pendant leur durée, des besoins nouveaux se firent sentir, et d'autres lois furent promulguées. C'est dans le but de codifier ces lois pour les réunir au code général de l'empire, qu'il avait été décidé que la commission législative siégerait d'une manière permanente. C'est ainsi que l'on ajouta à la première édition du code des lois russes, publiée en 1832, un supplément connu sous le nom de *Prodolzenja Svoda Zaconow rossuskoï imperii*, c'est-à-dire *continuation de la codification des lois de l'empire russe*. Cet ouvrage complémentaire contient des règlements sur l'instruction publique, sur la comptabilité, le contrôle, les cultes étrangers, le service des postes, enfin des lois spéciales s'appliquant aux gouvernements de la Baltique, de Livonie, d'Estonie, de Gourland et des provinces détachées de l'ancienne Pologne.

On décida que les règlements sur l'instruction publique seraient compris dans la partie du code consacrée aux lois et règlements sur les services publics (livre VI).

Quant à ceux qui concernaient la comptabilité et le contrôle, ils furent réunis à la législation des finances (livre III).

Au mois de mars 1843, une nouvelle édition du *Svod* fut publiée sous la direction du ministre de la justice Bloudoff. Elle se compose de quinze volumes comprenant toutes les matières contenues dans l'édition précédente, les suppléments des lois publiés depuis 1833, intercalés dans le corps de l'ouvrage ; ce qui élevait le nombre total des articles reproduisant les anciennes ordonnances à soixante mille.

Le neuvième livre fut composé d'après les mêmes principes que les précédents, en ce qui concerne l'arrangement et la codification des lois; on y inséra même les lois militaires qui avaient été promulguées en Russie depuis Pierre le Grand. On sait que ce souverain, comme conséquence de l'immense développement qu'il avait donné aux forces de la nation, et des importantes réformes qu'il avait introduites dans l'art de la guerre, s'était efforcé de mettre les institutions militaires de l'empire russe à la hauteur du degré de puissance auquel il l'avait élevé.

À ce point de vue, les travaux des commissions ont dû être d'une grande utilité.

En résumé, la période pendant laquelle les divers essais de codification ont été faits s'étend depuis l'année 1762 jusqu'en 1818. Ces essais ont été accompagnés d'un grand nombre de projets de réformes conçus à un point de vue proprement théorique. Des commissions, au nombre de cinq, furent instituées pour les élaborer; elles se succédèrent à des intervalles plus ou moins rapprochés.

La première se réunit en 1762;

La seconde, en 1797;

La troisième, en 1801;

La quatrième, en 1811;

La cinquième, en 1818.

Ce qui distingue les travaux de ces commissions, c'est, dans l'esprit de ceux qui s'y livraient, la pensée de ne pas s'aider de la législation alors existante pour en former une complétement nouvelle, émanant de la seule volonté du législateur.

Pendant la seconde période, on s'occupa surtout de classer les dispositions législatives déjà promulguées, en leur faisant subir certaines modifications. Les travaux entrepris sous l'in-

fluence de ce principe se diviser en deux classes distinctes : depuis l'année 1815, époque à laquelle ils ont été commencés, jusqu'à l'avénement de l'empereur Nicolas, on s'attacha
à coordonner certaines parties de la législation, qui formaient
autant de codes particuliers ne se rattachant pas étroitement
les uns aux autres. Il serait inexact de dire que l'on n'avait pas
essayé de coordonner les dispositions des lois militaires pour
en composer un corps de doctrine complet. Cet essai fut tenté;
seulement, les hommes chargés de ce travail n'étant pas à la
hauteur de cette tâche, ne purent l'accomplir. Toutefois, voici
quels furent les résultats de ces tentatives de codifications partielles : en 1818, on publia, pour le génie militaire, une instruction concernant les corps des sapeurs et des mineurs ; la même
année, parut un règlement sur l'approvisionnement de l'armée,
complété en 1820 et 1821, destiné à l'intendance militaire.

En 1820, sous le titre de *Recueil complet de dispositions législatives en matière de juridiction militaire*, parut une compila-
tion devant servir de manuel à l'usage des conseils de guerre,
et disposée en forme de vocabulaire.

En 1823, parut l'*École du conscrit* comprenant l'explication
théorique et pratique des manœuvres des pelotons, bataillons
et des régiments.

En 1828, on réunit dans un même recueil toutes les dispositions réglementaires du service sanitaire de l'armée.

On sembla vouloir mettre à exécution le projet d'un code
militaire, lorsque l'empereur décida que les travaux de codification des lois civiles, organiques et administratives seraient placés sous sa surveillance personnelle. Ce travail fut
confié aux fonctionnaires qui avaient posé les bases du projet
primitif; il l'avancèrent rapidement.

Dans la première partie se trouve l'exposé des motifs qui
l'ont rendu nécessaire et des principes d'après lesquels il a dû

être conçu, en utilisant les nombreux documents réunis antérieurement. Bientôt cet exposé fut soumis à l'examen du ministre de la guerre. Il reçut l'approbation générale. Tous ceux qui en prirent connaissance s'accordèrent à reconnaître l'utilité de cet ouvrage ; chacun exprima le désir de le voir continué et terminé dans le plus bref délai.

Pour exécuter complétement le plan qui avait été formé, il était indispensable de procéder au choix de fonctionnaires capables et intelligents, d'autant plus qu'aucun travail collectif n'avait été organisé, ce qui excluait l'unité de conception et l'esprit de suite dans l'exécution.

Les travaux auxquels a donné lieu le projet de rédaction du code militaire sont de deux sortes : préparatoires et définitifs. Au nombre des premiers se trouve :

I. — La réunion de tous les actes législatifs concernant le service militaire disposés et classés par ordre de matières ; l'exposé d'un plan détaillé, et enfin l'organisation des travaux ;

II. — Le projet de rédaction des deux premiers livres du code militaire.

D'après l'usage adopté dans l'empire russe, en publiant ce projet, on avait l'intention d'en mettre immédiatement à exécution les parties qui avaient été coordonnées, afin que la pratique pût démontrer les avantages et les inconvénients de cette législation nouvelle. Il est possible que le Digeste ait été préparé en même temps, et que l'on ait voulu, en ordonnant l'application immédiate de la nouvelle législation militaire, sonder l'opinion publique et trouver un appui dans l'autorité de l'expérience.

Cependant, il n'en fut pas ainsi : le comité institué pour examiner les travaux et les diriger faillit faire perdre le résultat de tant d'efforts, en décidant que chaque livre, une fois terminé, serait soumis à la révision des membres du comité.

Ce mode de procéder détruisit toute l'économie du travail : comme il était impossible de s'occuper simultanément de la rédaction de tous les livres, on y procédait successivement, et la révision avait lieu dans le même ordre. Il en est résulté une absence complète d'uniformité dans la division des périodes pendant lesquelles la coordination a dû être faite. C'est ainsi que dans la première période se trouvèrent comprises les dispositions législatives promulguées jusqu'en 1829, dans l'autre, celles qui le furent jusqu'en 1830, enfin, dans la troisième, celles rendues en 1831, et ainsi de suite pour les autres. De plus, si l'on se rend compte de la marche suivie dans la confection de ces travaux, on comprendra facilement les difficultés et les nombreux embarras qui ont dû être la conséquence de ces divers fractionnements.

Le comité décida qu'il ne comprendrait pas dans son travail la législation applicable aux colonies militaires. Le commandant supérieur des colonies fut chargé de ce travail; il reçut l'ordre de coordonner tous les règlements concernant cette partie de l'administration, de telle sorte que l'on pût composer, avec ces dispositions ainsi réunies, soit un code spécial, ou les intercaler dans les divisions du code général.

Il est probable que cette mesure a dû être motivée par de puissantes considérations, pour que l'on ait ainsi modifié le projet, formé primitivement, de ne faire qu'un seul code comprenant l'ensemble de la législation russe.

Bientôt, le comité parut renoncer, du moins provisoirement, à sa première résolution. La révision des projets par parties séparées fut suspendue.

La plupart des livres composés furent revus. On fixa une époque précise à laquelle l'ouvrage tout entier devait être terminé, ce fut l'année 1835; le plan définitif fut arrêté; on rétablit, entre les diverses parties du travail, la concordance qui avait disparu par suite du fractionnement qui avait été opéré, et l'on s'attacha à introduire, dans tout le corps de l'ouvrage, l'unité de vues et d'ensemble. Ces diverses modifications au projet primitif remplirent la seconde période des travaux ; c'était en quelque sorte le reviser d'une manière définitive.

Ce code est divisé en quatre parties :

La première, sous le titre d'*Organisation des administrations militaires*, comprend quatre livres :

I. — Organisation du ministère de la guerre et des services spéciaux ne faisant pas partie des attributions de ce ministère, ou qui, du moins, n'en relèvent point directement : tels que le département de l'artillerie, celui du génie, l'intendance du matériel, des subsistances, les gouvernements militaires, le comité scientifique, enfin celui des invalides;

II. — Organisation de l'armée et des administrations inférieures;

III. — Organisation des établissements militaires d'éducation et de leur administration;

IV. — Organisation du matériel de l'armée et des administrations qui en dépendent.

La seconde partie est intitulée : *Règlement général du service militaire*. Elle se compose de cinq livres dans lesquels sont exposées les matières suivantes :

I. — De l'admission au service militaire ;

II. — De l'avancement ;

III. — Du service sédentaire;

IV. — Du service mobile;

V. — Des récompenses.

La troisième partie a pour titre : *Règlement relatif au matériel de l'armée*. Elle est généralement divisée en cinq livres dans lesquels on traite :

I. — De la préparation des objets d'approvisionnement, de fourniment et de l'allocation des fonds ;

II. — De la conservation de ces objets ;

III. — De leur délivrance ;

IV. — Des trésoreries, masses et magasins ;

V. — De la comptabilité, du contrôle et des répétitions.

La quatrième et dernière partie comprend le code pénal. Elle est divisée en deux livres : le premier traite des délits et des peines, le second s'occupe de la procédure. La confection de cette partie a dû offrir de sérieuses difficultés, aussi a-t-elle été refaite plusieurs fois avant d'avoir été définitivement adoptée.

Les principes qui ont servi de base à la rédaction du code militaire sont les mêmes que ceux appliqués lors de la rédaction du grand Digeste de l'empire de Russie. Nous croyons devoir les reproduire :

I. — Considérer comme essentielles, et, par conséquent, introduire dans le texte du code toutes les dispositions législatives non expressément ou tacitement abrogées par des actes postérieurs ;

II. — Comprendre dans la classe des dispositions législatives les ordres du jour, actes, arrêtés des autorités militaires, lorsqu'ils renferment des explications interprétatives.

Dans le premier cas, il est nécessaire que l'acte dans lequel le principe est énoncé ait reçu l'approbation du souverain ; dans le deuxième, cette approbation n'est pas exigée ;

III. — Lorsque plusieurs dispositions traitent la même matière, on devra insérer la plus complète ;

IV. — Reproduire le texte littéral et les expressions mêmes dont s'est servi le législateur, mais ne pas reproduire l'exposé de l'espèce et les considérants. Dans le cas où, pour la rédaction d'un article, il serait nécessaire d'emprunter à deux ou plusieurs

lois certaines dispositions, on devra s'attacher à citer celle qui
énonce le principe, en ne rapportant les autres que si elles le
complètent ou l'éclaircissent. Les articles formés par la combi-
naison de plusieurs actes législatifs doivent être rédigés de telle
sorte qu'ils en reproduisent l'essence.

Il faudra indiquer, à la suite de chaque article, les sources
auxquelles on aura dû puiser pour le rédiger ;

V. — S'il existe plusieurs lois contradictoires entre elles sur
la même matière, la plus récente sera adoptée ;

VI. — On a placé à la fin du code, sous forme d'appendice,
les règlements spéciaux, instructions, formulaires, et, en général, tous les documents qui n'auraient pas été susceptibles de
figurer dans le corps même de l'ouvrage.

En outre, on devra joindre le texte des articles du Digeste,
contenant les dispositions générales des lois, auquel renvoie le
code militaire, afin d'en composer un recueil spécial parfaitement distinct.

Le code militaire se compose de deux cent quatre-vingt-dix-
huit titres comprenant dix-neuf mille six cent soixante articles.

CHAPITRE XV

Lois provinciales de l'empire de Russie.

A proprement parler, jusqu'alors il n'existait pas encore en Russie d'unité dans la législation.

La codification des lois (*Svod*) n'avait été faite que pour les États russes seulement. Les provinces placées dans la région occidentale de l'empire comprennent :

I. — La petite Russie, réunie à l'empire en 1654, et se composant des gouvernementss de Tchernigoff et de Poltava ;

II. — La Russie Blanche, réunie également à l'empire en 1772, et comprenant les gouvernements de Witebsk et de Mohileff ;

III. — Le territoire détaché de l'ancienne Pologne, successivement réuni à l'empire en 1772, 1793, 1795 et 1807, composant les gouvernements de Kieff, Wolhynie, Podolie, Wilno, Grodno, Minsk et la province de Bialistok, était régi par une législation toute spéciale. Lors de l'adjudication successive de ces provinces à l'empire russe, il avait été stipulé, à plusieurs reprises, que la justice y serait rendue d'après les lois et coutumes locales.

L'empereur Nicolas n'a rien voulu négliger dans le but de compléter son œuvre législative : en 1830, il institua une commission chargée de réunir les éléments d'un code provincial (1) qui fut publié en 1838 sous le titre de *Code de lois provinciales.*

Cet ouvrage est divisé en trois parties : la première traite des conditions civiques, la deuxième comprend la législation civile, la troisième les institutions judiciaires et la procédure. Les différentes parties se subdivisent en livres, les livres en chapitres. Quant aux autres subdivisions, elles sont les mêmes que celles adoptées dans le Digeste.

Nous nous bornerons à indiquer sommairement les intitulés des chapitres :

Conditions civiques.

I. — Noblesse, clergé, bourgeoisie, agriculteurs, non régnicoles et étrangers ;

II. — États civil et civique.

Loi civile.

I. — Famille, paternité, filiation et parenté, tutelle et curatelle ;

II. — Modes d'acquérir la propriété en général, biens, propriétés, actes translatifs de propriété ;

III. — Modes d'acquérir la propriété, donations, successions, achats et ventes ;

IV. — Contrats et engagements résultant des conventions ; dispositions générales, pactes principaux et accessoires, contrats réels (*pollicitation de vente*), contrat de mariage, usufruit conventionnel, contrat de louage, baux à ferme, entreprises,

(1) Fœlix, *Revue de législation française et étrangère,* vol. V, pages 18, 19 et 20.

prêts et mandats, dépôts, sociétés, assurances, contrats personnels (louages de services, mandat);

V. — *Exécution extrajudiciaire des engagements* sans qu'il
soit nécessaire de recourir à la justice.

Procédure.

I. — Institutions judiciaires, tenue et police des audiences,
registres judiciaires, avocats;

II. — Poursuites, dispositions générales, procédure devant
les tribunaux inférieurs, procédure en appel, voies extraordi-
naires pour attaquer les jugements, procédures particulières,
arbitrages, frais;

III. — Exécution.

Ces trois parties se composent d'une réunion d'articles,
parmi lesquels on ne rencontre aucune division. On en compte
deux mille soixante-dix, auxquels on doit ajouter cent vingt-
trois articles formant deux règlements de détail qui ont été
reportés aux annexes.

Dans un but essentiellement pratique, et afin de faciliter la
transition de l'ancien ordre de choses à la nouvelle législation,
l'ouvrage est accompagné d'une table chronologique, de l'indication des sources, d'un sommaire général, d'un vocabulaire
alphabétique, et, enfin, d'un vocabulaire indiquant les diverses
acceptions des termes techniques dont le plus grand nombre
était hors d'usage et n'offrait plus un sens intelligible.

Jusqu'ici nous avons exposé les différentes phases de la
législation en Russie, ses progrès, les obstacles qui se sont
opposés à la réalisation du principe d'unité, malgré tous les
efforts qui ont été tentés pour atteindre ce but et réunir en un
corps de lois uniforme les nombreux documents législatifs qui

existaient alors. Il nous reste à étudier la législation russe moderne en elle-même, les dispositions les plus importantes que
l'on y rencontre et les traits caractéristiques qui la distinguent.
Nous nous occuperons d'abord des principes constitutifs du
pouvoir souverain, de ses attributions, enfin des droits et pié-
rogatives qui lui sont conférés par les lois.

CHAPITRE XVI

Lois fondamentales de l'empire de Russie.

Des droits sacrés et des prérogatives de la suprème autocratie.

De la nature de la suprème autocratie. — L'empereur de toutes les Russies est un souverain essentiellement autocrate et investi de l'autorité la plus absolue. Les mêmes droits appartiennent également à l'impératrice, si, conformément aux principes qui régissent les ordres de succession au trône dans la famille impériale, une femme était appelée à gouverner. Dans ce cas, son mari aurait droit aux honneurs et prérogatives dus à la souveraine, mais il ne porterait pas le titre *d'empereur.*

Des divers ordres de succession au trône.

En Russie, le trône est héréditaire pour les membres de la famille impériale à laquelle appartient l'empereur actuel. Les femmes peuvent régner comme les hommes; dans le cas de concours entre plusieurs princes et princesses ayant des droits égaux, on choisira un prince par ordre de primogéniture. Si la branche masculine de ceux qui seraient appelés est éteinte, le droit de succession sera dévolu à la branche féminine, par

représentation. C'est ainsi que le fils aîné de l'empereur décédé, et, après lui, ses descendants mâles seront appelés, en
première ligne, à la succession au trône.

S'il n'existe pas de descendants mâles, la succession sera
déférée au fils puîné de l'empereur et à ses descendants mâles.
A défaut de ces derniers, le troisième fils de l'empereur et ses
descendants mâles, seront appelés à succéder, et ainsi de suite.

Lorsqu'il n'existera plus de descendants mâles du dernier
des fils de l'empereur, la succession sera dévolue aux descendants de la branche féminine qui existeront dans la famille
impériale : ce seront les plus proches parents du souverain
défunt. Dans cette branche, les descendants mâles seront préférés, à l'exception de la princesse dont ils seront issus et qui
aura formé la branche. Si elle se trouve éteinte, la succession
sera dévolue à la branche féminine du fils aîné de l'empereur ;
on appellera au trône, successivement, les parents les plus
proches de celui qui la représente : les mâles seront toujours
préférés. Lorsqu'il n'existera plus de descendants de cette branche, la succession sera déférée à la branche féminine des autres
fils de l'empereur, à ses descendants mâles, et, à défaut de
ceux-ci, à ses descendants par les femmes, d'après les règles
adoptées pour la vocation à la succession des filles issues du
fils de l'empereur. S'il n'existe plus de descendants des deux
sexes de la fille aînée de l'empereur, la succession sera déférée
aux descendants mâles, et ensuite aux propres enfants du sexe
féminin de la fille puînée de l'empereur, et ainsi de suite.

La seconde fille de l'empereur, quoique ayant des fils, ne
sera jamais préférée à sa sœur aînée, quand même celle-ci ne
serait pas mariée : au contraire les fils de l'empereur, autres que
l'aîné, seront préférés à leurs sœurs.

Dans le cas où la succession serait dévolue à une branche
féminine dont l'un des membres occuperait déjà le trône dans

une autre nation, celui qui aurait été appelé à succéder en Russie peut renoncer, pour lui et son héritier présomptif, aux droits qu'il avait en dehors du territoire russe, et embrasser la religion dominante de l'empire, si toutefois les lois de la nation étrangère le lui permettent. Dans le cas contraire, le plus proche parent, d'après l'ordre de succession établi précédemment, sera appelé au trône.

Ne peuvent être appelés à régner les enfants issus du mariage d'un membre de la famille impériale avec une princesse n'appartenant à aucune maison régnante.

Le droit de renonciation au trône de Russie ne peut être exercé dans le cas où il ferait naître plus tard des difficultés relatives aux droits successifs des divers membres de la famille impériale.

Cette renonciation devient irrévocable lorsqu'elle a été rendue publique et qu'elle a eu lieu en vertu d'une disposition législative.

A leur avénement, l'empereur et l'impératrice doivent prêter serment de se conformer aux lois dont nous venons de parler, relatives aux droits de succession au trône des membres de la famille impériale:

De la tutelle de l'empereur pendant sa minorité. — De la régence. — De sa majorité.

En Russie, la majorité du membre de la famille impériale appelé à monter sur le trône et celle de son héritier présomptif sont fixées à l'âge de seize ans. A l'avénement de l'empereur ou de l'impératrice, pendant leur minorité, la régence est établie, et la personne nommée régente a la garde du nouveau souverain; quelquefois deux personnes sont investies de ces fonctions.

Le choix du régent et du membre de la famille impériale chargé de la surveillance du jeune prince est laissé à la volonté de l'empereur régnant. Ce droit lui est exclusivement attribué, et il l'exerce, afin d'être assuré qu'après sa mort la tranquillité de l'État ne sera pas troublée.

Dans le cas où l'empereur régnant ne se serait pas prononcé, la régence et la garde du jeune prince sont confiées au père ou à la mère, mais jamais au beau-père ou à la belle-mère. A défaut des père et mère, ces fonctions seraient exercées par celui des parents du prince mineur des deux sexes qui serait le plus proche héritier du trône.

Il existe à cet égard certaines incapacités que nous devons mentionner :

I. — L'aliénation mentale, lors même qu'elle ne se produirait qu'à certains intervalles éloignés;

II. — Un second mariage contracté par l'impératrice mère, pendant la minorité du prince appelé au trône.

Un conseil de régence est établi dans le but de surveiller les actes du régent. L'un et l'autre ne peuvent avoir d'existence légale que lorsqu'ils agissent conjointement. Le conseil de régence se compose de six membres choisis, par le régent, parmi les dignitaires des deux premières classes. Dans le cas de mort de l'un ou de quelques-uns des membres du conseil, la nomination des nouveaux membres sera faite de la même manière. Les princes majeurs appartenant à la famille impériale ont le droit d'y siéger avec l'autorisation du régent, mais ils n'auront pas voix délibérative et ne compteront pas parmi les six membres qui le composeront.

En général, toutes les affaires soumises à la décision de l'empereur et à celle de son conseil, seront attribuées au conseil de régence; mais les membres qui le composeront ne pourront s'occuper de la surveillance et de la garde du jeune prince mineur. A cet égard, le régent seul a le droit de prendre des décisions.

La formation du conseil de régence et le choix des membres qui devront en faire partie n'auront lieu, ainsi qu'il vient d'être expliqué, qu'à défaut d'autres dispositions qui auraient été prises à ce sujet par l'empereur dont la mort aura laissé le trône vacant. On se conformera d'abord à la volonté qu'il aura exprimée, devant connaître, mieux que personne, ce qui peut le mieux contribuer à la sûreté de l'État.

De l'avénement au trône et du serment prêté par l'empereur.

A la mort de l'empereur régnant, le successeur qui lui sera désigné montera sur le trône par la seule autorité de la loi, dont il tient tous ses pouvoirs. L'avénement du nouvel empereur datera du jour même de la mort de son prédécesseur. Le manifeste qui sera publié à cette occasion investira du souverain pouvoir l'héritier présomptif de la couronne désigné par la loi, dans le cas où il existerait. Le serment que prêtent tous les sujets dans cette circonstance consacre les devoirs de fidélité dont ils sont tenus envers le souverain appelé au trône, et même envers celui que désignerait le manifeste qu'il est d'usage de publier. Chaque sujet prête serment d'après les rites du culte auquel il appartient.

Du couronnement et du sacre.

Lors de l'avénement au trône du nouveau souverain, le couronnement et le sacre se feront d'après les rites de l'église orthodoxe gréco-russe. L'empereur désignera le jour auquel auront lieu ces solennités; à cet égard, ses ordres seront publiés dans toutes les parties de l'empire. La *très-auguste* impératrice, autorisée de l'empereur, assistera aux cérémonies.

Dans le cas où le couronnement aurait lieu avant que l'empereur, appelé au trône, ne se fût marié, le couronnement de la princesse qu'il épousera n'aura lieu qu'avec l'autorisation expresse de l'empereur.

Titres de Sa Majesté impériale. — Armes de l'État.

Les titres de l'empereur doivent lui être attribués dans tous les actes destinés à être publiés en dehors des limites de l'empire, et sont énoncés par la formule suivante :

« Par la grâce de Dieu, Nous, Alexandre II, empereur et au» tocrate de toutes les Russies, de Moskowie, Kuvie, Wladimi» rie, Novgorod, tzar de Cazan, tzar d'Astrakan, roi de Po» logne, tzar de Sibérie, tzar de la Chersonèse taurique, sei» gneur de Plescow, et grand-duc de Smolensk, de Lithuanie, » Wolhynie, Podolie et de Finlande, duc d'Esthonie, de Livonie, » de Gourland et Semigalle, de Samogitie Bialostrock, Car» clie, Twer Yougorie, Perniie, Wiatka, Bolgarie et autres, » seigneur et grand-duc de Novgorod-Inférieur, de Czernigo» vie, Rezan, Polotsk, Rostow, Yaroslaw, Bielcosérie, Vdorie, » Obdorie, Gondinie, Witepsk, Mistislaw, dominateur de toute » la zone septentrionale, seigneur d'Ivérie, de la Gardalinie, de » la Géorgie, de la Galardie et de la province d'Arménie, » prince héréditaire et suzerain des princes de Czerkassie » Gorsky et d'autres successeurs de Norwége, duc de Schles» wig, Holstein, de Stormarie, de Ditmarsen et d'Olden» bourg, etc., etc. »

L'intitulé des actes destinés à être publiés et rendus exécutoires dans l'intérieur de l'empire est ainsi conçu :

« Par la grâce de Dieu, Nous, Alexandre II, empereur et au-
« tocrate de toutes les Russies, etc., etc. »

Les armes de l'empereur de Russie se composent d'un champ
d'or sur lequel se trouve un aigle noir bicéphale, surmonté de
trois couronnes, ayant au-dessous de lui, à droite, un sceptre
d'or, à gauche, un globe également en or. Sur le devant de
l'aigle sont représentés, en champ de gueules, les armes de Moskowie, saint Georges, martyr et guerrier, monté sur un cheval
blanc, armé d'une lance et terrassant un dragon ; sur l'aile
droite de l'aigle sont figurés trois écussons aux armes de Novgorod, de Kirevie et d'Astrakan ; sur l'aile gauche se trouvent
trois écussons aux armes de Wladimirie, de Cazan et de Sibérie.
Autour de l'écu est suspendu, sur la poitrine de l'aigle, le col-
lier de l'ordre de Saint-André-l'Apôtre ; de plus, sur le grand
sceau de l'État, l'écu est entouré des armes de tous les autres
gouvernements et provinces composant l'empire russe.

Des cultes.

La religion orthodoxe orientale gréco-russe est la religion
dominante dans l'empire russe.

L'empereur qui règne sur toutes les Russies ne peut appartenir à aucun autre culte.

En qualité de prince chrétien, il est le souverain défenseur
et le protecteur des dogmes fondamentaux de l'Église gréco-
russe. Il est chargé de veiller à la fidèle observation des règlements relatifs au culte et de réprimer les hérésies qui pourraient
se produire dans l'empire ; il maintient également la discipline
ecclésiastique. Les affaires concernant les cultes sont soumises
à la juridiction spéciale du Saint-Synode, qui est l'interprète de
la volonté suprême du souverain en matière religieuse.

Tous les sujets de l'empire nés en Russie ou naturalisés

russes qui n'appartiennent pas à la religion de l'État, ainsi que
les étrangers, soit qu'ils aient été autorisés à prendre du service en Russie, ou seulement qu'ils y résident momentanément,
ont le droit d'exercer librement, dans toute l'étendue du territoire, les pratiques du culte auquel ils appartiennent. La liberté
des cultes s'étend non-seulement aux chrétiens dissidents, mais
même aux israélites, mahométans, et à tous ceux qui professe-
raient une autre religion. En accordant à tous ceux qui habitent
le territoire russe une liberté de conscience aussi large, le législateur a voulu que chacun pût, dans la religion de ses ancêtres,
demander au Tout-Puissant qu'il accorde des jours longs et pros-
pères au souverain de la Russie, et qu'il répande ses bénédictions
sur l'empire tout entier.

Les affaires ecclésiastiques des schismes dissidents sont soumises à la décision des autorités supérieures des différents
cultes et à celles que l'empereur a instituées à cet effet.

Des lois.

L'empire de Russie est régi par les lois, décrets, règlements
promulgués en vertu du pouvoir souverain. Les lois sont obligatoires dans toute l'étendue du territoire, sauf quelques modifications qui ont été introduites à ce principe pour certaines
provinces de l'empire. Des dispositions spéciales règlent le
nombre, l'étendue de ces modifications, les points de concordance qu'elles doivent avoir avec la législation générale, et, enfin, déterminent exactement quelles sont les parties du territoire où elles sont applicables.

De la confection, de l'interprétation des lois et de la manière de les compléter.

Les projets de loi émanent de la volonté du souverain, qui
est investi du droit de les proposer, en vertu de son autorité

suprême. Cette initiative peut également être prise par le sénat, le Saint-Synode et les ministres, lorsqu'il résulte des discussions qui ont eu lieu dans ces assemblées, relativement aux affaires publiques, qu'il est nécessaire d'expliquer certaines dispositions législatives, de les compléter ou d'en promulguer de nouvelles. Dans ces divers cas, les assemblées soumettent à l'empereur, d'après certaines règles établies, les projets de loi. Chaque proposition est d'abord discutée dans le conseil de l'empire ; elle est ensuite soumise à l'approbation du souverain, qui, selon sa volonté, la convertit en loi de l'empire et lui donne force exécutoire.

L'empereur seul est investi du pouvoir législatif, et nulle loi ne peut être promulguée et exécutée qu'en vertu de son autorisation. Dans le cas où les lois actuellement en vigueur seraient obscures ou insuffisantes, les diverses autorités civiles et administratives doivent consulter à ce sujet les fonctionnaires qui leur sont immédiatement supérieurs dans l'ordre hiérarchique. Si ceux-ci pensent que le doute doive s'interpréter dans un sens contraire à l'esprit du texte de la loi qui est soumise à leur appréciation, ils doivent soumettre la question au sénat dirigeant, ou à celui des ministres qu'elle concerne plus particulièrement, en ayant soin de se conformer en cette matière aux degrés de juridiction.

De la forme des lois et de leur conservation.

Les lois sont promulguées sous la forme de codes (*oulogenie*), décrets (*oustaw*), statuts organiques (*outchrez denie*), lettres patentes (*gramota*), règlements (*polojenie*), instructions (*nakaz*), manifestes, édits (*oukaz*), avis du conseil de l'empire, et, enfin, rapports revêtus de l'approbation du souverain. Telles sont les modalités sous lesquelles les lois peuvent se présenter et les différentes dénominations qu'elles reçoivent selon les circonstances.

Les décisions rendues par l'empereur en matière administrative prennent les noms de *rescrits* et d'*ordres du jour*.

Les lois nouvelles et les dispositions destinées à compléter
celles qui sont déjà promulguées ne peuvent avoir d'existence
et devenir exécutoires que lorsqu'elles sont revêtues de la signature de l'empereur. Les édits destinés à régler le mode
d'exécution d'une loi ou à en préciser, d'une manière exacte,
l'esprit et la portée peuvent être rendus en vertu d'un ordre du
souverain donné verbalement aux autorités qui ont reçu de lui
les pouvoirs nécessaires : tels sont, par exemple, les présidents
de l'assemblée générale et des départements du conseil de l'empire, les ministres et directeurs en chef des administrations
supérieures, le vice-chancelier, le chef de l'état-major princi-
pal de la marine, les sénateurs, les membres et le procureur en
chef du Saint-Synode, le secrétaire de l'empire, les secrétaires
d'État, les généraux aides-de-camp, et enfin toutes les personnes
qui ont reçu de l'empereur une autorisation spéciale à cet effet.

Nous nous occuperons plus loin des restrictions qui peuvent
être apportées à l'exécution des édits publiés en vertu d'un ordre verbal du souverain.

Le sénat dirigeant est spécialement chargé du maintien des
lois de l'empire et de leur exécution. En conséquence, toute
disposition législative insérée dans un rescrit ou dans un ordre
particulier adressé spécialement à un citoyen ou à une autorité
quelconque doit être donnée officiellement en communication
au sénat dirigeant.

De la publication des lois.

Lorsque des lois destinées à devenir exécutoires dans toute
l'étendue de l'empire contiennent des dispositions nouvelles ou

des principes dont l'application n'a pas encore été faite, ou si elles expliquent, complètent, modifient celles qui ont été antérieurement promulguées, elles sont publiées par le sénat dirigeant. La publication des lois dans les gouvernements de l'empire est l'une des principales attributions de l'administration gouvernementale ou départementale. Elle doit en publier le texte tout entier, sans lui faire subir de suppressions ou d'altérations, de quelque nature qu'elles puissent être.

De l'époque à laquelle la loi devient exécutoire.

Le jour même de la promulgation qui en est faite, la loi est exécutoire. Les autorités collégiales n'ont le droit de l'appliquer qu'à partir du jour où elle leur a été notifiée.

La loi ne dispose que pour l'avenir : elle n'a point d'effet rétroactif. Personne ne peut être puni, si ce n'est en vertu d'une loi établie et promulguée antérieurement au délit.

Des exceptions à ces principes généraux existent dans les cas suivants :

I. — Lorsqu'il s'agit de lois confirmatives et déclaratives;

II. — Pour celles auxquelles un effet rétroactif aura été expressément attribué.

Effets et application des lois.

Personne ne peut se créer à lui-même un moyen de défense en alléguant son ignorance de la loi, lorsqu'elle a été faite et promulguée dans les formes établies par le pouvoir souverain.

Tous les citoyens doivent se conformer aux lois de l'État; tous les sujets russes et les étrangers résidant en Russie y sont soumis, lorsqu'elles leur sont applicables, sans distinction de rang, de position sociale et de sexe. On doit les appliquer en se conformant strictement à leur esprit et à leur texte, et ne pas les détourner de leur véritable portée. Toutes les autorités de l'empire, sans exception, et même les artorités supérieures de l'ordre administratif, seront tenues, dans les jugements ou décisions qu'elles rendront, de les motiver sur le texte de la loi. A moins d'une autorisation expresse de l'empereur, elles ne pourront l'altérer, de quelque manière que ce soit, afin d'éviter les abus qui résulteraient d'interprétations illégales ou arbitraires. Si, néanmoins, certains textes présentant des dispositions contradictoires donnaient lieu à des difficultés d'interprétation, dans ce cas, les juges, et surtout les fonctionnaires administratifs de l'ordre le plus élevé, devront s'efforcer de suivre l'esprit général de la législation russe et adopter le sens qui y est conforme. L'autorité attribuée aux édits nuncupatifs est soumise aux règles suivantes :

I. — Aucun texte de loi revêtu de la signature du souverain ne peut être abrogé par un édit nuncupatif;

II. — L'application d'un édit nuncupatif ne peut être faite dans les affaires qui pourraient entraîner la privation de la vie, de l'honneur ou de la fortune d'un citoyen, ou concernent l'établissement et le dégrèvement des impôts, les remises de contributions perçues par le trésor public, l'ordonnancement des dépenses non comprises dans les allocations du budjet, les octrois et la suppression des titres de noblesse pour certaines personnes, les nominations des citoyens dans les six premières classes et les promotions faites de la neuvième classe à la huitième.

Les édits privés, c'est-à-dire rendus dans des affaires particulières, n'ont pas force de loi, à moins qu'il n'ait été expressément ordonné qu'ils devront être appliqués, dans l'avenir, à tous les cas analogues qui pourront se présenter. Ils devront également être publiés conformément aux prescriptions de la loi. L'autorité de la chose jugée ne s'étend qu'aux contestations terminées par les jugements.

Ceux qui ont été rendus dans des différends qui se sont élevés entre des simples particuliers, tout en étant pris en considération au point de vue de la jurisprudence, néanmoins n'ont pas force de loi et ne pourraient être invoqués pour la solution définitive des difficultés soulevées dans des cas analogues.

Les édits suprêmes, rendus dans des affaires particulières ou, spécialement, dans une seule affaire, peuvent créer une exception dans la législation générale de l'empire, mais elle ne s'appliquera qu'à l'affaire, ou au genre d'affaires qui les auront motivés.

Certains privilèges accordés par la volonté toute puissante de l'empereur à de simples particuliers ou à des communautés, peuvent, dans quelques ciconstances spéciales, les dispenser de se soumettre à la loi générale de l'empire, mais seulement dans les cas prévus par le texte de ces privilèges.

Abrogation des lois.

Les lois doivent être appliquées et continuent d'être en vigueur tant qu'elles n'ont pas été abrogées expressément ou tacitement par de nouvelles dispositions. L'abrogation des lois qui existent ne peut avoir lieu que d'après les distinctions suivantes : les lois générales régulièrement promulguées ne peuvent être abrogées que par des lois de la même nature ; il en est de même des édits revêtus de la signature de l'empereur : leur abrogation ne pourra résulter que par de nouveaux édits rendus dans la même forme.

Dans le cas où l'application d'une loi relative aux intérêts généraux de l'État ou à des affaires civiles pourrait faire naître des difficultés ou donner lieu à des abus, le sénat dirigeant a le

droit d'en référer à l'empereur afin qu'il prescrive les mesures
qui devront être prises dans ces circonstances. Cette initiative
ne sera prise par le sénat que lorsqu'il s'agira de lois antérieurement promulguées et ne pourrait s'appliquer aux lois que le
pouvoir souverain pourrait promulguer ou confirmer dans l'a-
venir.

Lorsqu'une loi nouvelle sera promulguée, si elle doit être appliquée dans toute l'étendue de l'empire, l'autorité supérieure
d'un gouvernement ou département aura la faculté de convoquer les chambres et de se concerter avec les chefs administratifs
afin de l'examiner.

Dans le cas où ces diverses autorités seraient d'avis que l'application de cette loi ne pourrait se concilier avec les statuts et
usages locaux, ils devront à cet égard adresser collectivement
leurs observations au sénat. Dans le cas où le pouvoir souverain
déciderait le maintien de la loi nouvelle, elle devra être exécutée,
et aucune réclamation ne sera plus admise relativement à l'exécution de cette disposition législative.

Si les autorités administratives d'un gouvernement ou d'une
province remarquaient dans le texte d'un édit rendu par le sénat
dirigeant certaines dispositions contraires aux lois ou aux intérêts de l'empereur, il sera sursis à l'exécution, et on devra en
référer au sénat dirigeant. Dans le cas où le sénat ne croirait
pas devoir tenir compte de ces observations et maintiendrait
l'édit, il sera immédiatement mis à exécution.

Dans le cas où un arrêté ministériel, interprétant la volonté
du souverain, prononcerait l'abrogation d'une loi ou d'un statut
revêtu de la signature de l'empereur, l'autorité devra faire sur-
seoir à l'exécution et en référer au ministre. Si malgré les observations qui lui auraient été présentées, l'exécution de l'arrêté
était ordonnée, l'autorité devra se pourvoir en dernier ressort
devant le sénat dirigeant.

Les lois qui s'appliquent spécialement à certains gouvernements ou départements ou à une classe de la population parfaitement déterminée ne sont pas abrogées par les dispositions
d'une loi générale qui serait promulguée postérieurement, à
moins que cette abrogation n'ait été expressément prononcée.
Le même principe s'appliquera aux priviléges personnels.

CHAPITRE XVII

De l'autorité supérieure administrative.

Le pouvoir administratif, appliqué dans toute son étendue, appartient essentiellement à l'empereur.

En ce qui concerne la sphère de la haute administration, il l'exerce directement et par lui-même ; pour ce qui regarde les services administratifs d'un ordre moins élevé, il délègue l'exercice de ce pouvoir aux fonctionnaires et aux autorités qui agissent en son nom et obéissent à sa volonté d'après les attributions qui leur ont été conférées.

Les matières comprises dans l'administration inférieure, leurs divers modes de direction, la hiérarchie et les attributions de services administratifs, à quelque degré qu'ils se trouvent placés, sont déterminés d'une manière détaillée dans les statuts organiques et les règlements spéciaux.

Division administrative de la Russie.

Le principe d'autocratie qui domine dans l'empire russe, la division des citoyens en diverses classes auxquelles sont attribués des droits, des priviléges et des obligations, se retrouve dans l'organisation administrative et judiciaire.

Souvent les mêmes autorités sont investies de pouvoirs tout

à la fois administratifs et judiciaires; chaque fonctionnaire relève d'un supérieur qui, lui-même, n'est que le délégué du pouvoir souverain. La centralisation est donc l'élément organique des diverses classifications administratives et judiciaires de l'empire. C'est ainsi qu'ont été instituées des autorités supérieures, centrales, gouvernementales ou provinciales, et au dernier degré de l'échelle hiérarchique, des autorités locales.

Les autorités supérieures sont : le conseil de l'empire, le conseil des ministres, le sénat dirigeant, le Saint-Synode. Le conseil de l'empire a été établi en 1810; il se compose d'un président, des ministres, de membres dont le nombre n'est pas limité, d'un secrétaire; les commissions des requêtes en font partie. Il est divisé en quatre départements dirigés par un président pour chacun d'eux; ce sont : les départements de la législation, de la guerre, des affaires civiles et des cultes, de l'administration et des finances. Il a le droit de statuer sur toutes les affaires importantes dont l'empereur ne s'occupe pas personnellement; les projets de loi sont d'abord soumis à son examen avant d'être déférés à l'approbation de l'empereur, qui n'est nullement lié par ses décisions. Les attributions du conseil des ministres sont à peu près les mêmes que celles du conseil de l'empire, toutefois les affaires dans lesquelles il se prononce sont en général moins importantes.

Nous nous occuperons plus loin de l'organisation et des attributions du sénat dirigeant et du Saint-Synode, du moins pour ce qui concerne l'administration de la justice. Nous nous contenterons d'indiquer, quant à présent, que la chambre nobiliaire et le chartrier de l'État sont des institutions destinées à seconder le sénat dirigeant.

Les autorités centrales se composent des divers ministères ou départements qui comprennent les diverses branches des services administratifs; on en compte treize, ce sont : les ministères

14

des finances, de l'intérieur, de l'instruction publique, de la justice, de la maison impériale, de l'extérieur, de la guerre, de la marine, des départements, des travaux publics, des postes et contrôles de l'État, des ordres impériaux et royaux, et enfin des domaines de l'État.

Il y a dans chaque gouvernement une régence chargée de l'administration et de la police, et une chambre des finances. Cette chambre, qui est souvent mentionnée dans les dispositions du code civil, a dans ses attributions l'administration des biens et la perception des revenus de la couronne : elle se compose de trois conseillers, d'un maître des ventes, de deux assesseurs, de quatre jurés et enfin de deux secrétaires.

. La Russie est divisée en gouvernements généraux comprenant chacun un certain nombre de gouvernements particuliers. Les gouvernements généraux sont au nombre de quatorze ; il y a plus de cinquante gouvernements particuliers. Au point de vue administratif, ces derniers peuvent être assimilés aux départements en France. Chaque gouvernement particulier est subdivisé en plusieurs districts ou cercles (arrondissements.) Des autorités municipales et judiciaires sont établies dans chaque partie du territoire.

Ce rapide aperçu des principales divisions administratives de l'empire de Russie facilitera la connaissance de la hiérarchie générale des autorités judiciaires et de leurs diverses attributions, d'autant plus qu'une concordance exacte a été établie entre les circonscriptions administratives et celles qui sont relatives à l'ordre judiciaire.

Du pouvoir impérial sur l'administration de la justice.

Toute justice dérive du pouvoir suprême de l'empereur. Appelé à gouverner en vertu du principe fondamental d'auto-

cratie, il est juge souverain ; les décisions émanées de lui sont
rendues sans que le droit d'appel existe, et ont un caractère d'ir-
révocabilité que l'on ne pourrait leur enlever. Tel est le principe sur lequel repose l'autorité du souverain. Néanmoins, nous
devons ajouter que jamais l'empereur ne statue *proprio motu*
dans les questions de droit privé qui doivent être soumises à des
juges et donner lieu à des procédures distinctes, déterminées par
la loi selon leur nature, leur gravité et la position sociale des
parties intéressées.

Tribunaux de première instance (Ordre de la noblesse). Tribunal d'arrondissement (Ouiezdnyi-Soud).

Dans chaque arrondissement est établi un tribunal qui porte
le nom de *Ouiezdnyi-Soud.* Il se compose d'un juge remplissant
les fonctions de président et de quatre assesseurs. Le juge et les
deux premiers assesseurs sont élus par la noblesse ; les deux autres par les cultivateurs libres.

La compétence de ces tribunaux s'étend à toutes contestations
en matière personnelle et réelle, en dernier ressort jusqu'à la
valeur de cent roubles, et, à charge d'appel, au delà de cette
valeur.

Collége pupillaire de la noblesse (Dvoranskaa Opek).

Un collége pupillaire est institué dans chaque tribunal d'arrondissement ; il est présidé par le maréchal de la noblesse (1) ; il

(1) Il y a dans chaque gouvernement un maréchal de la noblesse (*Pred-
Voditel*). Il est chargé de présider le comité de la noblesse. Ce comité a
une organisation qui lui est propre ; les séances ont lieu dans un local particulier ; il a un sceau, un secrétaire, une caisse, etc. ; il surveille les intérêts
de son ordre, et vote les fonds destinés aux établissements qui en dépendent.

so compose du juge d'arrondissement et d'un certain nombre
d'assesseurs élus par le corps de la noblesse. Ses attributions
consistent à veiller aux intérêts des veuves, des orphelins et des
mineurs appartenant au corps de la noblesse.

Tribunaux municipaux (Ordre de la bourgeoisie).

Les contestations qui s'élèvent entre des personnes appartenant à la bourgeoisie sont déférées, en première instance, à un
tribunal municipal appelé *maguistrat* dans les chefs-lieux , et
ratousche dans les villes moins importantes. Ce tribunal se compose de deux bourgmestres et de quatre échevins au moins, élus
élus par la commune.

En général, il se divise en plusieurs sections entre lesquelles
sont réparties les affaires criminelles, celles concernant les immeubles et les biens appartenant aux marchands et bourgeois.
En outre, il est spécialement chargé de contrôler les ventes
d'immeubles (1).

Collège pupillaire urbain (Sirostskiy-Soud).

Auprès du tribunal municipal, se trouve un collège pupillaire
urbain qui , en ce qui concerne les orphelins et les mineurs
appartenant à la classe bourgeoise, a les mêmes attributions

Il est, auprès du gouvernement, le représentant de la noblesse, et , à cet
égard, correspond directement avec le ministère.

Outre les maréchaux de la noblesse institués dans chaque gouvernement,
il en est d'autres qui siègent dans les districts ou arrondissements.

(1) En Russie, les actes auxquels les parties veulent donner un caractère
d'authenticité sont relatés cur des registres tenus par des employés spéciaux
attachés aux juridictions civiles, et qui sont responsables de ces registres.

que les collèges pupillaires pour les personnes qui font partie
de la noblesse.

Tribunal oral (Stovesnyi-Soud).

Les procès relatifs à des contestations survenues à la suite de
conventions verbales sont portés devant un tribunal oral qui
siége dans chacune des villes de l'empire, et même dans chaque arrondissement de ces villes. Ce tribunal est également
chargé de chercher à concilier les parties dans le cas, toutefois,
où elles consentiraient respectivement à transiger sur le différend qui les divise, car, en Russie, on ne donne suite aux tentatives de conciliation qu'autant qu'elles émanent de la volonté
des parties.

Ce tribunal est composé d'un juge remplissant les fonctions
de président, et de plusieurs assesseurs, qui tous sont élus par
la commune.

Tribunal rural (Paysans de l'État).

Il existe dans chaque commune un tribunal rural. Il est divisé en deux chambres dont l'une, *Selskaa-Zaspava*, prononce en
dernier ressort sur toutes les contestations dont le montant n'est
pas supérieur à cinq roubles d'argent (*vingt francs*) ; quant à
l'autre, connue sous le nom de *Volotsnaa-Rasprava* (*tribunal de
district*), elle connaît des affaires dont la valeur ne dépasse pas
quinze roubles en argent (*soixante francs*). Dans le cas où un
procès aurait été intenté à la suite de contestations survenues
pour l'interprétation des clauses d'un acte authentique, il sera
soumis aux tribunaux ordinaires.

Tribunaux de commerce.

L'institution des tribunaux de commerce ne date que de
1833. Ils se composent d'un président, d'un vice-président
(adjoint) et d'un certain nombre de juges. Le président et le
vice-président sont désignés par le gouvernement; les autres
juges sont élus directement par l'assemblée des commerçants.

Les tribunaux de commerce prononcent en dernier ressort
sur les contestations dont l'objet n'est pas supérieur à la valeur
de dix mille roubles assignats (1).

Dans les villes de Russie où il n'existe pas de tribunal de
commerce, les contestations entre commerçants, et relatives à
des actes de commerce, sont déférées au tribunal municipal ou
à un tribunal oral composé de juges élus par les commerçants
eux-mêmes, et dont la compétence, dans ce cas, devient essentiellement commerciale.

Tribunal arbitral.

La juridiction des arbitres est admise dans la législation russe
et est obligatoire en matière de sociétés commerciales. Ces
sortes de contestations sont déférées au tribunal arbitral (2). La
loi s'exprime ainsi :

« Toute contestation entre actionnaires relative à la compa-
» gnie, ou qui s'élèverait entre la compagnie et ses directeurs,
» sera jugée, en dernier ressort, soit par l'assemblée géné-
» rale lorsque les parties y consentent, soit par le tribunal ar-

---

(1) Anthoine de Saint-Joseph. *Concordance entre les codes de commerce
étrangers et le code de commerce français*, chap. I, p. 124, code russe.

(2) Code civil de la Russie, article 1392.

» bitral, conformément aux dispositions du code civil. Les
» contestations qui pourraient s'élever avec la compagnie doi-
» vent nécessairement être soumises au tribunal arbitral. Il en
» est de même pour ce qui regarde les contestations qui existe-
» raient entre les fondateurs de la compagnie avant qu'elle
» n'ait été définitivement constituée (1). »

Tribunaux mixtes.

Si, dans un procès, il se trouve un noble parmi les défendeurs qui seraient justiciables du tribunal municipal, les juges
qui le composeront devront se réunir à ceux du tribunal d'arrondissement qui statueront avec les premiers sur la contestation.

Tribunal de conscience (Sovestnyi-Soud).

Ce tribunal se compose d'un président choisi par le gouvernement sur une liste de candidats dressée par la noblesse, et
de dix juges assesseurs, dont deux sont élus par la noblesse,
deux par la bourgeoisie, et les six derniers par les cultivateurs.

Ce tribunal a son siége dans chaque chef-lieu de gouvernement. En matière civile, il prononce dans les contestations
entre ascendants et descendants. En outre, il est chargé de concilier les parties, lorsqu'elles s'y présentent volontairement pour
terminer le différend qui les divise.

En matière criminelle, le tribunal de conscience statue sur
les délits commis par les individus frappés d'aliénation mentale

(1) Règlement sur les sociétés par actions.

et les mineurs. Il réprime également les violences et les outrages commis par des descendants sur leurs ascendants, la sor-
cellerie et l'interprétation des songes, enfin les délits qui pourraient être excusables par suite de certaines circonstances
particulières (1).

Tribunaux auliques (Nodvornyl-Soud).

Les tribunaux auliques siégent à Saint-Pétersbourg et à Moscou. Chacun d'eux se divise en plusieurs sections présidées par
un juge assisté de deux assesseurs. Les membres de ces tribunaux sont choisis par le gouvernement. Ils prononcent dans toutes
les contestations qui s'élèvent entre les habitants de la capitale,
régnicoles ou autres, *sans distinguer leur condition civique*.
Toutefois ils ne sont pas compétents pour juger les contestations
relatives aux immeubles ruraux.

Tribunaux d'appel (Chambre civile).

Il existe dans chaque gouvernement une chambre civile
composée d'un président choisi dans une liste de candidats
dressée par la noblesse, d'un conseiller nommé directement
par l'empereur, et de quatre assesseurs, dont deux élus par la
noblesse et les deux derniers par la bourgeoisie.

La chambre civile est compétente :

I. — En appel, pour statuer sur les jugements rendus par les
tribunaux de 1re instance;

II. — En première instance, elle prononce sur les contestations relatives aux immeubles situés tout à la fois dans deux ou

---

(1) Fœlix. *Revue de législation française et étrangère*, vol. II, p. 415.

plusieurs arrondissements et aux propriétés communales. Elle juge également les différends concernant les auteurs, éditeurs, libraires et imprimeurs.

Tribunaux de troisième instance (Sénat).

Il n'existe dans toute l'étendue de l'empire russe qu'un tribunal de troisième instance, c'est le sénat. Il a pour président l'empereur. Il se divise en neuf chambres ou départements, dont six siégent à Saint-Pétersbourg et trois à Moscou.

Les membres qui composent le sénat, ainsi que tous les fonctionnaires qui y occupent des emplois, sont nommés directement par le gouvernement. Il existe auprès du sénat un procureur général, mais c'est le ministre de la justice qui exerce les fonctions qui lui sont confiées. Dans chaque département il y a un procureur en chef et des substituts.

Les différentes attributions du sénat sont réparties entre les neufs départements qui le composent.

L'un de ses départements est spécialement chargé de la promulgation, du dépôt des lois et de l'observation des règlements relatifs aux services publics. Il statue également en matière contentieuse administrative, lorsqu'il s'agit des conditions civiques.

Un second département, auquel on donne le nom de département cadastral, règle toutes les contestations qui s'élèvent en grand nombre dans l'empire russe sur le bornage, et qu'il est très-important de terminer promptement dans l'intérêt des propriétaires.

L'expédition des affaires criminelles est confiée à deux départements.

Enfin, les cinq derniers s'occupent de toutes les affaires litigieuses en matière civile.

Le sénat est chargé de juger en dernier ressort toutes les contestations qui lui sont soumises en appel contre les jugements des chambres civiles et des tribunaux de commerce.

Tribunaux de révision.

Les arrêts rendus par chacun des départements du sénat sont définitifs et sont qualifiés en dernier ressort. Toutefois, lorsqu'ils n'ont pas réuni l'unanimité des voix ou si, ayant été rendus à l'unanimité, le procureur en chef croit devoir y opposer son *veto*, l'affaire est alors soumise d'office à l'assemblée générale du sénat.

Cette assemblée générale se compose de trois chambres ou départements, dont deux siégent à Saint-Pétersbourg et la troisième à Moscou.

Les parties sont également autorisées à se pourvoir contre les arrêts rendus par les départements devant une commission des requêtes établie auprès de l'empereur (1).

Dans le cas où la commission pense que l'arrêt qui lui est déféré a été rendu en violation d'une des lois de l'empire, elle en réfère à l'empereur, qui ordonne la révision de l'affaire en assemblée générale. Celle-ci se prononce à la majorité des deux tiers des voix. Si l'on ne peut parvenir à former cette majorité, ou si le procureur général, après avoir consulté une réunion de jurisconsultes, croit devoir opposer son *veto*, l'affaire est déférée au conseil de l'empire.

---

(1) Aux termes d'un règlement rendu par l'empereur Nicolas, une commission spéciale a été instituée pour examiner toutes les pétitions adressées à l'empereur et qui devront lui être remises. Cette commission est placée sous son autorité immédiate. Un secrétaire d'État est chargé de recevoir les pétitions et de les soumettre à la commission (Fœlix, vol. II, p. 444).

Il n'existe, dans la législation russe, aucune voie de secour contre les arrêts rendus par l'assemblée générale du sénat, ni contre les avis du conseil publiés avec l'approbation de l'empereur. Cette règle reçoit deux exceptions :

I. — Lorsqu'il s'agit d'arrêts rendus par l'assemblée générale dans les causes qui intéressent les mineurs, les interdits, ou dans celles relatives aux serfs qui auraient revendiqué leur liberté;

II. — En ce qui regarde les avis du conseil de l'empire, si le recours formé contre ces décisions est motivé sur les appréciations inexactes de l'exposé sur lequel on s'est appuyé pour les rendre.

Juridiction ecclésiastique (Saint-Synode).

Les juridictions ecclésiastiques sont chargées de statuer, en matière civile, sur les difficultés relatives à la validité des mariages, aux différentes formalités exigées par la loi pour leur perfection, aux empêchements et, enfin, aux causes de dissolution et de divorce.

Ces juridictions relèvent du Saint-Synode, qui, selon les circonstances, statue en dernier ressort ou à charge d'appel.

Le Saint-Synode, présidé par l'empereur, est investi des pouvoirs qu'avaient les anciens patriarches.

Primitivement, il se composait de douze membres, plus tard on décida que le nombre n'en serait pas limité. Actuellement, ils sont choisis directement par l'empereur parmi les évêques, les archimandrites, hégumènes et protopopes; un membre séculier leur est adjoint en qualité de procureur de la couronne.

En dehors des attributions qui lui sont confiées dans l'ordre judiciaire, le Saint-Synode propose des candidats à tous les emplois ecclésiastiques, veille à la rigoureuse observation des canons, réprime les hérésies qui pourraient se produire dans la doctrine orthodoxe ; il est également chargé de se faire rendre compte par les consistoires de la situation matérielle et morale de toutes les éparchies, enfin il contrôle les commissions des écoles ecclésiastiques.

Tous les actes qui émanent du Saint-Synode n'ont de validité que l'orsqu'ils ont reçu l'approbation de l'empereur. Il siège à Saint-Pétersbourg, mais un comité appartenant à cette juridiction est établi à Moscou.

Autorités de la police.

L'administration de la police se divise en police centrale et police locale.

La police centrale est spécialement placée dans les attributions du ministre de l'intérieur.

Quant à la police locale, des fonctionnaires délégués à cet effet, connus sous les noms de grands maîtres ou maîtres de police, sont chargés de l'exercer sous la surveillance des gouverneurs.

Les maîtres de police sont investis de fonctions tout à la fois administratives, municipales et judiciaires. Au point de vue de l'exécution, ils doivent intervenir dans les diverses branches de l'administration de la justice comme officiers de police judiciaire. Voici dans quels cas :

I. — Ils sont investis de certains pouvoirs coercitifs dont ils usent, à titre provisoire, dans les demandes basées sur un titre authentique ou un acte sous seing privé;

II. — Ils sont compétents pour recevoir certains actes, dans les localités où il n'existe pas de juridiction chargée de ce soin;

III. — Ils sont chargés de faire les sommations et notifications relatives à l'exécution des jugements.

———————

CHAPITRE XVIII

De la distinction des personnes.

En Russie, on distingue parmi les sujets de l'empire plusieurs classes de personnes ayant des droits et des devoirs spéciaux. C'est ainsi que l'on a admis les divisions suivantes :

I. — Les nobles ;

II. — Le clergé ;

III. — Les bourgeois ;

IV. — Les cultivateurs ;

V. — Les serfs (1).

La noblesse russe se divise en deux classes distinctes :

I. — Celle qui résulte de la naissance ;

II. — Celle conférée à certains fonctionnaires élevés en dignité.

La noblesse de naissance a pour origine les actions d'éclat des ancêtres de ceux qui ont été anoblis ; quant à la seconde, elle est la conséquence des fonctions civiles et militaires (2).

---

(1) A la fin de cet ouvrage, nous exposerons la question de l'émancipation des serfs, à laquelle l'empereur Alexandre II a attaché son nom par le rescrit impérial en date du 20 novembre 1857.

(2) Ce fut Pierre le Grand qui, le premier, conféra la qualité de nobles à ceux de ses sujets qui s'étaient distingués par d'éminents services rendus

Cette dernière classe se subdivise en quatorze ordres ou degrés : depuis le grade d'enseigne dans l'armée et la position de teneur du journal dans une administration collégiale ou dans un tribunal, tous les officiers de l'armée et les fonctionnaires des diverses administrations publiques deviennent nobles par leur nomination même à ces emplois. Toutefois ces titres de noblesse ne deviennent transmissibles aux descendants et héréditaires dans la famille, qu'à partir du grade de major et de la place d'assesseur dans une administration collégiale ou dans un tribunal.

En Russie, la noblesse et considérée comme la tête de la nation, c'est en effet parmi les nobles que l'on trouve surtout l'intelligence, l'éducation et la richesse.

Voici, en peu de mots, quels sont les priviléges et prérogatives attachés à la qualité de noble.

I. — Les nobles ne peuvent être condamnés à la peine capitale, privés de leurs biens, de leur emploi sans qu'une décision judiciaire intervienne.

Ils sont justiciables de tribunaux particuliers et exceptionnels, les jugements qui ont été prononcés contre eux doivent être ratifiés par le sénat et par l'empereur.

Un avis du conseil de l'empire a décidé qu'ils ne subiraient pas les peines corporelles appliquées comme pénalités aux autres citoyens par la législation générale de l'empire (1). Ils ne sont pas assujettis à la contribution des impôts personnels, à l'enrôlement, et sont dispensés de l'obligation de loger et de nourrir dans leurs habitations les troupes de passage.

_____

dans l'exercice de fonctions civiles ou militaires (*Nestexuranoi*, Memorie di Pietro il Grande.

(1) Fœlix, vol. I, p. 383. — Angelot. *Revue de la législation des États du Nord*.

Si un trésor est découvert dans un de leurs domaines, la pleine propriété leur en est attribuée.

Dans chaque gouvernement ou provinces, les nobles se réunissent dans des assemblées électorales, à certaines époques déterminées. Dans ces réunions, ils jouissent de tous les droits et priviléges qui sont conférés à leur ordre par la législation de l'empire.

Il en est de même des membres du clergé : ils sont exemptés de payer des impôts ou contributions, ne sont pas soumis au service militaire et ne subissent jamais de peines corporelles dans les cas déterminés par la loi. Il leur est défendu de se livrer à des opé-rations commerciales. Leur nombre est limité. Aucune nomination ne peut avoir lieu, à moins qu'une place ne devienne va-cante. Ils sont rétribués par le trésor public.

L'ordre de la bourgeoisie comprend : les bourgeois honoraires d'un rang assez élevé, les simples bourgeois ou négociants, et enfin les ouvriers.

Les bourgeois qui appartiennent à la première subdivision se composent de ceux qui ont occupé des charges publiques, des chefs d'établissements industriels, des personnes qui ont obtenu un diplôme, et enfin, plus particulièrement, des riches bourgeois.

Le code des lois civiles russes est divisé en sept titres; voici l'énumération des principales matières qu'il renferme :

I. — Des droit et des obligations de la famille;

II. — Des modes généraux d'acquérir et de conserver les démembrements du droit de propriété sur les biens;

III. — Des modes particuliers d'acquisiton et de conservation des biens;

(1) Tolstoy, *Coup d'œil sur la législation russe*, p. 109.

IV. — Des engagements résultant de la convention des parties;

V. — Des poursuites sommaires exercées d'après la procédure administrative;

VI. — Procédure au contentieux;

VII. Des modes d'exécution des jugements et actes.

Parmi ces sept titres, les quatre premiers composent le droit civil proprement dit ; dans les trois derniers, le législateur a exposé les règles de la procédure.

Le premier titre s'occupe d'abord du mariage, il traite ensuite des liens de parenté et d'affinité ; sous la même rubrique se trouvent comprises les règles relatives à la paternité, à la filiation, à la puissance paternelle, aux enfants adoptifs et naturels. Enfin la tutelle et la curatelle terminent la série des matières exposées dans ce premier titre.

Le titre relatif aux biens en général se compose de trois chapitres : dans le premier sont énumérées les diverses espèces de biens.

A ce sujet, il est important de remarquer tout d'abord la distinction capitale qui existe entre les biens héréditaires ou patrimoniaux et ceux qui proviennent d'acquisitions antérieures. Cette distinction, qui a une grande importance dans la législation russe, existait également dans l'ancienne législation française (1).

---

(1) Aux termes de l'article 732 du Code Napoléon, la loi ne considère ni la *nature* ni l'*origine* des biens pour en régler la dévolution. Il n'en était pas ainsi dans l'ancienne législation française; la dévolution se réglait au contraire d'après *leur nature* et *leur origine*.

D'après *leur nature*, les biens étaient nobles ou roturiers, meubles ou immeubles, et attribués, suivant ces distinctions, à tels ou tels héritiers; d'après *leur origine*, les biens étaient *propres* ou *acquêts*.

Étaient *propres* : 1° tous les biens que le *de cujus* avait reçus par succes-

Le deuxième chapitre traite de la nature et de l'étendue du droit de pleine propriété sur les biens et des divers démembrements qui en dérivent. Il s'occupe également de la propriété indivise, des services fonciers, des servitudes d'utilité publique, des droits résultant de la prescription des obligations, des actions en justice et des demandes en dommages-intérêts.

Le troisième chapitre contient les modes d'acquérir et de conserver la propriété en général, et enfin la théorie des actes et titres, tant authentiques que sous seing privé, destinés à servir de *instrumenta probationis*.

Dans le troisième titre, le législateur a conservé la même division des matières en chapitres; il s'occupe des modes particuliers d'acquisition de la propriété et spécialement :

I. — A titre gratuit, tels que les donations d'immeubles consenties par le souverain, les donations entre-vifs, les partages faits par les père, mère et autres ascendants, de leur vivant, entre leurs enfants et descendants, les constitutions de dot, les donations testamentaires ;

II. — Par succession ;

III. — En vertu des contrats de vente et d'échange.

Le quatrième titre est consacré aux engagements résultant des conventions des parties. Voici dans quel ordre ces matières sont traitées :

I. — Modes de formation, d'exécution et d'extinction des obligations conventionnelles en général ;

II. — Modalités d'après lesquelles les obligations conventionnelles peuvent être contractées (fidéjussion, clause pénale, antichrèse, gage) ;

---

sion légitime ; 2° les biens qu'il tenait, par donation ou legs, de l'un de ses parents en ligne directe. Tous les autres biens étaient acquêts. Les propres mobiliers étaient assimilés aux acquêts, et régis comme eux.

III. — Diverses espèces de contrats réels (pollicitation en matière de vente, contrat de louage, marchés à forfait, prêt et commodat, dépôt, société, contrats d'assurances);

IV. — Conventions qualifiées de contrats personnels (louage des gens de travail qui engagent leurs services, mandat).

Les deux titres suivants dérivent d'un principe particulier à la législation russe, le voici : en dehors des questions de fait, lorsque le *jus vindicandi* n'est pas contesté au demandeur, il peut, par voie d'exécution sommaire et administrative, contraindre le défendeur, soit à exécuter l'engagement, à délaisser l'héritage, ou à cesser le trouble; au contraire, du moment qu'en droit, il existe une contestation sur le fond même du procès, dans ce cas, il est nécessaire que la justice prononce. Ce principe s'applique également à la partie contentieuse de l'administration.

Il serait inutile d'entrer dans les détails de ces deux genres de procédure.

Nous garderons également le silence sur les divers modes d'exécution des jugements et de délimitation des héritages ruraux. Les dispositions qui traitent de ces matières forment un code particulier composé de neuf cent douze articles.

Il nous reste maintenant à parcourir les principales dispositions du code civil russe qui reproduit la législation actuellement en vigueur.

CHAPITRE XIX

DU MARIAGE.

Des qualités et conditions requises pour pouvoir contracter mariage.

Dans la législation russe, le mariage est un acte essentiellement religieux et que l'on peut considérer jusqu'à un certain
point comme politique. Toute union de l'homme et de la femme
n'est légitime que lorsque la célébration a eu lieu par un ministre du culte.

En règle générale, toute personne, à quelque condition civique qu'elle appartienne, est habile à contracter mariage, sans
qu'elle y ait été préalablement autorisée, soit par le gouvernement ou par les corporations ou communautés dont elle ferait
partie, à moins qu'elle ne se trouve dans un des cas prévus par la
loi comme constituant certaines exceptions au principe général.
Les membres du clergé régulièrement constitué, les prêtres et les
diacres ne peuvent contracter un mariage valable tant qu'ils
exercent les fonctions sacerdotales.

Si un étranger appartenant au culte orthodoxe veut épouser
une femme russe professant la même religion, leur mariage
sera soumis aux règles générales de la loi commune de l'empire. Mais dans le cas où l'homme ne serait pas sujet de la
Russie, ni au service de son gouvernement, les effets civils du

mariage relativement à la personne et aux biens de la femme seront réglés par les dispositions des articles 7 et 891 de la loi sur les conditions. Aux termes de ces dispositions, la femme perdra la qualité de russe, elle suivra la condition de son mari et devra résider dans son domicile. Dans ce cas, la loi lui accordera un délai de six mois pour aliéner ses immeubles; elle devra, en outre, prélever sur les capitaux exportés un dixième en vertu du droit de détraction. Dans le cas où elle aurait conservé des enfants issus d'un premier mariage contracté avec un sujet russe, la loi lui donne la faculté de les *apportionner*.

L'homme avant dix-huit ans révolus, la femme avant seize ans révolus ne peuvent contracter mariage. Le mariage est interdit à toute personne ayant atteint l'âge de quatre-vingt-dix ans révolus. Il en est de même pour celles qui seraient en état de démence ou d'imbécillité. Le consentement des père, mère, tuteurs et curateurs est nécessaire pour la validité du mariage. En outre le consentement naturel et librement exprimé des parties est indispensable. On ne peut contracter un second mariage avant la dissolution du premier. Il est défendu de se marier pour la quatrième fois. Le mariage est prohibé entre parents et alliés au degré fixé par les lois de l'Église. Les questions relatives à la validité des mariages et les infractions aux dispositions qui précèdent sont soumises à la juridiction ecclésiastique.

Toutefois, les contestations qui pourraient s'élever à l'occasion d'un mariage ou qui présenteraient avec cet acte religieux certains caractères de connexité seront jugées par les tribunaux ordinaires, aux termes des lois sur la procédure civile.

De la preuve du mariage.

La preuve du mariage est faite par la représentation de l'acte de célébration inscrit sur les registres de la paroisse. À défaut des registres, la loi admet comme preuve du mariage : 1° les registres d'enquête préalable ; 2° les déclarations et attestations du curé et des desservants qui ont concouru à l'acte de célébration du mariage ; 3° les dépositions faites, sous la foi du serment, des personnes qui ont assisté au mariage en qualité de témoins.

Du mariage des personnes appartenant aux diverses communions chrétiennes et de celles qui professent le culte gréco-russe.

Les personnes qui appartiennent aux communions chrétiennes autres que le culte orthodoxe pratiqué en Russie peuvent, aux termes de la loi, y contracter mariage en se conformant aux prescriptions et aux rites de leur église. Toutefois ils devront signer l'engagement : 1° de ne jamais reprocher à la personne avec laquelle elles contracteront mariage d'appartenir à tel ou tel culte ; 2° de ne jamais chercher par la séduction ou la menace à l'engager à embrasser leur foi ; 3° de faire baptiser les enfants issus de cette union selon les rites de la religion gréco-russe. En outre, l'homme appartenant à la communion dissidente sera tenu préalablement, s'il n'est pas sujet russe, de jurer sous la foi du serment fidélité à l'empereur, à moins que l'autorité souveraine ne l'en ait dispensé.

De la dissolution du mariage.

Le mariage est dissous de plein droit : 1° par la mort de l'un des époux ;

2° Par la condamnation aux travaux forcés ou à la déportation ;

3° Par l'absence de l'un des conjoints ;

4° Par le divorce.

Dans le cas où l'un des époux aurait été condamné à la peine des travaux forcés, ou a celle de la déportation, sur la demande de l'autre époux, l'autorité ecclésiastique a le droit de lui accorder l'autorisation de contracter un nouveau mariage.

Si l'un des conjoints avait disparu sans avoir donné de ses nouvelles depuis cinq ans, son conjoint pourra se pourvoir auprès de l'évêque diocésain afin d'obtenir de lui l'autorisation de contracter un nouveau mariage.

Toutes les demandes relatives au divorce sont attribuées à la juridiction des autorités ecclésiastiques. Dans ce cas, aucune décision ne pourra devenir exécutoire sans qu'elle ait été confirmée par le Saint-Synode.

Le divorce par consentement mutuel et réciproque des parties est formellement interdit.

Dans le cas où des personnes, n'ayant pas atteint l'âge exigé par la loi pour contracter un mariage valable, se seraient néanmoins unies, elles seront séparées de corps, quoiqu'elles aient été en âge de se marier à l'époque à laquelle la séparation de corps aura été prononcée. Néanmoins, si les deux conjoints consentent librement à ce que le lien conjugal soit maintenu entre eux, cette question sera soumise à la délibération du Saint-Synode qui, avant de rendre une décision à cet égard, devra se renseigner sur l'âge des époux et l'époque de la célébration du mariage qui aura été conclu en violation des prescriptions de la loi.

Des droits et des devoirs résultant du mariage.

Des droits personnels. — La femme dont la condition sociale serait inférieure à celle de son mari, sera admise à jouir des droits et privilèges attachés à la condition de ce dernier. Elle prendra le nom de son mari, conservera cette qualification malgré la privation des droits de sa condition qu'il aurait encourue en vertu d'une décision judiciaire.

Les époux contractent, par le seul fait de la célébration du mariage, l'obligation d'habiter ensemble. D'où les conséquences suivantes :

1° Tous les actes qui auraient pour but la dissolution volontaire du mariage leur sont interdits ;

2° Dans le cas où le mari serait obligé de changer son domicile, soit parce qu'il aurait accepté des fonctions publiques nécessitant son déplacement, soit pour tout autre motif, la femme devra le suivre partout où il résidera. Cependant s'il encourait la peine de la déportation simple ou celle des travaux forcés, cette obligation cessera pour la femme, qui aura la faculté de ne pas suivre son mari, quoique la loi ne le lui défende pas, dans le cas où elle désirerait continuer à habiter avec lui.

Le mari doit aimer sa femme *comme la chair de sa chair*, vivre toujours avec elle en bonne intelligence ; il doit lui témoigner du respect et de la considération, savoir excuser les imperfections de sa nature, être pour elle un appui, un soutien et protéger sa faiblesse. Il est obligé de pourvoir à sa subsistance et à son entretien en proportion de ses facultés et des ressources que peut lui procurer sa profession.

De son côté, la femme doit soumission, amour et obéissance à son mari comme chef de la famille. Obligée de s'acquitter des soins du ménage, elle répondra à tous les besoins de son mari avec un affectueux empressement. La soumission dont est tenue la femme à l'égard de son mari ne doit pas l'affranchir des devoirs qui lui sont imposés à l'égard des père, mère et de ses propres ascendants.

Des droits des époux relativement aux biens. — La communauté de biens n'existe pas par le fait du mariage. Les biens appartenant à chaque époux lors de la célébration du mariage et ceux qu'ils ont pu acquérir depuis cette époque leur restent propres. La dot, les biens que la femme aurait acquis en son propre nom pendant le mariage par suite de vente, donation, succession ou par tout autre mode d'acquisition de la propriété, constituent des biens qui lui sont propres. Par conséquent, dans le cas où des poursuites seraient exercées contre le mari à la requête du fisc, on ne pourrait saisir les biens propres de la femme ni même ceux qu'elle aurait pu acquérir du chef de son mari en vertu d'une vente, d'une donation ou de tout autre contrat qui aurait eu lieu entre les époux antérieurement à la constatation du délit qui aurait motivé les poursuites. Toutefois, dans le cas de poursuites dirigées par le fisc, les pensions auxquelles auraient droit les veuves d'employés peuvent être saisies jusqu'à concurrence de moitié.

Chaque époux a la libre disposition de ses biens personnels; il peut les aliéner en les vendant ou de toute autre manière; il a la faculté de les hypothéquer; il peut personnellement consentir ces aliénations, sans avoir besoin du concours, du consentement ou de la procuration de son conjoint. Il existe une restriction à ce principe : la femme commerçante, mais dont le commerce n'est pas géré exclusivement par elle, ne peut souscrire des lettres de change sans y avoir été spécialement autorisée par son mari.

Le mari ne peut disposer des biens personnels de sa femme, ni la femme de ceux de son mari, si ce n'est en vertu d'une procuration spéciale. Les époux ont la faculté de se transférer de l'un à l'autre la propriété de leurs biens personnels, en vertu de contrats de vente ou de donation, en se conformant toutefois aux règles du droit commun. Ils peuvent également consentir réciproquement des hypothèques pour sûreté d'obligations dont ils seraient tenus l'un vis-à-vis de l'autre; ils sont autorisés entre eux à consentir tous les autres contrats.

Quant aux droits de l'un des époux sur la succession de l'autre, ils sont réglés au titre des successions.

De la paternité, de la filiation et des degrés de parenté.

Des enfants légitimes. — Les enfants nés pendant le mariage sont légitimes. Ils sont réputés tels : 1° lorsque leur naissance a eu lieu avant la période fixée par les lois de la nature, en se reportant à l'époque de la célébration du mariage, si toutefois leur légitimité n'a pas été contestée; 2° même lorsqu'ils sont nés après la mort de leur père, lorsqu'il est établi que le laps de temps qui s'est écoulé entre l'époque de la naissance et celle du décès du père n'a pas eu une plus longue durée que celle qui généralement sépare la conception de la naissance. Les enfants dont la légitimité n'aura pas été contestée sont considérés comme légitimes et jouisse de tous les droits que la lo accorde aux enfants nés du mariage de leurs père et mère. S'il y a lieu de contester leur légitimité, la demande en justice doit être intentée : 1° du vivant de leurs père et mère; 2° ou pendant dix ans à partir de la naissance.

Les preuves de la filiation des enfants légitimes sont : 1° le mariage des père et mère contracté conformément aux dispositions de la loi, ou l'arrêt du tribunal ecclésiastique ayant prononcé la validité du mariage dans le cas où une contestation se serait élevée à ce sujet ;

2° Les registres de la paroisse, les livres généalogiques de la noblesse et de la bourgeoisie, enfin les rôles du recrutement ;

3° Le témoignage du curé de la paroisse et celui de deux paroissiens dont l'honorabilité ne saurait être suspectée ;

4° La déclaration écrite des père et mère constatant que la naissance d'un ou plusieurs de leurs enfants a eu lieu à une époque plus rapprochée que celle fixée par les lois de la nature.

Des enfants naturels. — Sont réputés enfants naturels :

1° Ceux qui sont nés en dehors du mariage, quoique leurs père et mère se soient mariés postérieurement à leur naissance ;

2° Ceux qui sont issus d'un mariage dont la nullité aurait été prononcée ;

3° Ceux nés d'un commerce incestueux ou adultérin.

Les enfants naturels, même dans le cas où ils auraient été élevés par leurs père et mère, ne peuvent porter leur nom et sont exclus de leur succession.

De l'adoption et de l'affiliation.

De l'adoption par la noblesse. — Les nobles qui n'ont ni descendants ni agnats portant le même nom peuvent adopter leurs plus proches parents légitimes, soit en leur transférant leurs noms et leurs armes de leur vivant, soit par l'administration auxdits noms et armes.

L'adoption ne peut avoir lieu qu'en vertu d'une autorisation de l'autorité suprême.

Le même individu peut adopter plusieurs personnes.

De l'adoption consentie par un individu appartenant aux classes imposées. — L'adoption que veut consentir un individu faisant partie d'une classe imposée a lieu par l'*affiliation*. L'*affiliation* faite par un individu appartenant à la classe des commerçants a lieu de la manière suivante :

I. — Celui qui se propose d'adopter quelqu'un, présente à la mairie de son domicile une requête à laquelle il joint un certificat de la police municipale et, au besoin, une attestation du consistoire ecclésiastique constatant : 1° que l'adopté est pupille de l'adoptant, ou qu'il lui est étranger, l'époque de la naissance et du baptême de l'adopté, les noms de ses père et mère, leur consentement, la mention qu'ils sont actuellement vivants, que l'enfant adoptif est légitime ou naturel, enfin l'époque à laquelle il a été confié à l'adoptant. Dans le cas où l'adopté serait un enfant trouvé, il serait nécessaire de constater l'époque à laquelle la police a eu connaissance de son état civil ; si, lorsqu'il fut abandonné, il a été déclaré qu'il eût reçu le baptême : à défaut de cette mention, on indiquerait la date à laquelle il aurait été plus tard baptisé, ainsi que les nom et prénoms qui lui auraient été donnés.

II. — Lorsqu'il a été constaté que le pupille n'est pas l'enfant naturel de l'adoptant et n'appartient pas de naissance à l'administration militaire, la mairie décide s'il y a lieu de valider l'adoption. Dans ce cas, elle autorise l'adopté à porter les noms de l'adoptant et l'investit de tous les droits des enfants légitimes.

III. — La décision prise à cet égard par la mairie ne devient exécutoire que lorsqu'elle a été confirmée par le sénat dirigeant.

Si l'adoptant a déclaré vouloir faire participer l'adopté au capital de famille enregistré à la guilde, la mention de cette déclaration donne à l'adopté tous les droits qu'aurait un enfant légitime ; dans le cas contraire, il doit se faire inscrire dans une des trois guildes ou dans la classe de la petite bourgeoisie.

De la puissance paternelle.

Droits des père et mère sur la personne de leurs enfants. — La puissance paternelle s'étend à tous les enfants sans distinction d'âge, de sexe ni de primogéniture, en se conformant toutefois aux modifications établies par la loi. Les père et mère peuvent, dans l'intérieur de la famille, user de moyens de cor-

rection à l'égard de ceux de leurs enfants contre lesquels ils auraient des motifs de mécontentement graves. Dans le cas où
ces moyens de correction ne seraient pas suffisants, ils peuvent, en se conformant aux règlements qui sont en vigueur
prendre les mesures suivantes :

I. — Obtenir de l'autorité que leurs enfants soient enfermés
dans une maison de correction. Néanmoins ils n'auraient plus
ce droit dans le cas où les enfants seraient employés du gouvernement;

II. — Porter une plainte devant la cour de conscience.

Devoirs des parents envers leurs enfants. — Les père et mère
sont obligés de nourrir, entretenir et élever leurs enfants mineurs selon leurs moyens et leurs facultés. Ils doivent apporter
tous leurs soins au développement matériel et moral de leurs
enfants et diriger leur éducation de telle sorte qu'ils leur in-
spirent de bons sentiments er des principes conformes au vœu
du gouvernement.

Ils auront le choix de faire élever leurs enfants soit chez eux
ou dans des établissements d'éducation créés par le gouvernement ou par de simples particuliers; mais depuis l'âge de dix
ans jusqu'à dix-huit ans, les enfants sont tenus de résider
dans l'intérieur de la Russie.

Devoirs des enfants envers leurs père et mère. — Les enfants
doivent témoigner à leurs parents de la soumission et une res-
pectueuse affection, contribuer à leur venir en aide dans la mesure de leurs ressources, ne parler d'eux qu'avec vénération et
recevoir avec la plus grande déférence leurs avertissements et
les réprimandes qu'ils auraient pu mériter.

Comment finit la puissance paternelle à l'égard des enfants. —
La puissance paternelle s'éteint par la mort naturelle ou la privation de tous les droits civiques, lorsque, dans ce dernier cas,
les enfants n'auront pas suivi leurs parents dans le lieu où

leurs parents condamnés à la déportation sont allés subir leur peine.

Pendant la minorité des enfants, les parents administrent en qualité de tuteurs les biens personnels de leurs enfants mineurs. Quant à ce qui concerne l'étendue des droits des père et mère sur les biens personnels de leurs enfants majeurs, la loi distingue s'ils sont *apportionnés* ou s'ils ne le sont pas. Les enfants qui n'ont été l'objet d'aucun avancement d'hoirie sont considérés comme n'étant pas *apportionnés*. Les enfants non apportionnés n'ont pas le droit d'aliéner ou de grever les biens qui doivent leur échoir par succession. Les enfants *apportionnés* sont ceux qui ont reçu de leurs parents un avancement d'hoirie.

A leur majorité, les enfants apportionnés ont le droit de gérer et d'administrer les biens qui leur ont été donnés par leurs parents; ils peuvent en disposer à titre onéreux sans avoir besoin du consentement de leurs parents. Ceux-ci n'ont aucun droit tant sur les biens personnels de leurs enfants que sur ceux qui leur ont été donnés en apportionnement : le consentement des enfants serait donc nécessaire pour qu'ils pussent en disposer. S'il en était autrement, ils seraient responsables à l'égard des tiers du dommage qu'ils auraient pu causer aux biens de leurs enfants.

Ces derniers, qu'ils soient ou non apportionnés, devront dans tous les cas fournir des aliments à leurs parents âgés ou infirmes.

De la parenté.

La *parenté* est le lien qui existe entre deux personnes qui descendent l'une de l'autre, ou qui, sans descendre l'une de l'autre, descendent d'un auteur commun.

La ligne est le lien qui rattache les uns aux autres les membres d'une même famille. La ligne est *directe* ou *collatérale* : la

première comprend les personnes qui descendent l'une de l'autre; la seconde, celles qui, sans descendre l'une de l'autre, descendent d'un auteur commun.

La ligne directe est *descendante* ou *ascendante :* la première
est celle qui lie le chef de la famille avec ceux qui descendent
de lui; la seconde est celle qui lie une personne avec ceux dont
elle descend.

La proximité de parenté s'établit par le nombre des générations qui séparent un parent de l'autre; le nombre de ces générations s'appelle *degré*. Il y a donc, en ligne directe, autant de
degrés qu'il y a de générations entre les personnes. Ainsi, par
exemple, le fils est au premier degré à l'égard de son père; le
petit-fils, au second degré à l'égard de son grand-père, l'arrière
petit-fils au troisième degré et ainsi de suite. Dans la ligne ascendante le père est au premier degré, l'aïeul au second, etc.....

On constate les degrés de parenté par les registres des pa-
roisses, et les différentes conditions des citoyens par les livres
généalogiques de la noblesse, les listes de bourgeoisie, les
rôles de recensement et tous les autres actes de nature à fournir
cette preuve.

De la tutelle et de la curatelle relativement à la personne et aux biens.

En ce qui touche les personnes, la loi établit deux sortes de
tutelle et curatelle :

1° — Celle des mineurs,

2° — Celle à laquelle sont soumis les individus en état d'imbécillité ou de démence.

La loi divise la minorité en trois périodes :

La première s'étend depuis la naissance jusqu'à l'âge de
quatorze ans;

La seconde, depuis l'âge de quatorze ans jusqu'à celui de dix-sept ans révolus ;

La troisième, depuis l'âge de dix-sept ans jusqu'à celui de vingt et un ans révolus.

Les mineurs ne peuvent ni administrer leurs biens, ni en disposer ou les aliéner à titre gratuit ou à titre onéreux, soit par eux-mêmes, soit en donnant procuration à cet effet.

Le mineur âgé de quatorze ans révolus peut choisir un curateur, afin de se laisser diriger par ses conseils et de trouver en lui une protection efficace. Toutefois le mineur est frappé de l'incapacité de disposer de ses biens.

Le mineur âgé de dix-sept ans révolus est capable d'administrer ses biens. Cependant il ne peut emprunter, s'engager par un acte authentique ou sous seing privé, disposer de ses capitaux ou les toucher dans les établissements de crédit où ils auraient été placés sans le consentement écrit et signé par son curateur. A défaut de ce consentement les obligations qu'aurait pu contracter le mineur sont frappées de nullité, qu'il ait été ou non apportionné.

Le mineur ne peut être poursuivi, ni pendant sa minorité ni une fois majeur, en raison des obligations ou des actes qu'il aurait pu consentir sans le consentement de son tuteur.

Si des biens sont échus au mineur pendant la durée de la tutelle, son père en a l'administration. Le père et la mère peuvent nommer par testament un tuteur à leurs enfants mineurs. Ceux qui sont ainsi choisis par les parents du mineur sont soumis aux mêmes autorités que les tuteurs désignés par la loi. A défaut de tutelle testamentaire, l'administration des biens échus au mineur est confiée au survivant des père et mère.

Si le tuteur n'a pas été nommé par testament ou si le survivant des père et mère est excusé, le tuteur sera nommé d'office.

La haute tutelle des orphelins nobles est confiée au collège pupillaire de la noblesse. La haute tutelle des enfants d'un noble doit être déférée au tribunal pupillaire urbain.

Le collège pupillaire est chargé de nommer des tuteurs aux enfants des ecclésiastiques d'origine noble; quant à ceux des autres personnes attachées au service de l'Église, et des desservants, l'autorité ecclésiastique se charge également de leur nommer des tuteurs.

La haute tutelle des orphelins de la classe bourgeoise est confiée au tribunal pupillaire urbain, ou à une autre autorité investie à cet égard des mêmes attributions.

La loi ne détermine pas le nombre de tuteurs qui peuvent être nommés à un mineur. Le tuteur peut être choisi parmi les parents ou alliés du mineur et même parmi les étrangers. Le tuteur nommé doit s'engager à donner au mineur tous les soins que nécessitera sa jeunesse, à le faire élever dans de bons principes et à le nourrir et l'entretenir selon sa position de fortune.

Ne peuvent être nommés tuteurs :

I. — Les prodigues;

II. — Les individus d'une inconduite notoire ou qui auraient subi des condamnations ;

III. — Ceux qui se sont fait connaître par leur inhumanité;

IV. — Ceux qui soutiennent un procès contre les parents du mineur;

V. — Les individus insolvables.

Les devoirs du tuteur comprennent :

I. — Les soins qu'il doit donner à la personne du mineur;

II. — L'administration de ses biens.

Le tuteur doit veiller à la personne du mineur, l'élever dans la crainte de Dieu, faire en sorte qu'il soit initié aux préceptes de la religion à laquelle il appartient, lui donner une éducation essentiellement morale et conforme à sa naissance et à la position qu'il doit un jour occuper. Il représente le mineur dans la

16

poursuite des délits qui pourraient avoir été commis contre lui.

En ce qui concerne l'administration des biens du mineur, le tuteur gère les meubles et immeubles appartenant au mineur dont la consistance est déterminée dans un état estimatif dressé par lui contradictoirement avec un membre du collège pupillaire urbain assisté de deux témoins. Le tuteur perçoit sur les revenus personnels du mineur un droit fixe de cinq pour cent. Les tuteurs et curateurs sont responsables des pertes occasionnées par l'insolvabilité des personnes auxquelles ils auraient confié, à titre de prêt, par exemple, des capitaux appartenant au mineur. Dans le cas où le tuteur deviendrait lui-même insolvable, les sommes dont il pourrait être reliquataire ne sont pas comprises dans la masse qui doit être partagée entre ses créanciers, mais doivent être attribuées au mineur avec les intérêts à partir du jour où son insolvabilité aura été déclarée et cela, sans préjudice des poursuites qui pourraient être exercées contre lui devant la juridiction criminelle dans le cas où il se serait rendu coupable de manœuvres frauduleuses dans l'emploi de ces capitaux.

Sont considérés comme étant en état d'imbécillité, les individus privés de raison depuis leur naissance. Les personnes atteintes d'aliénation mentale sont celles auxquelles la raison fait défaut par suite de circonstances accidentelles et chez lesquelles la démence peut devenir furieuse. Les parents de l'individu en état d'imbécillité ou de démence doivent en donner avis à l'autorité compétente; celle-ci fait subir à l'individu présumé fou un interrogatoire dans lequel on s'attache à étudier son état mental. Dans le cas où la démence aurait été constatée, il n'y aura pas lieu de nommer un tuteur à l'insensé; il en sera référé au sénat dirigeant, qui, selon les circonstances, déclarera l'individu en état d'imbécillité ou de démence et ordonnera que l'aliéné soit placé sous la surveillance immédiate de ses plus proches parents; à leur défaut, il sera placé dans un établissement d'aliénés.

Les dispositions concernant la nomination, les devoirs, obligations des tuteurs donnés aux mineurs, les modes de rémunérations, seront appliquées aux tuteurs des interdits.

De la distinction des biens.

Les biens, en général, se divisent en meubles ou immeubles, divisibles ou indivisibles; ils proviennent d'acquisitions ou du patrimoine héréditaire de ceux qui en sont propriétaires.

Du droit de propriété.

Celui qui acquiert la propriété d'une chose en vertu d'un des contrats translatifs de propriété peut en jouir et en disposer dans les limites que la loi trace à son droit tant qu'il ne l'aura pas transmis à une autre personne. Celle qui l'aura légalement acquise du propriétaire aura sur la chose le même droit que lui.

Il faut distinguer le droit de propriété privée de celui que peut avoir l'État sur les biens composant le domaine public.

On a un droit de pleine propriété sur une chose lorsqu'on peut : 1° en retirer tout l'usage, tous les services qu'elle peut rendre (*jus utendi*); 2° percevoir tous les fruits qu'elle produit (*jus fruendi*); 3° en disposer, soit en l'aliénant, soit en la détruisant (*jus abutendi*); 4° la poursuivre, la revendiquer entre les mains de tout détenteur (*jus vindicandi*). Tels sont les éléments dont se compose le droit de pleine propriété.

Le trésor appartient au propriétaire du fonds dans lequel il a été trouvé.

Le droit de pleine propriété est le droit le plus absolu que l'on puisse avoir sur une chose. Il consiste donc dans la faculté accordée à une personne, à l'exclusion de toute autre, de retirer d'une chose toute l'utilité qu'elle peut donner, et de faire sur elle tous les actes que la loi ne défend pas.

Les droits d'user, de jouir et de disposer peuvent se trouver réunis dans la même personne, ou appartenir séparément à trois personnes différentes qui ont alors, la première, le droit d'usage seulement (*nudum usum*); la seconde, le droit de *jouissance*, sans le droit *d'usage*; la troisième, le droit de disposer. Lorsque les droits d'user, de jouir et de disposer sont réunis dans la même personne il y a pleine propriété, dans le cas contraire, la propriété est démembrée.

La propriété des biens divisibles ou indivisibles peut appartenir à plusieurs personnes. Celle qui a un droit de copropriété sur un bien indivisible appartenant à une société, ne peut aliéner ou céder sa part qu'avec le consentement des autres copropriétaires.

Dans le cas où ceux-ci refuseraient de reconnaître comme copropriétaire le nouvel acquéreur ou le cessionnaire, ils sont tenus de l'indemniser de la perte de la portion qui lui avait été vendue.

Lorsque la possession est réunie à la propriété dans la même personne, elle produit des effets importants. Une possession paisible, publique, à titre de propriétaire, qui n'a été l'objet d'aucune réclamation continuée pendant le laps de temps exigé par la loi opère la prescription en faveur du possesseur. Le laps de temps requis pour la prescription des biens meubles et immeubles est de dix ans.

Les droits réels consentis sur des immeubles affectés à l'acquittement des obligations et certains contrats sont constatés par actes authentiques; telles sont les conventions garanties par une hypothèque, les donations, etc... En général, tous les contrats translatifs de propriété pour les immeubles doivent être rédigés sur les livres fonciers, à peine de nullité. Ces livres sont déposés :

1° Dans les chambres civiles, en Sibérie et au Caucase dans les régences, quel que soit le montant des obligations;

2° Dans les tribunaux de district pour les obligations d'une valeur de mille roubles et au-dessous de cette somme ;

4° Le tribunal de commerce d'Odessa peut recevoir, comme les chambres civiles, les actes fonciers concernant tous les immeubles à l'exception des terres colonisées. A défaut des chambres civiles, les autres tribunaux de commerce peuvent également recevoir tous les actes fonciers sans distinction.

Des membres des chambres civiles sont spécialement chargés de surveiller la tenue des livres fonciers.

La loi détermine les formalités qu'il est nécessaire d'observer dans la rédaction des contrats dont l'existence doit être prouvée par un écrit. Quant aux obligations verbales , il n'existe point de formules sacramentelles, les parties peuvent manifester leur volonté comme elles le jugeront convenable, pourvu toutefois que leur consentement soit donné en parfaite connaissance de cause et que leurs conventions ne soient point contraires aux lois, aux bonnes mœurs et à l'ordre public. ·

Les contestations relatives à des contrats ou obligations qui ne seraient pas constatés par des écrits sont déférées à la juridiction des autorités de police et des cours orales.

Nul ne peut être privé d'un droit qui lui appartient, si ce n'est en vertu d'une décision judiciaire.

Si, pour cause d'utilité publique ou par suite de circonstances exceptionnelles, il était jugé nécessaire d'enlever à une personne la propriété de son immeuble , cette expropriation ne pourra avoir lieu qu'à la condition de donner au propriétaire dépossédé une juste et préalable indemnité.

On entend par *composition*, l'indemnité pécuniaire déterminée par la justice civile en réparation d'une injure qui aurait été faite à une personne quand cette injure n'est que légère, et dès lors elle ne doit pas être déférée aux tribunaux criminels. Aux termes de la loi, la *composition* qui doit intervenir dans le cas d'offense et de diffamation envers un ecclésiastique comporte une somme double de celle qui serait due dans le cas où l'offensé serait un laïque.

Des testaments.

Le testament est un acte de dernière volonté par lequel une personne dispose, pour le temps où elle n'existera plus, de tout ou partie de ses biens, et qu'elle peut révoquer.

Il est permis de disposer par testament des biens qui proviennent d'acquisitions, mais ce principe est soumis aux restrictions suivantes :

1° Le titulaire d'une dotation ne peut en disposer par acte de dernière volonté qu'au profit de sa femme ou de ses descendants ;

2° Les couvents et églises ne peuvent accepter les legs d'immeubles qui leur auraient été faits qu'en vertu d'une autorisation de l'empereur ;

3° Les ecclésiastiques réguliers ne peuvent être institués légataires ;

4° Il en est de même des personnes privées de leurs droits civiques ;

5° On ne peut disposer par testament des biens patrimoniaux. Néanmoins ce legs serait valable si le testateur était mort sans postérité ; dans ce cas, il aurait pu instituer légataires de ces biens un ou plusieurs de ses parents des deux sexes appartenant à la ligne d'où provenaient les biens légués, à quelque degré de parenté que les légataires fussent placés entre eux et même dans le cas où appartenant à la branche féminine, ils ne porteraient pas le nom du testateur.

De l'acquisition des biens par testament.

Peuvent être institués légataires :

1° Les étrangers ;

2° Les enfants conçus pendant le mariage ;

3° Les personnes faibles de corps et d'esprit, telles que les sourds et muets et les aliénés.

Ne peuvent être institués légataires : les personnes privées des droits de leur condition, les ecclésiastiques réguliers qui ont fait vœu de pauvreté.

Les successions sont déférées aux héritiers légitimes dans les cas suivants :

1° Lorsque le défunt a laissé des biens patrimoniaux ;

2° Quand il n'a pas disposé par testament de ses biens acquis ;

3° Si son testament a été déclaré nul.

Les successions sont déférées, d'après l'ordre établi par la loi, aux parents des lignes paternelle et maternelle sans limitation de degrés de parenté. La loi ne considère comme parents que les personnes issues d'un mariage légitime. Le mariage des personnes appartenant à des cultes dissidents, telles que les mahométans, les israélites, etc..., est regardé comme légitime lorsqu'il a été contracté conformément aux rites et solennités de ces diverses religions.

Des divers ordres de succession.

La loi détermine les ordres de succession d'après les lignes. La ligne descendante est appelée à succéder à l'exclusion de toutes les autres.

S'il n'existe pas de parents de cette ligne, la succession est dévolue aux collatéraux ou, dans certains cas déterminés, aux ascendants du défunt. Dans chaque ligne les parents du degré le plus proche excluent les autres ; ainsi, lorsque le père est vivant, le petit-fils ne peut succéder à son aïeul. Si à l'ouverture de la succession le parent ou les parents du défunt appelés à lui succéder sont prédécédés, ils sont remplacés par leurs descendants ; c'est ce que l'on appelle succéder *par représentation*. La représentation est donc une disposition favorable de la loi dont l'effet est de faire entrer les représentants dans la place et dans les droits qu'aurait eus le représenté s'il eût survécu au *de cujus*. On voit qu'il y a dans la représentation une sorte de fiction qui consiste à admettre que plusieurs personnes, les représentants, ne compteront que pour un, le représenté. Le représentant aura donc toujours les droits et les charges qu'aurait eus le représenté s'il eût survécu au *de cujus*.

La représentation n'a pas lieu en faveur des ascendants, le plus proche dans chaque ligne exclura le plus éloigné.

Dans tous les cas où la représentation est admise par la loi, le partage s'opère *par souche*, c'est-à-dire en autant de portions égales qu'il y a de souches ; les représentants, en si grand nombre qu'ils soient, ne prennent que la part à laquelle aurait eu droit le représenté s'il eût survécu. La part attribuée à chaque souche se partage *par tête*, si tous les représentants sont au premier degré du représenté, *par souche ;* dans l'hypothèse contraire. La représentation a lieu en faveur des parents des deux sexes.

Les enfants légitimes du sexe masculin succèdent à leurs père et mère à l'exclusion de tous autres parents. S'ils sont prédécédés, la succession sera déférée, en vertu du droit de représentation, aux petits-fils, et en cas de prédécès de celui-ci à ses descendants les plus proches. On voit que l'ordre des descendants est le premier ; il exclut tous les autres à quelque degré qu'ils soient ; les descendants sont préférés, par cela seul qu'ils sont descendants, à tous autres parents, même les plus proches. La femme légitime du *de cujus* succède au septième des biens immeubles et au quart des biens meubles de son mari sans distinguer s'il a laissé des héritiers. Ce droit donné à la femme ne préjudicie en rien à la faculté accordée par la loi de disposer par acte entre-vifs ou testamentaire des biens acquis ; dans le cas où le *de cujus* aurait disposé par testament de ces biens, la femme survivante aura le droit de prélever cette réserve sur les autres biens. Lorsque la portion de biens attribuée à la femme survivante et aux filles par succession leur aura été donnée, les descendants succéderont directement ou par représentation. Les enfants utérins et consanguins et leurs descendants ne succèdent qu'à leurs père et mère ; ils n'ont aucun droit sur la succession de leurs beau-père et belle-mère.

Lorsqu'à l'ouverture d'une succession, les filles sont en concours avec des fils du défunt, elles ont le droit de recueillir le quatorzième des biens immeubles et le huitième des biens meubles composant la succession. Toutefois si, en suivant ce calcul, la part héréditaire, tant en immeubles qu'en meubles, dévolue à chacune des filles est supérieure à celle que recueillera chacun des fils, la succession, déduction faite de la réserve de la femme survivante, sera partagée également entre tous les enfants. A défaut de fils et de leurs descendants ; la succession sera déférée aux filles et à leurs descendants, le partage aura lieu ainsi que nous l'avons indiqué. A défaut de descendants, la succession sera déférée aux parents collatéraux.

Dans les lignes collatérales, les sœurs ne sont pas appelées à la succession lorsqu'elles se trouvent en concours avec les frères germains et leurs descendants des deux sexes. Parmi les collatéraux, le parent le plus proche exclut toujours le plus éloigné.

S'il y a plusieurs lignes collatérales dérivant d'un auteur commun, au même degré, la succession sera déférée et partagée de la même manière que s'il s'agissait de descendants, les parents du degré le plus proche succéderont dans chaque ligne. Les collatéraux placés au même degré succéderont par tête; dans le cas où ils seraient appelés à la succession par représentation, le partage aura lieu par souche, quoique dans ces deux cas les héritiers ne portent pas le nom de famille du *de cujus*. Les héritiers de la ligne collatérale auxquels la succession sera déférée sont : les frères et leurs descendants ; à défaut de frères et de leurs descendants, les sœurs mariées ou non mariées et leurs descendants seront appelés ; enfin les oncles, tantes et leurs descendants , etc..... A défaut de frères et sœurs germains et de leurs descendants, les frères utérins et consanguins, et, à leur défaut, les sœurs utérines et consanguines auront le droit de succéder aux acquêts, de préférence aux autres parents. S'il y a concours entre les frères utérins et consanguins, ils succéderont par tête.

Les père et mère ne succèdent point aux biens que leurs enfants ont acquis. Si ces derniers meurent sans postérité, les père et mère ont droit à l'usufruit de ces biens qu'ils ne peuvent ni aliéner ni grever de charges quelles qu'elles soient.

Le mari succède à sa femme de la même manière que la femme succède à son mari. Par conséquent, si la femme meurt sans laisser d'immeubles et si le mari n'a aucun prélèvement à exercer sur les biens immobiliers qui se trouvent dans la succession de sa femme, il aura le droit de prendre la réserve que la loi lui accorde sur les immeubles de son beau-père et du vivant de ce dernier, sur la part qui serait échue à la femme (1).

---

(1) Si le *de cujus* n'a laissé que des meubles dans sa succession, la femme aura néanmoins le droit de prélever sa réserve sur ces valeurs.

Les successions sont réputées en déshérence dans les cas suivants :

I. — Si le *de cujus* n'a pas laissé d'héritiers;

II. — Dans le cas où il existerait des héritiers, s'ils ne se font pas connaître dans le délai de six mois fixé par la loi ;

III. — Lorsqu'ils ne justifient point de leur qualité d'héritiers et de leurs droits à la succession.

Si une succession comprend des biens acquis, elle sera réputée en déshérence lorsqu'il n'existera aucun parent paternel dans les lignes des descendants et des collatéraux. Les successions réputées en déshérence, sauf les exceptions que nous signalerons, sont recueillies par le trésor public.

Les successions s'ouvrent :

I. — Par la mort naturelle;

II. — Par la mort civile.

La mort civile est encourue par toute condamnation emportant privation de tous les droits de condition. Lors de l'ouverture de la succession du mort civilement, des mesures conservatoires sont prises afin de sauvegarder les droits des héritiers. Ces mesures sont les suivantes :

I. — L'inventaire des biens composant la succession; les meubles sont placés sous les scellés et conservés jusqu'à ce que les héritiers se soient fait connaître;

II. — Une sommation est faite aux héritiers d'avoir à se présenter.

On procède à la confection de l'inventaire et à l'apposition des scellés dans les cas suivants :

I. — Quand les héritiers sont absents;

II. — Lorsque les biens composant la succession doivent, aux termes de la loi, être administrés par l'autorité pupillaire.

Dans le cas où les héritiers ne se trouveraient pas au lieu de l'ouverture de la succession, la régence gouvernementale veille à ce que l'inventaire soit dressé, et elle charge de ce soin un employé de la police rurale ou urbaine, selon la nature des biens dont se compose la succession, et deux ou trois témoins choisis dans la corporation à laquelle appartenait le *de cujus* et parmi ses voisins.

Une sommation doit être faite aux héritiers :

I. — Lorsque tous ou quelques-uns d'entre eux sont absents ;

II. — S'il se trouve dans la succession un capital placé à la caisse d'épargne ou dans une des banques de l'État ;

III. — Lorsque la succession comprend des effets mobiliers engagés au mont-de-piété et dont le dégagement n'a pas eu lieu dans le délai fixé par la loi.

Dans le cas où le domicile des héritiers absents serait connu, outre un avertissement donné par la voie des journaux, une sommation d'avoir à se présenter au lieu de l'ouverture de la succession leur est faite directement à la requête de la police territoriale ou urbaine. Si, à l'expiration du délai de six mois à partir de la dernière sommation, les héritiers absents ne se présentent pas, ceux d'entre eux qui se sont fait connaître sont autorisés à entrer en jouissance des biens composant la succession. Néanmoins les héritiers absents conserveront la faculté de faire valoir leurs droits d'habiles à succéder en se conformant aux formalités et aux délais prescrits par la loi en matière de succession.

Si des personnes appelées à recueillir une succession disparaissent et ne donnent aucune nouvelle d'elles, les biens héréditaires sont administrés par l'État, lorsque la disparition des héritiers a été légalement constatée par l'autorité. Quand ils se représentent avant l'expiration du délai de dix années à partir de la dernière sommation qui leur a été faite, et s'ils justifient de leur qualité d'héritiers, ils auront le droit d'entrer en possession des biens composant la succession à laquelle ils sont

appelés: Ils en toucheront les revenus perçus par l'État, déduction faite des frais nécessités par l'entretien et l'administration
de ces biens. Dans aucun cas ces frais ne pourront être supérieurs à un pour cent. Si, à l'expiration du délai de dix années,
les héritiers appelés à la succession ne se présentent pas, la
prescription sera définitivement acquise au profit de l'État, qui
deviendra propriétaire des biens restés vacants.

De la saisine des héritiers.

La saisine est une disposition de la loi en vertu de laquelle
les droits et les dettes d'un défunt passent, dès *l'instant de sa
mort*, de sa personne dans celle de ses héritiers qui l'acquièrent
ipso jure, sans qu'ils aient besoin de manifester à cet effet aucune volonté, et même à leur insu : en d'autres termes, la saisine est l'investiture *légale* et *instantanée* au profit de l'héritier ou des héritiers des droits actifs et passifs du défunt. Du
principe que l'héritier est saisi *ipso jure*, des actions, c'est-à-
dire de l'exercice actif ou passif des droits et des dettes du défunt, il résulte qu'il peut, dès le moment même de l'ouverture de
la succession, actionner soit les débiteurs du défunt, soit les détenteurs des biens héréditaires, ou être poursuivi par les créanciers de la succession : tout ce qui est relatif à l'exercice des droits
actifs ou passifs du défunt à lieu comme si le défunt vivait encore.

Lors de l'ouverture d'une succession, l'héritier habile à succéder peut prendre l'un de ces deux partis : l'accepter ou y renoncer. Dans le cas d'acceptation de sa part, il représente le
défunt, il continue sa personne, il sera donc tenu : 1° de ses dettes,
proportionnellement à la part héréditaire qu'il recueillera ; en
cas d'insuffisance, il sera obligé de payer les dettes de la succession sur ses biens personnels ; 2° d'exécuter les engagements
contractés de son vivant par le défunt envers le trésor et d'ac-

quitter les frais qu'il devrait au fisc; 3° de payer les amendes
et frais de justice dus par le défunt; 4° de défendre aux
poursuites qui pourraient être exercées contre lui à la requête
des créanciers de la succession.

La succession est réputée acceptée par l'héritier saisi lorsqu'il a joui et disposé des revenus des biens composant la succession au lieu de les mettre en dépôt, et s'il a accepté les dettes
contractées par le défunt. Toutefois les enfants succédant à
leurs parents ne seront pas tenus de leurs dettes si la succession
ne comprend aucuns biens, quoique en vertu du droit de représentation ils aient été appelés à la succession de leur aïeul ou
d'autres parents.

Le trésor, les autorités et établissements publics qui auraient
recueilli une succession en déshérence sont tenus d'en payer
les dettes et ne peuvent se soustraire à l'acquittement des charges dont elle serait grevée; ils doivent répondre aux poursuites
dirigées contre eux.

L'héritier est réputé avoir renoncé à une succession à laquelle il était appelé, dans les cas suivants :

1° Lorsqu'il a fait certains actes qui, aux termes de la loi,
emportent renonciation expresse ou tacite;

2° Lorsque les héritiers légitimes appelés à se présenter au
lieu de l'ouverture de la succession n'ont pas comparu dans le
délai fixé par la loi.

La renonciation à une succession a lieu par une déclaration
que fait l'héritier devant l'autorité compétente. Celui-ci n'est
pas réputé avoir renoncé à la succession s'il a cru devoir s'ab-
stenir d'intervenir dans un procès intenté par ses cohéritiers
sur la validité du testament laissé par le défunt, lorsque la succession a été reconnue appartenir aux héritiers légitimes.

De la vente.

Le contrat de vente est nul lorsqu'il a été consenti par un mineur sans l'assistance et l'autorisation de son tuteur ou curateur. Il en est de même de la vente faite par des interdits et particulièrement par les individus en état d'imbécillité, les aliénés et les prodigues, lorsque leurs biens sont admininistrés par un tuteur spécial.

Le contrat de vente doit être consenti par le propriétaire de la chose vendue ou par son mandataire.

Est nulle la vente que consentirait une commune urbaine ou rurale d'un bien dont elle n'aurait que l'usufruit.

Il est défendu de vendre les immeubles frappés d'inhibition, excepté dans les cas suivants :

I. — Si l'inhibition a été motivée sur le droit de répétition d'une somme dont le montant a été parfaitement déterminé et connu. Néanmoins, l'autorité peut autoriser la vente de ces immeubles, lorsqu'une garantie a été donnée sur un autre immeuble de la même nature et représentant la valeur totale de la dette.

II. — La vente des immeubles frappés d'inhibition comme sûreté d'une obligation hypothécaire consentie à la banque ou au haut conseil de tutelle, ou à l'agence de curatelle générale, peut être autorisée, mais avec l'autorisation des autorités placées à la tête de ces diverses institutions.

III. — Si l'inhibition a eu pour objet de garantir une rente constituée en faveur d'établissements publics ou communaux, la vente pourra également être autorisée, à la condition du dépôt préalable d'un capital productif d'intérêts dont le montant sera égal à la valeur de la rente constituée.

La vente des choses futures est défendue : on ne pourrait

vendre des biens faisant partie d'une succession non ouverte au moment du contrat.

La vente d'un bien litigieux qui ne serait pas frappé d'inhibition est permise aux conditions suivantes :

I. — L'autorité chargée de dresser l'acte de vente devra avertir les parties contractantes qu'elles seront libres de promettre et stipuler les clauses et conditions qu'elles jugeront convenables, en se conformant toutefois au lois et règlements ;

II. — Si le vendeur était dépossédé de l'immeuble, la propriété en serait restituée au véritable propriétaire, sauf le recours du vendeur contre celui qui le lui aurait livré ; dans le cas contraire, la vente serait maintenue.

Sont nulles les ventes faites sans l'autorisation de l'autorité, dans le cas où cette autorisation est nécessaire.

Les contrats de vente consentis en violation des dispositions de la loi relative à cette matière sont nuls et donnent lieu contre les parties contractantes aux pénalités suivantes.

Tout individu qui, de mauvaise foi, aura vendu la chose d'autrui sera tenu :

I. — De restituer le prix de la vente qu'il aura touché ;

II. — D'indemniser le propriétaire et l'acheteur évincé du dommage qu'ils auront éprouvé, sans préjudice des poursuites criminelles qui pourront êtres dirigées contre lui, dans le cas où il se serait en outre rendu coupable de manœuvres frauduleuses.

Le contrat de vente des immeubles doit être fait par acte authentique. Il est inscrit sur les livres fonciers ; l'expédition n'en peut être délivrée que sur du papier dont le timbre sera proportionnel au prix réel de la vente consentie par les parties et dans les formes déterminées par la loi. La minute est signée par les parties contractantes, les témoins et le greffier ; il doit être énoncé dans l'acte que l'immeuble vendu n'est pas frappé d'inhibition. Dans le cas où le vendeur interpellé s'il sait signer répond négativement, une personne qu'il a choisie comme fondée de pouvoir à cet effet appose sa signature, en sa présence, sur le registre foncier.

Toute signature d'autrui qu'une personne appose hors la présence du contractant et sans avoir reçu de mandat spécial à cet effet donne lieu à des poursuites contre l'auteur de ce faux et rend l'acte nul. Le vendeur qui, sans de justes motifs, aurait attaqué l'acte de vente sous prétexte qu'une personne aurait apposé sa signature sur le registre en son absence et sans y avoir été autorisée par lui, serait poursuivi comme calomniateur.

Dans le délai de huitaine à partir du jour auquel l'expédition de l'acte de vente a été faite, si l'acheteur ne paye pas exactement le prix convenu, le vendeur peut demander la résolution du contrat de vente devant l'autorité collégiale où l'acte a été rédigé. Ce délai expiré, la résolution ne peut plus être prononcée que par les tribunaux.

Les actes de vente peuvent contenir deux sortes de clauses : les clauses obligatoires et les clauses facultatives.

Sont obligatoires :

I. — La déclaration faite par le vendeur, accompagnée de l'énonciation de ses nom et prénoms patronymiques, profession, et de ceux de l'acheteur ;

II. — La mention des titres servant à établir en faveur du vendeur la propriété de la chose vendue par lui ;

III. — La description détaillée de la chose vendue ;

IV. — La déclaration qu'il n'existe aucune inhibition sur la chose faisant l'objet de la vente ;

V. — L'énonciation du prix réel de la vente.

Parmi les clauses facultatives qui peuvent être insérées dans le contrat de vente le législateur a admis la garantie.

17

La garantie est, en général, l'obligation de procurer à une
personne la jouissance paisible et utile des droits qu'une
autre personne lui a cédés, ou de l'indemniser dans le cas contraire.

En matière de vente, c'est l'obligation de la part du vendeur
de procurer à l'acheteur une possession paisible et utile de la
chose vendue.

D'après le principe que nous venons d'énoncer on voit que
la clause, de garantie est de la *nature* du contrat de vente, et non
de son *essence ;* en effet, les parties peuvent non-seulement en
modifier l'application, mais encore stipuler que le vendeur n'en
sera point tenu.

Dans la législation russe, le vendeur qui consent à garantir
la chose vendue doit déclarer, dans l'acte de vente, qu'elle n'a
point été vendue, engagée, hypothéquée, confisquée, et qu'en
cas d'éviction de la totalité ou d'une partie, il s'engage à indemniser l'acheteur. Les autres clauses facultatives qui peuvent être
insérées dans le contrat de vente, sont :

I. — Le payement des droits de mutation et de timbre dus au
trésor. Dans les ventes consenties à l'État, cette clause est ar-
rêtée lors des conventions préliminaires ;

II. — Le payement des dettes à la sûreté desquelles la
chose vendue avait été affectée, ainsi que l'obligation de
la part du vendeur de la dégrever des charges qui pesaient
sur elle.

Toutes les autres conventions et stipulations non prohibées
par la loi peuvent être insérées dans le contrat de vente.

Il doit contenir la mention des titres en vertu desquels le vendeur est devenu propriétaire de la chose vendue, afin que l'acheteur sache s'il l'a acquise par succession, apportionnement,
avancement d'hoirie, partage, en vertu d'un contrat de vente
ou de tout autre acte translatif de propriété.

On entend par *délivrance* le transport de la chose vendue en la puissance et en la possession de l'acheteur.

Elle s'opère par la tradition réelle à l'acheteur de la chose vendue.

Elle est également réputée accomplie lorsque le vendeur la met à la disposition de l'acheteur. Dans le cas où le vendeur ne serait pas suffisamment connu de l'acheteur et ne lui offrirait pas des sûretés suffisantes, l'acheteur a le droit d'exiger qu'il lui fournisse caution.

De la garantie hypothécaire entre particuliers.

On entend par hypothèque, un droit réel sur les immeubles affectés à l'acquittement d'une obligation.

Pour pouvoir consentir une hypothèque sur un immeuble, il faut en être propriétaire. L'hypothèque consentie *a non domino* serait donc nulle.

Sont frappées de nullité :

I. — L'hypothèque consentie sur l'immeuble d'autrui par une personne qui n'aurait point reçu de mandat à cet effet.

Dans le cas où, par des manœuvres frauduleuses, elle serait parvenue à se faire passer pour propriétaire de l'immeuble, elle serait exposée à des poursuites criminelles, indépendamment de l'action civile en dommages-intérêts que pourrait intenter contre elle la partie lésée ;

II. — L'hypothèque consentie par le possesseur de l'immeuble à titre d'usufruitier.

Dans ce cas l'hypothèque sera valable si elle doit être constituée sur des immeubles légués par testament, lorsque cette constitution d'hypothèque aura été autorisée.

S'il s'agit d'immeubles patrimoniaux, cette autorisation devra être donnée par acte spécial revêtu de l'approbation de l'empereur; en outre, dans ce dernier cas, l'acte de constitution d'hypothèque ne pourra être rédigé qu'avec l'autorisation du sénat dirigeant.

L'hypothèque ne peut être valablement constituée que sur des immeubles libres. En conséquence seront nulles :

I. — L'hypothèque consentie sur un immeuble frappé d'inhibition. Dans ce cas, le créancier hypothécaire est autorisé à exercer son recours contre les membres du collège devant lesquels la constitution d'hypothèque a été faite. L'inspecteur et le greffier seront poursuivis, comme ayant rédigé, en violation des dispositions de la loi, un acte de vente contenant constitution d'hypothèque.

II. — Si une même hypothèque a été consentie sur un immeuble à plusieurs créanciers, celui dont l'acte aura la priorité dans l'ordre des dates est autorisé à exercer un droit de préférence. Quant aux autres, ils peuvent exercer leur recours contre le débiteur qui a constitué l'hypothèque, sans préjudice des poursuites criminelles auxquelles il est exposé.

Une hypothèque peut être valablement constituée sur un immeuble litigieux, pourvu toutefois qu'il ne soit pas frappé d'inhibition.

Dans ce cas, les membres du collège devant lesquels l'obligation hypothécaire est rédigée doivent en avertir les parties contractantes de la même manière que s'il s'agissait de la vente d'un immeuble litigieux.

Dans le cas où le constituant est reconnu comme n'étant pas propriétaire de l'immeuble, l'hypothèque devient nulle, et le créancier a le droit, soit d'en exiger une autre ou de poursuivre le remboursement de sa créance en concluant à ce qu'il lui soit alloué une somme à titre de dommages-intérêts en réparation du préjudice qui lui a été causé.

On ne peut constituer une hypothèque sur un immeuble indivis appartenant à plusieurs copropriétaires que de leur consentement.

L'hypothèque n'est pas valable lorsqu'elle a été constituée en partie sur des immeubles indivisibles tels que maisons, établissements, fabriques, manufactures et boutiques.

L'acte de constitution d'hypothèque entre particuliers doit être rédigé sur les livres fonciers : il reçoit le nom d'*acte foncier constitutif d'hypothèque.* Il est nécessaire qu'il soit relaté sur du papier portant un timbre proportionnel au montant de la créance hypothécaire ; il doit être revêtu de la signature de deux témoins.

Lors de la confection du contrat constitutif d'hypothèque, les droits de greffe sont seuls perçus. Quant aux droits de mutation, ils ne doivent être acquittés que dans le cas d'expropriation de l'immeuble hypothéqué.

Lorsque l'acte a été rédigé, le collège qui l'a dressé doit frapper d'inhibition l'immeuble hypothéqué et faire les publications prescrites par la loi dans ce cas.

Si les conventions relatées dans un acte constitutif d'hypothèque n'ont pas été exécutées par les parties, le collège qui l'a rédigé doit, dans le délai de huitaine, en faire mention sur les livres fonciers.

L'acte constitutif d'hypothèque est réputé exécuté lorsque le débiteur a payé au créancier la totalité de la dette au jour fixé pour l'exigibilité. Le créancier donnera quittance sur l'acte même constitutif d'hypothèque.

Cet acte est ensuite présenté à la chambre civile pour être transcrit sur un registre destiné à recevoir ces sortes d'actes. Le créancier doit mentionner à la suite de cette transcription qu'il

a été payé du montant de sa créance et qu'il s'est dessaisi de
l'acte constitutif d'hypothèque.

De son côté, le débiteur énonce sa libération. Dans le cas
où les parties ne sauraient pas écrire, ces mentions seront faites
par ceux auxquels ils auront donné mandat à cet effet. Il est enjoint à l'inspecteur d'attester dans l'acte l'époque et le lieu du
payement de la dette, la transcription qui aura été faite, les
décharges réciproques que les parties se seront données,
enfin, l'acte sera remis au débiteur pour établir sa libération. C'est alors que la chambre civile donne main levée
de l'inhibition et fait, à cet égard, les publications prescrites
par la loi.

Dans le cas où le créancier refuserait de recevoir la somme
qui lui est offerte par le débiteur pour se libérer, celui-ci doit
la consigner à la chambre civile devant laquelle le créancier
comparaîtra.

La somme offerte par le débiteur lui sera remise ainsi que l'acte
constitutif d'hypothèque, qu'il fera parvenir au créancier revêtu
des mentions prescrites par la loi. Si le créancier persiste dans
son refus de recevoir la somme offerte, elle sera placée en
dépôt.

Une quittance sera donnée en justice et il en sera fait mention
sur l'acte comme cela se fût pratiqué dans le cas où le remboursement de la dette aurait eu lieu. Dans le cas d'absence du
créancier, la chambre sera chargée de recevoir la somme offerte,
délivrera la quittance, fera sommation au créancier d'avoir à la
retirer, et lui restituera l'acte constitutif d'hypothèque. Cet acte
appartenant à la procédure civile ne peut être transféré par
une personne à une autre par l'endossement.

Du gage.

En général, on entend par gage le nantissement d'une chose mobilière. Plus spécialement, ce mot est pris dans plusieurs acceptions; il désigne :

1° Le contrat par lequel le débiteur, ou un tiers pour le débiteur, affecte un objet mobilier à la sûreté d'une dette, en le remettant entre les mains du créancier ou d'un tiers désigné par les parties;

2° La sûreté personnelle qu'il procure au créancier;

3° L'objet sur lequel le créancier acquiert le droit particulier qui fait sa sûreté.

D'après le droit civil russe, l'exécution de certaines conventions conclues avec l'État doit être garantie par le contrat de gage; ce sont celles relatives :

1° Aux marchés et fournitures;

2° Aux tenances des produits accusés;

3. Aux tenances des domaines arrentés et des starosties;

4° Aux fermages de la régie des boissons.

Dans les contrats relatifs aux marchés et fournitures, la loi admet comme pouvant être donnés en gage :

I. — L'argent comptant, avec la faculté de le placer dans l'établissement désigné par l'acte constitutif du contrat de gage, à la charge d'en payer l'intérêt;

II. — Les obligations des banques d'emprunt, de commerce et des hospices des enfants trouvés, ainsi que celles des agences de curatelle générale au taux nominal du capital et, en outre, les intérêts échus;

III. — Les obligations de la commission d'amortissement au taux nominal;

IV. — Les actions des sociétés commerciales de Russie, en se conformant à leurs statuts;

V. — Les navires et bateaux faisant partie du matériel d'exploitation des entreprises de transport par eau, pourvu toutefois qu'ils aient été assurés.

Celui qui constitue un gage doit pouvoir disposer de la chose qu'il donne en nantissement.

Le contrat de gage est nul dans les cas suivants :

I. — S'il s'agit de la chose d'autrui donnée en gage par le constituant, sans y avoir été autorisé par le propriétaire : dans ce cas, la chose faisant l'objet du gage, sera restituée au propriétaire, sauf le recours du créancier contre le constituant;

II. — Si une chose saisie ou mise en séquestre a été donnée en gage.

Les contrats de prêts sur gages consentis pour dettes de jeu, lorsque le créancier en a eu connaissance, sont nuls. La violation de cette disposition de la loi entraîne la confiscation de l'objet mis en gage. Dans ce cas, il est vendu, et le prix en est partagé de la manière suivante : un quart est attribué aux hôpitaux, le second quart à l'administration de la police pour contribuer à ses dépenses d'entretien; quant au surplus, il sera donné au dénonciateur, à titre de récompense.

Le contrat de gage peut être fait par acte authentique, ou sous seing privé. Dans le premier cas, il doit être transcrit sur les livres fonciers de la chambre civile ou du tribunal de district, à quelque somme que s'élève le montant de l'obligation. Il doit être rédigé sur du papier timbré exigé par la loi pour la rédaction des actes fonciers.

Lorsque l'existence du contrat de gage est constatée par un acte sous seing privé, il est qualifié d'*acte sous seing privé d'emprunt avec gage*. Il doit être rédigé et enregistré, ainsi que la loi le prescrit lorsqu'il s'agit d'actes d'emprunt simple, en présence de deux témoins, et d'après la formule usitée. Ainsi que pour les actes authentiques, on doit y joindre un état descriptif. S'il n'a pas été enregistré, le créancier gagiste ne sera colloqué pour le payement de sa créance qu'après tous les créanciers dont les titres ont été enregistrés selon les prescriptions de la loi. Dans le cas de concours de plusieurs créanciers, le gage est compris dans la masse. Si, dans le cas où le débiteur serait devenu insolvable, le créancier avait recélé sciemment un gage qui aurait été constitué en vertu d'un contrat non enregistré, il sera exposé à être poursuivi devant les tribunaux criminels.

Ainsi que nous l'avons dit en parlant des actes constitutifs d'hypothèque, ceux qui sont destinés à constater le contrat de gage ne sont pas transmissibles par voie d'endossement.

Telles sont, en résumé, les principales dispositions qui font l'objet de la législation civile russe.

Ainsi qu'on le voit, elle reflète la constitution politique et sociale de l'empire russe. En effet, en ce qui concerne les personnes, la division des citoyens en plusieurs classes suivant leur condition, le degré de fortune, la profession qu'ils exercent, les dignités dont ils sont revêtus, devait imposer au législateur l'obligation de ne pas leur accorder les mêmes droits, mais bien de les subordonner au degré d'élévation auquel ils sont placés dans la hiérarchie sociale. Cette sorte d'inégalité est une conséquence forcée de la constitution même de la société russe.

Le code civil russe ne contient pas seulement des dispositions relatives au droit privé, il renferme :

1° De véritables dispositions de droit politique ;

2° D'autres qui rentrent dans la procédure ;

3° Enfin, des sanctions pénales.

Dans la confection de ce code, les rédacteurs ne pouvaient

être des novateurs, ils n'avaient pas à constituer une législation nouvelle, mais bien à coordonner les nombreux décrets, ordonnances, coutumes, etc., qui jusqu'alors régissaient l'empire. Ils leur ont emprunté les maximes dont la sagesse et l'utilité pratique avaient été consacrées par un long usage et l'autorité des hommes les plus éminents de la science.

CHAPITRE XX

Législation pénale moderne.

Lorsqu'un délit a été commis, la juridiction criminelle doit apprécier le degré de culpabilité de l'auteur et appliquer la peine. A partir de ce moment le condamné appartient à l'administration de la police judiciaire. Ces deux autorités fonctionnent régulièrement dans la sphère de leurs attributions, présidant aux phases du drame judiciaire dont l'action se poursuit jusqu'au dénoûment, qui consiste dans la légitime réparation donnée à la société offensée par la perpétration des délits que la loi doit sévèrement réprimer. A cet égard, il existe dans la législation criminelle de Russie deux règlements qu'il est important de signaler : le premier est relatif aux mesures préventives et répressives ordonnées à l'égard des individus présumés coupables ; le second est une sorte de code des prisons de l'intérieur de la Russie, et contient en outre des dispositions applicables aux déportés de Sibérie à Botany Bay. D'après l'opinion des légistes, il est difficile de trouver un recueil de dispositions préventives aussi complet que ce second code. Ce n'est pas seulement l'abondance des matières qui le distingue, mais encore la merveilleuse sagesse qui a présidé à leur classification. Il se compose de deux mille deux cent vingt-quatre articles, est divisé en cinq chapitres dans chacun desquels le législateur a prévu une classe de délits ; tels sont : les délits ayant pour but d'entraver le libre exercice des divers cultes, les délits attentatoires à la sûreté de l'État, à la morale publique, à la liberté individuelle, et enfin à la propriété privée.

Les délits composant la deuxième classe sont partagés en plusieurs subdivisions, savoir : publications faites sans autorisation préalable, altérations de documents officiels; délit résultant de fausses nouvelles politiques répandues avec une intention coupable, simulation d'ukases, distribution de pamphlets, presse et librairie clandestines, résistance et violences exercées envers l'autorité publique, séditions, révoltes et complots.

Au commencement de ce second chapitre et à l'occasion de la première classe de délits, se trouve exposé le mode de publication dans les villes et communes des lois, décrets, arrêtés, et des diverses ordonnances émanant de l'autorité. On y retrouve la mêm classification que celle adoptée dans le code pénal français sauf cette différence que les quatre grandes divisions de la lo française composent seulement deux parties dans le code de l'empire russe. La première contient les principes généraux du droit pénal au point de vue philosophique ; dans la seconde's trouvent énoncées les pénalités applicables à chaque genre de délits ; ce sont : la peine de mort, la mort politique, la privation des droits civiques, les peines corporelles, les travaux forcés, la déportation, l'enrôlement forcé, la privation de la liberté, les amendes, et confiscations, et enfin la censure ecclésiastique.

La peine de mort est prononcée contre les individus qui se seraient rendus coupables des crimes d'État placés aux deux premiers degrés de l'échelle pénale de cette classe, c'est-à-dire les crimes de lèse-majesté et de perduellion. La peine capitale s'applique également aux auteurs d'infractions à certains règlements relatifs aux quarantaines et aux délits militaires commis en temps de guerre.

La mort politique présente quelque analogie avec la mort civile; la mise à exécution de cette peine est précédée d'un simu-
lacre de supplice.

On comprend sous le nom de peines corporelles : la fustigation (1). Les nobles, les ecclésiastiques, les bourgeois notables,
les marchands des deux premières guildes, les personnes déco-
rées qui se rendaient coupables de quelque délit emportant
comme pénalité une peine corporelle n'y étaient pas soumis.

Dans une autre partie de la législation pénale se trouvent des
dispositions relatives aux sujets russes résidant en Russie et à
l'étranger. Dans la seconde partie, le législateur s'est occupé
des contraventions et délits en matière fiscale.

Nous n'entrerons pas dans l'énumération des diverses règles
concernant l'instruction criminelle, règles qui d'ailleurs sont
communes à toutes les procédures pénales. Nous nous bornerons
à constater que la procédure de certains délits particuliers est
instruite d'une manière tout exceptionnelle. Tels sont, par
exemple, les attentats commis contre la religion, les crimes
d'État appartenant aux deux premiers degrés, le crime de for-
faiture des fonctionnaires, les délits attribués à la juridiction
des cours martiales (infractions aux règlements concernant les
quarantaines, délits commis par des individus détenus), ceux
déférés aux tribunaux ecclésiastiques, à la cour de conscience,
ceux qui doivent être jugés sommairement, et enfin les infractions en matière fiscale.

(1) Actuellement la peine du knout est abolie dans l'empire russe.

CHAPITRE XXI

Législation commerciale actuellement en vigueur.

En Russie, les commerçants composent une classe particulière, ou plutôt une corporation, un ordre complétement distinct des autres.

Cet ordre (*Soslovie*) est divisé en trois *guildes* connues sous la dénomination de première, deuxième, troisième guildes.

Les différences qui caractérisent les guildes sont :

I. — Le montant du capital affecté à l'exploitation du commerce;

II. — La nature de la patente;

III. — Les priviléges attribués à la guilde à laquelle appartient le commerçant et la faculté qu'elle lui accorde d'exercer le commerce.

Pour faire partie d'une des guildes, il faut être sujet de l'empire russe. Néanmoins les étrangers qui prêtent serment de fidélité à l'empereur y sont admis.

Peuvent en faire partie :

I. — Tous les habitants des villes sans distinction de sexe, d'âge, de profession et de commerce;

II. — En général, tous ceux qui ont la faculté de choisir librement leur profession;

III. — Tous les nobles auxquels on accorde néanmoins le droit de conserver leurs titres;

IV. — Les femmes et les filles commerçantes;

N'ont point le droit de faire partie des guildes :

I. — Les nobles qui sont au service de l'État;

II. — Les ecclésiastiques ;

Cette règle reçoit une exception en faveur de leurs veuves.

III. Les militaires en activité de service apppartenant aux grades inférieurs de l'armée.

La même prohibition existe pour les banqueroutiers frauduleux, les individus condamnés comme s'étant rendus coupables d'un crime, les fonctionnaires destitués, les nobles ayant subi une condamnation et, à la suite de cette flétrissure, jugés indignes d'appartenir à l'ordre de la noblesse. Un délai a été fixé (à partir du 1er novembre jusqu'au 1er janvier), pendant lequel on peut se faire utilement inscrire dans les guildes. Cette inscription a lieu à une maison de ville, à la condition que le postulant justifie par écrit qu'il possède le capital exigé.

Ainsi que nous l'avons dit, les étrangers qui ont prêté serment de fidélité à l'empereur pourront se faire inscrire dans les guildes, après y avoir préalablement été autorisés par le sénat dirigeant.

Aucun serment n'est exigé des étrangers pour avoir le droit de former des établissements de commerce en Russie et de se faire inscrire dans les guildes par un laps de temps limité; mais, dans ce cas, ils doivent préalablement obtenir l'autorisation des gouvernements civils.

Pour être inscrit dans la première guilde, il est nécessaire de déclarer que l'on possède un capital commercial de cinquante mille roubles, de vingt mille dans la seconde, et de huit mille dans la troisième. Les commerçants faisant partie de la première guilde doivent payer un impôt de deux mille deux cent

roubles, ceux de la seconde huit cent quatre-vingts, et enfin,
ceux de la troisième deux cent vingt, dans les deux capitales,
les chefs-lieux des gouvernements et les villes maritimes, cent
cinquante dans les autres villes, cent dans quelques autres gouvernements moins riches, soixante seulement au Kamstchatka.

Les commerçants de la première guilde ont le droit de porter
le titre de négociants. Ils ont, en outre, certaines prérogatives
purement honorifiques, telles que la capacité de pouvoir être
admis dans la classe des bourgeois notables, d'obtenir des dignités, des décorations, la position de conseiller de commune,
l'entrée du château impérial, le droit de porter l'épée. En ce qui
concerne le libre exercice du commerce, les commerçants jouissent de la plus grande latitude : ils peuvent importer et exporter
toutes espèces de marchandises de provenance russe et étrangère, les vendre en gros dans toute l'étendue de l'empire, pos-
séder des navires de cabotage, fonder des établissements et
comptoirs de toute nature, se livrer à des opérations de banque, fonder des compagnies d'assurances, soumissionner des fournitures pour le compte de l'administration et consentir en matière commerciale toute espèce de conventions, sans aucune
restriction.

Quant aux commerçants appartenant à la deuxième guilde,
ils ne peuvent point recevoir dans leurs magasins plus de cinquante mille roubles de marchandises. A l'extérieur, ils ne peuvent point faire un chiffre d'affaires supérieur à trois cent mille
roubles par an. Ils ne peuvent avoir ni maisons de banque, ni
comptoirs d'assurances et n'ont pas le droit de se livrer à des
opérations commerciales dont le montant serait supérieur à la
somme de cinquante mille roubles.

Les commerçants qui font partie de la troisième guilde doivent se livrer exclusivement au commerce de détail : ils ne peuvent débiter leurs marchandises que dans les villes où ils sont
obligés d'approvisionner leurs magasins en faisant des achats

chez des marchands faisant partie des deux premières guildes.
Leurs opérations commerciales ne peuvent s'élever au delà de
la somme de vingt mille roubles. Il leur est défendu de se livrer
au commerce de gros avec des marchandises importées de l'é-
tranger. Quant à ce qui concerne le commerce de détail, les
commerçants appartenant aux deux premières guildes sont assimilés à ceux de la troisième. Ceux qui font partie des trois guildes
sont tous affranchis de la capitation et ne sont point assujettis à fournir des logements aux troupes de passage. S'il se
trouve dans les deux premières guildes des individus contre
lesquels certaines pénalités aient été prononcées par les tribunaux, dans aucun cas la fustigation ne leur sera appliquée

Les étrangers inscrits dans une des trois guildes jouissent des
mêmes droits et priviléges, et sont soumis aux mêmes charges
que les nationaux.

La naturalisation des étrangers s'opère par la prestation du
serment de sujétion.

Aucun étranger ne peut exercer la profession de commerçant
en Russie, sans perdre sa qualité; il devient sujet russe. Il est
fait exception à cette règle en faveur des artistes, des individus
faisant le commerce de bêtes à cornes, des fabricants industriels et enfin des marchands en gros.

Les nobles inscrits dans une guilde sont justiciables des tribunaux de commerce. Ils peuvent ouvrir une maison de commerce et contracter toute espèce d'associations commerciales. Les
impositions qu'ils doivent payer en qualité de négociants ne les
dispensent pas de remplir les autres obligations qui leur sont
imposées par la loi.

Les commerçants habitant une ville de province qui désirent
établir leur domicile dans une des capitales de l'empire, doivent justifier de leur patente, et la faire mentionner sur un registre spécial tenu à cet effet à la maison de ville.

18

Les commerçants appartenant à la première et à la seconde guilde, ne possédant aucun immeuble et n'ayant point d'établissement dans une ville de province, ne sont pas obligés de se faire inscrire au nombre des habitants résidant ou domiciliés dans cette ville. Les commerçants de la troisième guilde sont obligés de se munir d'une patente. Dans les villes que les marchands se contentent de traverser sans s'arrêter, il leur est interdit de vendre leurs marchandises ou de les colporter, sous peine de se les voir confisquer.

Si le droit d'exercer le commerce ne peut s'acquérir que par l'inscription du commerçant dans l'une des trois guildes, il se perd pour les causes qui suivent :

I. — Dans le cas où le commerçant ne payerait pas exactement les impôts dus à la guilde dont il fait partie et les autres contributions annuelles dont il est tenu;

II. — S'il devient insolvable ;

III. — Dans le cas où une condamnation serait prononcée contre lui par suite d'un délit dont il se serait rendu coupable;

IV. — Lorsqu'il cesse d'exercer le commerce.

Il est défendu aux banqueroutiers frauduleux d'exploiter de nouveau un commerce quelconque.

La corporation des commerçants des capitales et des villes des gouvernements est autorisée à exclure de la guilde de la troisième classe tout commerçant dont la réputation serait flétrie par un arrêt du tribunal civil qui aurait été rendu contre lui.

Il en serait de même dans le cas où, sans avoir subi de condamnation prononcée par le tribunal criminel, il eût été reconnu coupable d'un délit sur l'existence duquel aucun doute ne pouvait s'élever.

Du droit accordé aux étrangers d'exploiter un commerce en Russie.

Les étrangers peuvent exercer un commerce dans l'empire de Russie. Ils sont considérés par la loi, ou comme *hôtes étrangers domiciliés* ou comme *marchands étrangers voyageant* pour des affaires commerciales. Les *hôtes étrangers* sont les marchands d'origine étrangère qui, tout en faisant le commerce en gros, ne jouissent pas complétement du droit de bourgeoisie dans un port de mer ou dans une ville située à la frontière de l'empire.

On comprend sous la dénomination de marchands voyageurs les étrangers qui se livrent au commerce de gros en Russie. Les étrangers ne peuvent vendre leurs marchandises qu'à des commerçants russes appartenant à la première ou à la seconde guilde. Il en est de même des échanges de marchandises qu'ils se proposeraient de faire.

Ils peuvent disposer, comme ils le jugent convenable, des objets qui n'ont pas une destination commerciale, seulement la faculté de vendre ou d'échanger les marchandises qu'ils ont achetées en gros leur est interdite.

Les étrangers ayant établi leur domicile en Russie, mais qui ne font pas partie des hôtes étrangers, ne peuvent exercer aucun commerce soit en gros, soit en détail, ni se livrer à aucunes opérations de change ou de bourse.

Aucun étranger ne peut se faire inscrire dans l'une des trois guildes, à moins qu'il n'ait été autorisé à prêter le serment de fidélité exigé des sujets russes.

Lorsque des étrangers veulent importer en Russie des capitaux ou y exploiter une industrie, ils sont autorisés à fonder des établissements de commerce dans l'empire. Ils peuvent se faire inscrire dans les guildes, et pendant le laps de temps de dix

ans, ne sont pas obligés de prêter le serment de fidélité. A l'expiration de ce délai, ils sont mis en demeure, ou de se faire na-
turaliser en qualité de sujets russes, ou de céder leurs établissements. Ils ne peuvent vendre que les produits qu'ils sont
autorisés à exploiter dans la guilde à laquelle ils appartiennent.

Les hôtes étrangers ne peuvent résider et exploiter leur commerce que dans le port de mer ou la ville frontière où ils se
sont fait inscrire, et après s'être munis d'une patente constatant
leur qualité de commerçant appartenant à la première guilde.
Il leur est interdit d'expédier des marchandises, et de les vendre
pour leur propre compte dans les autres villes de l'empire.
Cette prohibition cesse pour les trois grands marchés de Koren-
noi, Nijninovgorod et Irbitsk. Ils peuvent faire des achats, mais
seulement dans les villes et les bourgs. Il ne leur est pas
défendu d'établir dans les gouvernements des fabriques ou établissements, pourvu qu'ils y aient été autorisés. La permission
des autorités locales leur est également nécessaire pour qu'ils
aient le droit d'en vendre les produits. Ils ne peuvent ni vendre,
ni faire vendre en détail leurs marchandises. S'ils acceptent ou
s'ils tirent des lettres de change, s'ils les endossent, ils n'ont la
faculté de se livrer à ces actes de commerce qu'avec des commerçants appartenant aux guildes des deux premières classes,
ou avec les bourses et maisons de commerce étrangères.

Les *marchands voyageurs* ne peuvent faire le commerce en
gros qu'avec les bourses et sur la ligne des douanes, mais non
dans l'intérieur des villes. Ce droit ne leur est accordé que pour
un laps de temps de six mois seulement. S'ils en usaient à
l'expiration de ce délai, ils seraient obligés de se munir de la
patente imposée par la loi aux commerçants appartenant à la
guilde de deuxième classe, ou de payer les contributions. Dans
le cas où ils auraient l'intention de prolonger leur séjour en
Russie au delà d'une année, ils devront se soumettre aux obli-

gations des hôtes étrangers en obtenant la patente des marchands faisant partie de la première guilde. Dans le cas où ils ne rempliraient point ces formalités, ils seront obligés de quitter le territoire de l'empire, ou, s'ils y restent, ils ne pourront conserver que la qualité d'étranger non commerçant.

Pendant le laps de temps d'une année à partir du jour de leur arrivée en Russie, les marchands voyageurs étrangers ne pourront vendre à la bourse ou sur la ligne des douanes que les marchandises étrangères composant la pacotille qu'ils auront apportée. Il ne leur sera permis de ne les vendre qu'en gros, et seulement aux marchands russes appartenant à la première et à la seconde guilde auxquels ils peuvent acheter des marchandises de provenance russe; tout autre genre de commerce en détail leur est interdit.

Des commerçants qui peuvent se livrer librement à des opérations commerciales sans être assujettis à l'obligation de la patente.

Ne sont pas obligés de se munir d'une patente, peuvent exploiter en boutique un commerce :

I. — Les individus qui font le commerce du blé et de tous les autres produits du sol.

L'exercice de ce genre de commerce ne reçoit de la loi aucune limitation; ils peuvent l'exercer en gros, en détail, et dans toute l'étendue de l'empire.

II. — Les industriels qui gèrent des établissements situés près de la mer, de lacs ou de rivières navigables;

III. — Les commerçants qui, pour débiter leurs marchandises, suivent les foires et marchés;

IV. — Les ingénieurs qui se chargent de la construction de machines et appareils destinés aux fabriques, ainsi que les personnes qui so livrent à la vente des produits de ces fabriques ;

V. — Les pharmaciens et imprimeurs.

Les nobles ont la faculté de vendre les produits des terres dont ils sont propriétaires et ceux provenant des fabriques, manufactures ou usines qu'ils exploitent sur leurs immeubles. Dans ce cas l'obligation de se faire inscrire dans une des guildes ne leur est pas imposée. Les personnes qui appartiennent à la noblesse par leurs ancêtres peuvent se livrer à des opérations commerciales, vendre et acheter.

Les individus dont les noms ne sont pas inscrits sur les registres de la classe de la bourgeoisie, n'ont point le droit de se livrer aux industries dont les bourgeois ont seuls l'exercice. Toutefois une exception à cette règle est admise en faveur des veuves des fonctionnaires civils, des ecclésiastiques, des femmes, filles de soldats et de paysans auxquels on a accordé la patente du quatrième ordre. Tous les genres de commerce quels qu'ils soient sont interdits aux habitants nobles des villes ainsi qu'aux fonctionnaires civils et militaires.

Des livres de commerce.

Tous les marchands russes ou étrangers qui exploitent habituellement un commerce, doivent avoir des livres tenus régulièrement en se conformant à cet égard aux obligations qui leur sont imposées par la loi (1).

Les commerçants doivent avoir une comptabilité régulière appropriée à la nature et aux exigences de leur commerce.

Les opérations commerciales peuvent se diviser en trois classes bien distinctes : 1° celles de gros, 2° celles qui comprenant

(1) Règlement du 14 juin 1834, relatif aux livres de commerce.

les ventes en gros et en détail n'ont pas un caractère nettement tranché, enfin celles relatives aux ventes en détail.

La première classe comprend les banquiers, les commerçants en gros, et, généralement, tous ceux qui font le commerce et la commission avec l'étranger. La loi impose aux commerçants de cette classe l'obligation de tenir des livres; ils doivent avoir:

I. — Un *mémorial* ou *journal* destiné à recevoir jour par jour la mention de toutes les opérations commerciales faites dans la maison;

II. — Un *livre de caisse* sur lequel doivent être détaillés tous les articles relatifs au maniement général des fonds. Ce livre doit être clos à la fin de chaque mois et le report, tant de l'actif que du passif, indiqué à la date du premier jour du mois suivant;

III. — Un *grand livre*, ou livre général, contenant séparément la mention de tous les comptes relatifs aux opérations commerciales qui ont été faites, savoir: le chiffre exact du capital, l'énumération des biens meubles et immeubles, le compte de caisse, celui des dépenses nécessitées par le genre de commerce exploité, l'indication des sommes déboursées périodiquement pour la nourriture, l'entretien du commerçant et de sa famille, celles comprises dans les profits et pertes, etc... Ce grand livre doit être tenu de manière à pouvoir établir exactement, en le consultant, la balance de l'actif et du passif en indiquant la situation générale des affaires;

IV. — Un livre de *copie de lettres*;

V. — Un *livre des marchandises* sur lequel doivent être énumérées toutes les marchandises reçues, vendues ou expédiées. En regard, on devra inscrire l'indication des prix détaillés;

VI. — Un *livre de compte courant* contenant la mention des crédits ouverts par la maison de commerce et de ceux qui lui sont faits. Les noms des créanciers et des débiteurs devront être mentionnés sur ce livre ;

VII. — Un livre destiné à recevoir les comptes relatifs aux marchandises vendues ;

VIII. — Un *livre des factures* contenant les comptes et factures des marchandises expédiées ;

Voici quels sont les livres que doivent tenir les commerçants appartenant à la seconde classe d'opérations commerciales.

I. — Un *livre de marchandises* sur lequel doivent être inscrites toutes les marchandises reçues et vendues avec l'indication des prix et conditions de la vente. Quant aux articles d'une minime importance, il suffira de les désigner en bloc ;

II. — Un *livre de caisse* destiné à constater la destination donnée aux fonds et à énoncer en détail toutes les dépenses faites. Ce livre devra être clos à la fin de chaque mois et le report indiqué à la date du premier jour du mois suivant ;

III. — Un *livre de comptes* sur lequel le commerçant devra inscrire ses dettes et ses créances, avec indication des échéances et des payements qu'il devra effectuer et des sommes encaissées ;

IV. — Un *livre de documents* destiné à recevoir la mention des lettres de change souscrites au profit du commerçant, des emprunts, des mandats, des sommes représentées en billets de banque, des actions, des contrats, traités, en un mot de tous les autres documents utiles à consulter. En outre, le commerçant doit indiquer sur ce livre les époques auxquelles sera effectué le payement des sommes qui lui sont dues. Dans le cas où il n'aurait pas été fait, la cause devra en être énoncée.

Les lettres de change et effets de commerce que le commerçant aura lui-même souscrits, devront être également mentionnés avec l'indication de la cause de leur émission.

La troisième classe comprend les marchands qui vendent en

détail, les bourgeois et les personnes qui, se livrant à l'industrie
pour leur propre compte, exploitent leurs produits. Il faut ex-
cepter de cette classe les personnes qui ne travaillent que d'après
les commandes qui leur sont faites.

Les commerçants de la troisième classe sont obligés de tenir
trois livres, savoir :

I. — Un *livre de caisse* sur lequel doivent être portés, le montant de la recette de chaque jour, les dépenses faites par le commerçant, la mention du payement des marchandises qui a été
effectué et des matériaux qu'ils ont achetés. En outre, ils devront
inscrire également sur ce livre et en détail leurs dépenses personnelles, celles relatives à l'entretien de leur maison et enfin celles
qui ne peuvent être prévues.

De même que pour les livres semblables exigés dans les autres
classes, il devra être clos tous les mois et le report sera indiqué
à la date du premier jour du mois suivant;

II. — Un *livre de marchandises* sur lequel doivent être inscrites
toutes les marchandises reçues dans les magasins, avec l'indication du prix, des conditions des achats et la mention du total
des articles peu importants;

III. — Un *livre de balance* indiquant nettement l'actif et le
passif du commerçant.

Tous les commerçants, quelle que soit la classe et le genre de
commerce ou d'industrie auxquels ils appartiennent, sont rigoureusement astreints à tenir les livres prescrits par la loi.

En outre, d'après l'importance et les nécessités de leur commerce, ils pourront en tenir d'autres, afin d'ajouter encore à
l'ordre et à la régularité de leurs affaires.

Dans tous les cas, ils doivent conserver le brouillard qui doit
contenir l'indication sommaire de leurs opérations commerciales
pour les transcrire ensuite et en détail sur les autres livres composant leur comptabilité. Quoiqu'il en soit, les formalités qu'ils

doivent observer dans la tenue de ces livres ne sont pas exigées
pour le livre brouillard.

Chaque commerçant à la faculté d'inscrire dans la langue
qu'il lui convient de choisir les mentions exigées par la loi.
Cependant les commerçants juifs ne peuvent employer que les
langues russe, polonaise ou allemande.

La plus grande régularité doit être apportée dans la tenue
des livres de commerce que tout commerçant doit avoir; on
doit éviter les corrections, ratures, surcharges, etc....; le con-
texte de l'écriture doit être d'un seul corps, et il est recommandé
de ne point laisser de blancs entre les divers articles énoncés
sur les registres. Dans le cas où une omission ou une erreur aurait été faite sur un livre, on ne devra rien ajouter à ce qui aura
été écrit, ni rien effacer : on se contentera de mentionner, au
bas de la page, l'erreur ou l'omission qui aura été commise. Si
le commerçant ne s'en est pas aperçu et que, par conséquent,
il ne les ait pas signalées au bas de la page du registre, et le jour
même où elles ont été commises, il devra leur consacrer, dans
son journal, un article spécial qu'il reproduira sur ses autres
livres. Si ces erreurs ou omissions sont très-légères, il sera inutile de les signaler.

Tous les commerçants, sans exception, sont obligés de
vérifier eux-mêmes, tous les ans ou tous les dix-huit mois au
moins, la situation générale de leurs affaires à l'époque de
l'année qu'ils choisiront. Ils établiront exactement la balance
de leur actif et de leur passif, feront l'inventaire général de
toutes leurs marchandises, et enfin dresseront le compte de
leurs dépenses journalières et des profits et pertes. Ils ne devront point effacer de leurs livres les mauvaises créances, tant
que le compte définitif de leurs affaires n'aura pas été arrêté,
et que toutes les poursuites nécessaires n'auront pas été in-
tentées contre leurs débiteurs. Ces créances seront inscrites à

l'article des pertes, et représentées à la recette par une somme peu importante.

La balance de l'actif et du passif sera inscrite sur le livre correspondant d'après la classe à laquelle appartient le commerçant (pour les commerçants appartenant aux deuxième et troisième classes, cette mention sera faite sur les premiers folios du livre de compte), de telle sorte que chaque nouveau registre présente d'abord l'indication du capital du commerçant, de ses biens et des autres comptes de l'année précédente.

Ces livres, lorsqu'ils sont tenus régulièrement, peuvent, aux termes des articles 1673 à 1675 du code de commerce russe, faire foi en justice.

Personne n'est fondé à exiger d'un commerçant la communication de ses livres, lorsqu'il s'y refuse.

Dans un procès pendant entre deux parties, si une seule produit ses livres à l'appui de sa prétention, le tribunal pourra motiver sa décison sur la preuve résultant de cette production, dans le cas où l'autre partie ne consentirait point à produire les siens.

Personne n'a le droit de saisir les livres d'un commerçant pour en prendre connaissance. Il en est autrement dans le cas où le tribunal aurait rendu un jugement déclaratif de faillite.

Les livres supplémentaires que peuvent tenir les commerçants, mais qui ne sont pas exigés par la loi, ne font foi en justice que lorsque les articles qu'ils contiennent sont en parfaite concordance avec ceux qui sont obligatoires.

Si les gérants d'une société, indépendamment des livres relatifs aux affaires de cette société, en tiennent d'autres concernant des opérations commerciales qui leur sont personnelles, elles devront être constatées dans une comptabilité spéciale.

Les livres tenus d'une manière irrégulière, contenant des corrections, surcharges, ratures, interlignes, etc., ne font point foi en justice. Dans le cas où les commerçants qui les tiendraient ainsi seraient déclarés en faillite et ne pourraient justifier des pertes qui auraient été constatées, ils seront considérés comme banqueroutiers frauduleux. Cette règle n'est pas applicable aux détaillants dont le chiffre d'affaires n'excède pas dix mille roubles par an.

Lorsque les débitants dont les livres ont été tenus régulièrement sont déclarés en faillite, les créanciers, réunis en assemblée générale, décident si le mauvais état du failli lui est imputable ou s'il résulte des circonstances malheureuses au milieu desquelles il a pu se trouver. Dans ce cas, aucune excuse ne sera admise sans que les livres aient été vérifiés et lorsqu'ils n'auront pas été tenus régulièrement les représentants et employés du commerçant failli ne seront pas responsables des irrégularités qui pourraient être constatées.

Les commerçants sont obligés de conserver leurs livres. Dans le cas où ils deviendraient insolvables, ils devront produire ceux qui constatent leurs opérations commerciales depuis le laps de temps de dix années.

Dans le cas où les livres d'un commerçant lui auront été soustraits, ou s'ils ont été détruits par suite d'un cas de force majeure, il doit immédiatement en donner connaissance aux juges composant le tribunal de commerce ou aux autorités locales, qui, après avoir vérifié la véracité des déclarations du commerçant, lui délivrent un certificat afin de le décharger de toute responsabilité à l'égard des tiers intéressés.

CHAPITRE XXII

Des sociétés commerciales.

Le code de commerce russe distingue deux classes de sociétés commerciales : 1° les sociétés proprement dites ; 2° les sociétés en commandite. Les sociétés par actions et les compagnies dont les membres appartiennent à diverses professions ne sont pas considérées comme commerciales.

Les sociétés proprement dites se composent de deux ou plusieurs associés exerçant le commerce sous une seule et même raison sociale. Les clauses et conditions relatives à ce genre de sociétés doivent être énoncées par écrit dans un acte que les parties feront dresser conformément aux dispositions du Code civil russe sur les sociétés (1). Les conventions insérées dans cet acte, qui ne seront contraires ni aux lois ni aux règlements, devront être exécutées. Les divers associés d'une maison de commerce sont tenus solidairement du payement des dettes qu'elle aura contractées. Il leur est interdit d'être associés d'une autre maison de commerce.

L'acte de société doit contenir toutes dispositions relatives aux

(1) Foucher, *Code civil russe*, pages 121, 122, 513, *De la société.* — Appendice de l'article 1384, page 521 du même Code.

diverses obligations consenties par les parties et à leurs droits
respectifs.

Pour qu'une société commerciale soit régulièrement constituée, ceux qui la fondent doivent préalablement en donner avis
au corps des commerçants et transmettre aux autorités ou à la
maison de ville une copie de ses statuts. Cette copie indiquera :

  1° La nature de la société ;

  2° Les noms, prénoms et domicile des divers associés :

  3° Les signatures des associés gérants ;

  4° Le montant du capital social. La liste de toutes les sociétés
commerciales qui se constitueront sera transmise au ministre
des finances. Les sociétés régulièrement formées jouiront des
droits et privilèges commerciaux attachés à la *guilde* dans laquelle les divers associés se seront fait inscrire. Les formalités
dont nous venons de parler sont rigoureusement exigées par la
loi. Dans le cas où elles n'auraient pas été observées, la société
n'aura pas d'existence légale et sera nulle.

Les sociétés en commandite sont celles dans lesquelles la signature sociale se compose du nom d'un des associés suivi de ces
mots : *et compagnie*. Les associés qui composent les sociétés en
commandite doivent se soumettre aux mêmes règlements que
ceux qui régissent les sociétés proprement dites. Les bailleurs
de fonds ne peuvent, en cette qualité, contracter d'engagements
au nom de la société et ne sont obligés que jusqu'à concurrence
du capital qu'ils ont versé à la société.

Des compagnies de commerce.

Les règles générales d'après lesquelles les sociétés commerciales doivent être constituées s'appliquent également à la formation des compagnies de commerce.

En outre, elles peuvent être autorisées en vertu d'un privilége spécial accordé par le gouvernement.

Elles portent le nom de *Compagnies placées sous la protection impériale.* La nature et le genre d'opérations de ces compagnies doivent être énoncés dans un acte qui doit être publié. Les droits et priviléges qui leur sont accordés, la durée de leur existence sont déterminés dans l'acte d'autorisation émané du gouvernement.

Des sociétés par actions.

Le capital social des sociétés par actions se compose de la réunion de diverses mises toutes d'égale valeur. Le genre d'opérations qu'elles doivent embrasser doit être déterminé. On limitera également la part pour laquelle chacun des associés pourra être actionné.

Les sociétés par actions peuvent avoir pour objet l'exploitation de tous les procédés industriels qui se trouvent dans le domaine public et ne constituent pas la propriété exclusive d'une personne déterminée, tels que ceux appliqués dans les sciences, les beaux-arts, les divers métiers et la navigation.

Elles ne peuvent être constituées sans l'autorisation spéciale du gouvernement, qui peut être donnée de trois manières, savoir :

1° Purement et simplement ;

2° Avec certaines remises accordées telles que la libérati n d'impôts, etc... ;

3° Enfin avec concession d'un privilége, c'est-à-dire en accordant à l'industriel ou au commerçant le droit d'exploiter son procédé à l'exclusion de tous autres pendant un laps de temps déterminé.

L'autorisation d'exploiter donnée par le gouvernement ne

garantit en aucun cas et d'aucune manière l'efficacité du procédé ou de la découverte.

En ce qui concerne l'objet et l'organisation des sociétés par actions, elles se divisent en deux classes :

I. — Celles dont l'exploitation exige de la part du directeur certaines connaissances spéciales dans les sciences ou les arts et qui nécessitent des avances de fonds pour édifier des constructions, et des acquisitions préalables : telles sont les sociétés créées pour l'exploitation de chemins de fer ou de voies de transport par eau ou par terre , la construction d'aqueducs, etc...;

II. Celles dont la nature et l'objet ne demandent ni connaissances spéciales ni avances de fonds pour l'achat d'un matériel ou dont les produits peuvent être perçus aussitôt qu'elles ont été formées, comme les compagnies d'assurances.

L'autorisation donnée par le gouvernement et à laquelle il joint la concession d'un privilége exclusif ne peut être accordée qu'aux directeurs de sociétés faisant partie de la première classe. Quant à ceux dont les sociétés appartiennent à la seconde classe, ils ne peuvent obtenir qu'une autorisation pure et simple ou accompagnée de certaines remises temporaires.

Le directeur d'une société qui veut obtenir un privilége pour l'exploitation exclusive d'une découverte faite en Russie ou qui y aurait été introduite de l'étranger doit, avant de former sa demande en autorisation, se faire délivrer un brevet d'après les règles prescrites dans les règlements relatifs aux manufactures (1).

Le privilége de l'industriel breveté ne peut être concédé à la société qu'en vertu d'un acte destiné à en transférer la propriété et passé entre le titulaire du brevet et la société. Dès que la mutation de propriété a eu lieu , le breveté perd tous les droits

(1) Fœlix, *Revue française et étrangère*, vol. III, p. 443.

qu'il avait sur la propriété de son procédé et les applications qu'il aurait pu en faire, et ne conserve que le titre de fondateur de la société, ou enfin de simple actionnaire.

On peut convenir que la durée de la société n'aura qu'un temps déterminé ou sera illimitée. Au contraire, les remises ou privilèges personnels concédés au titulaire ne le seront que pour un laps de temps limité. La durée est fixée en prenant en considération la période pour laquelle la concession fut accordée, la nature de l'exploitation, l'importance des avances qui devront être faites, les chances diverses et contraires qui peuvent se présenter, etc.

Dans le cas où la formation d'une société par actions est autorisée, on doit se conformer aux règles suivantes :

I. — L'exploitation exclusive du privilège accordé au titulaire ne peut excéder le laps de temps pendant lequel il est exercé, quelle que soit la durée de la société ;

II. — L'expiration de la durée du privilège n'entraîne pas la dissolution de la société ;

III. — A l'expiration du laps de temps pour lequel la société aura été constituée, l'assemblée générale des actionnaires peut demander au gouvernement de lui accorder l'autorisation de proroger la société pour une durée fixe ou indéterminée.

Dans aucun cas un privilège exclusif concédé à une société par actions ne peut être renouvelé ou prorogé.

Les sociétés par actions prennent le nom de l'exploitation pour laquelle elles ont été constituées. Celles qui ont pour objet des opérations commerciales ou industrielles doivent, chaque année, obtenir une patente dont elles sont tenues de payer la contribution et qui est proportionnée au chiffre du fonds social. Les sociétés qui, dans un genre d'industrie, sont à la tête du haut commerce de Russie et auxquelles le gouvernement n'a accordé ni privilèges ni concessions particulières, ne

19

sont pas soumises à l'impôt de la patente. Les ateliers et mines qui, par la nature de leurs travaux et de leurs produits, pourraient devenir une cause de gêne et d'insalubrité pour les habitants de la localité où ils se trouveraient, n'obtiendront l'autorisation d'être créés que si ceux qui doivent les diriger se conforment aux mesures prescrites par les règlements en pareille matière. Le gouvernement n'accorde jamais d'autorisation aux sociétés dans lesquelles on tenterait de se livrer à des opérations ou à des travaux impossibles, contraires à la loi, à la morale, aux bonnes mœurs, ou qui seraient susceptibles de porter de graves atteintes aux intérêts du trésor ou de l'industrie. Les sociétés privilégiées ne peuvent contracter valablement d'associations avec d'autres sociétés, ni céder leurs privilèges sans y avoir été spécialement autorisées par le gouvernement. Les sociétés ne peuvent étendre leurs opérations en dehors des limites qui leur ont été assignées dans leurs statuts, ni les modifier sans autorisation. Il en est de même des sociétés dont les directeurs ou gérants voudraient étendre leurs opérations en dehors des limites qui leur ont été assignées dans les statuts ou leur faire subir des modifications.

Il en est autrement des modifications partielles et de peu d'importance relatives à l'expédition des affaires courantes et de celles qui seraient de la même nature lorsqu'elles sont le résultat de l'expérience, et qu'elles émanent de la direction ou de l'assemblée générale des actionnaires. Si dans le délai fixé par les statuts pour l'émission des actions et les versements à effectuer par les actionnaires, on n'a pas souscrit à toutes les actions et que le capital social ne soit pas complété, dans le cas où les fondateurs de la société ne peuvent verser des fonds ou s'il leur est interdit, aux termes des statuts, de prendre pour leur propre compte les actions non placées, la compagnie ne peut se constituer et les privilèges qui auraient pu lui être accordés par le gouvernement sont retirés. Toutefois, il n'en est pas ainsi dans le cas où, du consentement unanime des actionnaires, on croit devoir décider que le capital social est limité au chiffre des sommes réalisées jusqu'à la clôture du délai fixé pour la souscription des actions, ou que les opérations de la société sont proportionnellement circonscrites. Dans ces cas, l'autorisation du gouvernement est nécessaire.

La dissolution des sociétés a lieu :

I. — Par l'expiration du laps de temps fixé par les statuts pour la durée de leur existence, à moins qu'il n'y ait eu une prorogation ;

II. — Par une décision de l'assemblée générale des actionnaires, de laquelle il résulterait que la continuation des opérations de la société ne serait pas possible ou pourrait être nuisible aux intérêts communs, si toutefois les engagements contractés par la société vis-à-vis des tiers ne mettent pas obstacle à la liquidation générale des affaires sociales.

Les concessions ou priviléges accordés aux sociétés s'éteignent avant l'expiration du laps de temps pendant lequel elles avaient le droit d'en user :

I. — Lorsque la société est dissoute ;

II. — Dans le cas où la déchéance de ces concessions ou priviléges aurait été prononcée.

On encourt la déchéance si, dans le délai fixé dans les statuts, par la faute des directeurs ou gérants, les opérations pour lesquelles la société avait été fondée n'ont pas été commencées, et dans le cas où le délai ne peut être prorogé sans porter un grave préjudice aux intérêts des associés et aux droits consentis à des tiers. Dans ce cas, la faute des directeurs et gérants doit être parfaitement établie, afin qu'il n'existe aucun doute.

La dissolution de la société et l'extinction des priviléges qui avaient été accordés sont rendues publiques :

I. — Par les soins du sénat dirigeant, d'après la communication qui lui en a été faite par le ministère ou le département qui agit à cet égard dans les limites de sa compétence;

II. — A la requête de la direction même de la société, par la voie des journaux.

Mode de composition et d'administration des sociétés.

Les modes de composition et d'administration des sociétés formées conformément aux dispositions de la loi russe doivent être énoncés dans l'acte constitutif de la société et développés dans les statuts, en se conformant à la nature et aux exigences des opérations auxquelles on veut se livrer, sauf les règles et modifications suivantes :

I. — *Fixation de l'époque à laquelle les opérations projetées doivent être commencées.* Lorsqu'il s'agit de former une société ayant pour objet l'exploitation d'aqueducs ou de chemins de de fer, nécessitant la construction de bâtiments spéciaux, et que les fondateurs ont demandé au gouvernement une concession ou un privilége exclusif, on mentionne, dans les statuts de cette société, l'époque à laquelle les travaux doivent être en pleine activité. A ce moment, le ministère, ou le département qui est compétent, doit se conformer aux dispositions de l'art. 18.

II. — *Forme, capital, émission et transfert des actions.* Les actions des sociétés doivent être nominatives et contenir, par conséquent, la mention du rang, de la qualité des actionnaires, leurs noms et prénoms patronymiques. Les émissions d'actions au porteur sont prohibées. Le capital de chaque action doit être déterminé par les statuts de la société qui les émet. Ce capital est versé à la société, selon ses besoins, soit en totalité lors de la constitution de la société, soit partiellement aux époques qui sont fixées.

Lorsqu'il s'agit de sociétés qui ont contracté des engagements envers des tiers et dont les opérations exigent le versement de la totalité du fonds social, le capital de chaque action est immédiatement et intégralement versé à la compagnie. Au contraire, dans les sociétés dont les statuts n'ont rendu exigible, à la fois, qu'une partie du capital social seulement, les actionnaires sont autorisés à se libérer par des payements partiels. Les époques auxquelles sont effectués ces payements, la quotité des sommes qui doivent être versées, sont déterminées par les statuts de la société, à moins qu'il n'ait été déclaré que ces questions sont laissées à la décision des directeurs ou de l'assemblée générale des actionnaires. Dans ce cas, on doit, par un avis inséré dans les journaux, prévenir les actionnaires du délai qui leur est accordé pour opérer les versements, et leur en faire connaître le montant. Lorsque le versement du capital des actions est fractionné, lors du premier payement, il est délivré à l'actionnaire un titre provisoire sur lequel est inscrite la mention des payements ultérieurs qui seront effectués. Ce titre lui assure la pleine propriété de l'action en lui donnant tous les droits et en le soumettant à toutes les obligations attachées à la qualité d'actionnaire. Lorsque le dernier payement a eu lieu, le titre provisoire est échangé contre un titre définitif. Dans aucun cas, ce titre définitif ne peut être délivré tant que le capital intégral de l'action n'a pas été versé par le souscripteur.

Les promesses d'actions doivent être nominatives, celles qui consisteraient en des titres au porteur sont considérées comme nulles. Dans le cas où le souscripteur néglige d'effectuer l'un des versements partiels au terme fixé, il ne peut obtenir de titre définitif. Les versements antérieurs qu'il a effectués seront acquis à la société, qui a la faculté d'émettre une nouvelle action pour remplacer celle dont le capital n'a pas été intégralement versé.

Les fondateurs d'une société sont autorisés à se réserver, à titre de préciput, un certain nombre d'actions, sous les conditions suivantes :

I. — Le nombre de ces actions ne peut excéder le cinquième de la totalité des actions émises;

II. — Les actions ainsi attribuées aux fondateurs portent des numéros d'ordre, à partir du chiffre premier, et sont inscrites sur le registre destiné à recevoir la mention des actions émises; ce registre est signé et visé par les fondateurs de la société.

Une fois ce prélèvement opéré, en ce qui concerne les autres actions à émettre, on observe les formalités suivantes :

I. — Un avis inséré dans les journaux indique :

1° Le nombre des actions destinées à l'émission ;

2° Le capital de chaque action et les époques auxquelles les versements doivent être effectués ;

3° L'époque à laquelle la souscription est ouverte ; celle de la clôture. Le laps de temps pendant lequel les souscriptions sont reçues ne peut être moindre de six mois au moins;

4° Le nombre d'actions qui peut être délivré à chaque souscripteur.

II. — Les demandes d'actions doivent être faites par la personne même qui désire souscrire, verbalement ou par écrit; il doit en être fait mention sur le registre énoncé en l'art. 27, avec l'indication des noms et prénoms patronymiques, rang, profession et domicile du souscripteur.

III. — A l'expiration du délai fixé pendant lequel les souscrip-

tions ont pu être valablement reçues, on procède à la répartition proportionnelle des actions entre les diverses personnes
qui ont adressé des demandes à cet égard. Ensuite l'état de répartition est transcrit sur le registre dont nous venons de parler.
Des avis sont publiés pour indiquer les époques auxquelles
doivent avoir lieu les versements soit partiels, soit de la totalité
du montant des actions ; enfin s'opère la délivrance des actions
ou promesses d'actions.

IV. — Les sommes versées par les souscripteurs sont immédiatement placées dans une institution de crédit et deviennent
productives d'intérêts jusqu'à ce qu'il en ait été fait emploi.

Tous les propriétaires d'actions ou de promesses d'actions
peuvent en disposer librement, comme de tout autre meuble ;
leur droit n'est limité que par les deux restrictions suivantes :

I. — Les actions et promesses d'actions ne peuvent être alié-
nées du vivant de celui qui en est le propriétaire, qu'en vertu
d'un transfert visé par les directeurs. Dans tous les cas où la
propriété de l'action aurait été transférée par suite d'une cession
ou de dispositions testamentaires, les directeurs eux-mêmes se
chargent d'opérer le transfert, après avoir fait les constatations
et vérifications nécessaires.

II. — Tous les marchés à terme d'actions ou de promesses
d'actions, sont prohibés et déclarés nuls dans le cas où ils
auraient été faits. L'agent de change ou le notaire qui est convaincu d'avoir fait un acte énonçant de semblables conventions
encourt la peine de la destitution, sans préjudice des pénalités
prononcées par la loi contre ceux qui facilitent ou favorisent les
jeux de hasard.

Capital de réserve et dividende. — Les statuts ou, à leur défaut, l'assemblée générale des actionnaires détermine, s'il y a lieu,
quelle doit être la valeur des retenues qui doivent être faites
sur les bénéfices nets de chaque année afin de constituer un

capital de réserve. La même assemblée décide également s'il y a lieu à distribuer des dividendes, et quel en doit être le montant.

Les dividendes qui n'avaient pas été réclamés doivent n ter déposés dans la caisse de la société pendant un laps de temps de dix ans ; à l'expiration de ce délai, si aucune demande de restitution n'a été formée, ils sont réunis au capital de réserve, ou répartis entre les actionnaires conformément aux statuts.

Droits et responsabilité des actionnaires. — Le droit, pour les actionnaires, d'assister aux assemblées générales et de prendre part aux délibérations, doit être énoncé dans les statuts de la société. On détermine de la même manière le nombre de voix que chacun d'eux peut représenter en qualité de mandataire, enfin les diverses obligations dont ils sont tenus.

Les actionnaires, et même les directeurs, ne peuvent être poursuivis que jusqu'à concurrence de leur apport effectif ; ni leur personne ni leurs biens ne répondent des obligations qu'ils auraient contractées comme actionnaires. Dans le cas où ils deviendraient insolvables, leurs créanciers personnels n'ont pas le droit de saisir leur apport social, qui appartient à la société. Il en est autrement du capital des actions dont ils sont propriétaires et des parts de bénéfices auxquels ils avaient droit de prétendre.

Administration des sociétés. — Les sociétés sont administrées par les fondateurs et par les directeurs. Les fondateurs en sont les administrateurs jusqu'à ce qu'elles aient été définitivement constituées, c'est-à-dire jusqu'à ce que l'on ait souscrit à toutes les actions émises, et tant que la totalité du capital des actions où le premier terme seulement n'a pas été versé. Ensuite il est procédé, dans l'assemblée générale des actionnaires, à la nomination des directeurs, au nombre desquels peuvent se trouver les fondateurs. Les statuts déterminent la composition, les époques auxquelles sont élus les membres du conseil de direction et le mode de leur nomination. Dans aucun cas, l'administration de la société ne peut être confiée aux mêmes personnes pour toute la durée de son existence, alors même que l'on aurait investi de ces fonctions les premiers fondateurs ou ceux qui auraient découvert le procédé industriel que l'on se serait proposé d'exploiter en constituant la société. Les divers modes d'administration, les pouvoirs conférés aux directeurs, la fixation des sommes qui doivent être mises à leur disposition pour les besoins de la société, doivent être déterminés dans les statuts. Les fonds qui ont été déposés dans des établissements de crédit ne pourront en être retirés que sur une demande rédigée par écrit et signée au moins de trois directeurs. Lors de chaque renouvellement du personnel de l'administration de la société, les membres du conseil de direction sortants doivent notifier aux chefs des établissements de crédit dans lesquels des fonds appartenant à la société auraient été déposés, les noms des directeurs nouvellement élus, et leur faire remettre leurs signatures. En outre, ces nominations sont publiées par la voie des journaux. Même dans des circonstances urgentes, le conseil de direction ne peut être autorisé à prélever sur les fonds appartenant à la société des sommes plus considérables que celles qui, aux termes des statuts, avaient été affectées aux dépenses d'administration de la société, sauf, dans le cas où ils auraient contrevenu à cette défense, à eux de soumettre à l'assemblée générale des actionnaires les motifs graves qui auraient pu les obliger à outrepasser les pouvoirs qui leur avaient été conférés. Lorsqu'il s'agit de prendre des arrêtés relatifs à l'administration d'une société, les membres du conseil de direction votent à la majorité simple (1). Les membres dont l'opinion n'a pas

(1) Dans la législation russe, la majorité *simple* se compose de la moitié des voix plus une. Quant à la majorité *absolue*, le nombre des voix néces-

prévalu peuvent consigner leurs observations au procès-verbal. Si, lors du vote d'un projet, on ne peut obtenir de majorité, la discussion est renvoyée devant l'assemblée générale des actionnaires.

Les directeurs sont les mandataires de la société, et, en cette qualité, ils doivent être responsables dans le cas où ils ne se seraient pas acquittés des fonctions qui leur sont confiées, ou s'ils avaient outrepassé leur mandat. Dans ces cas ils seront soumis au droit commun. Les résolutions que l'on doit prendre, et dont · l'adoption exige l'adhésion de l'assemblée générale des actionnaires, telles que les arrêtés des comptes généraux de la société, la fixation des dividendes à distribuer, l'élection des nouveaux directeurs, les demandes en modification des statuts, la dissolution et la prorogation de la société, ainsi que toutes les autres résolutions de la même nature qui, aux termes des statuts, doivent être prises avant d'être définivement arrêtées, sont l'objet d'une discussion dans l'assemblée générale des actionnaires.

Les époques auxquelles l'assemblée générale des actionnaires doit se réunir, les questions qui doivent y être discutées sont indiquées par le conseil de direction. Toutes les propositions relatives aux intérêts de la société qui pourraient être faites par des actionnaires doivent être adressées aux membres du conseil de direction, qui les examinent et les soumettent à l'assemblée générale, dans le cas où ils les croiraient dignes d'être prises en considération et de faire l'objet d'une discussion.

Les arrêtés de l'assemblée générale des actionnaires sont votés

saires pour la former est essentiellement variable; il est indiqué dans les statuts ou règlements de la société. En général, cette majorité se compose des deux tiers ou des trois quarts des voix, soit de la totalité des membres, soit seulement des membres appelés à délibérer. La majorité *relative* est celle qui comprend uniquement la pluralité des voix.

à la majorité des trois quarts des voix des actionnaires présents.

Le calcul du nombre des voix se fait d'après les règles établies dans l'article 32.

Comptabilité. — Les membres du conseil de direction sont tenus de rendre compte de leur administration à l'assemblée générale des actionnaires réunis aux époques déterminées par les statuts de l société. Quelques jours avant la séance, le compte rendu des actes d'administration, les procès-verbaux, livres, registres, pièces et documents à l'appui sont déposés au comité de direction, où les actionnaires peuvent en prendre connaissance.

L'assemblée générale des actionnaires a le droit de charger quelques-uns d'entre eux d'examiner le compte rendu de l'administration des directeurs, qui doit être revêtu de leurs signatures. Il de : ntenir :

I. — L'état de situation du capital social ;.

II. — La balance générale de l'actif et du passif pendant le dernier exercice écoulé ;

III. — Le compte particulier des dépenses relatives à l'administration ;

IV. — L'indication du total des bénéfices nets acquis à la société ;

V. — L'état de situation du capital de réserve, dans le cas où il en aurait été constitué ;

VI. — L'état spécial des recettes et des dépenses des établissements industriels et autres dépendant de la société.

Mode de déterminer les contestations sociales. — Toutes les contestations qui naissent entre les actionnaires, ou entre ceux-ci et les directeurs, relativement aux affaires de la société, sont jugées en dernier ressort, soit par l'assemblée générale des actionnaires, lorsque les parties acceptent cette juridiction, soit par un tribunal arbitral conformément aux dispositions du code civil. Toutes les contestations sociales doivent nécessairement être soumises au tribunal arbitral. Il en est de même à l'égard des contestations qui naissent entre les fondateurs avant la constitution définitive de la société.

Dissolution des sociétés.—Lors de la dissolution d'une société régulièrement formée, on doit procéder à la liquidation générale en se conformant aux usages du commerce. Un avis inséré dans les journaux porte à la connaissance des actionnaires et du public les époques de l'ouverture et de la clôture de la liquidation. Les actionnaires n'ont le droit de toucher aucune somme avant que l'on ait déposé dans l'un des établissements de crédit les fonds avec lesquels les obligations contractées par la société envers les tiers seront remplies. On procède ensuite au partage.

Procédure afin d'obtenir l'autorisation de fonder une société commerciale. —. Les demandes en autorisation doivent être adressées au ministre ou au chef du département dans le ressort duquel se trouve placée l'exploitation qui motive la création de la société.

Dans le cas où la nature et l'objet de l'exploitation l'exige, les membres des diverses administrations qu'elle peut concerner sont appelés à la délibération.

Dans le cas où des difficultés se présentent sur la question de savoir à quelle autorité la demande d'autorisation doit être faite, elle est résolue par le conseil des ministres.

Un projet de statuts revêtu de la signature des fondateurs doit être joint à la demande.

Dans le cas où la société que l'on se propose de fonder a pour objet l'exploitation d'une découverte, il est également nécessaire de joindre à la demande :

I. — Le brevet d'invention qu'a obtenu l'auteur de la découverte;

II. — L'acte constatant la cession du brevet faite à la société;

Le projet de statuts doit énoncer :

I. — L'objet de l'exploitation et les bénéfices que l'on obtient;

II. — La qualification qui est donnée à la société, et le lieu auquel elle aura son siège;

III. — La mention de la somme composant le capital social, le nombre des actions qui sont émises et la valeur de chacune d'elles;

IV. — Le mode de réalisation du capital social;

V. — La répartition des actions, l'énumération de celles qui sont exclusivement réservées aux fondateurs de la société, enfin le nombre d'actions auxquelles chaque personne a le droit de souscrire;

VI. — Le mode d'émission et de partage des actions, l'emploi des fonds versés à la société, les remises et privilèges accordés à la société, s'il y a lieu;

VII. — Le laps de temps pendant lequel ces remis   u priviléges sont accordés, la durée de la société;

VIII. — Le délai qui est accordé à la société pour mettre l'exploitation en pleine activité, lorsqu'elle a fait la demande d'un privilège au gouvernement;

IX. — Les obligations, droits, et l'étendue de la responsabilité de la société comme personne morale et des actionnaires;

X. — La mention qu'une patente a été accordée au fondateur de la société, si elle a pour but une entreprise commerciale ou une exploitation industrielle;

XI. — Les registres de comptabilité qui doivent être tenus;

XII. — L. chiffre des dividendes à distribuer et la formation du capital de réserve;

XIII. — L'organisation générale, le mode d'administration, les pouvoirs et attributions de la direction et de l'assemblée générale des actionnaires, ainsi que le traitement des directeurs, s'il y a lieu ;

XIV. — Les juridictions devant lesquelles sont portées les contestations sociales ;

XV. — Les modes de dissolution de la société et les mesures qui seront prises lors de la liquidation ;

XVI. - Enfin toutes autres clauses nécessitées par la nature de la société et le but qu'elle se propose d'atteindre. On doit joindre au projet de statuts les dessins et plans nécessaires pour en faciliter la complète intelligence.

Lorsque le projet de statuts est soumis à l'appréciation de l'autorité, elle examine :

I. — Si les clauses qu'ils contiennent ne dérogent point aux lois générales de l'empire ;

II. — Si les droits et intérêts des actionnaires sont suffisamment garantis ;

III. — Si les droits des tiers ne sont pas exposés à être lésés. Elle vérifie en outre :

I. — Les remises, exemptions particulières, priviléges exclusifs qui auraient pu être accordés à la société ;

II. — Les exemptions de patentes qui auraient été concédées ;

III. — En ce qui touche la question de savoir si le versement du capital des actions aura lieu immédiatement ou dans un délai déterminé, on prend en considération : l'importance de l'exploitation, les avantages qui peuvent résulter pour l'intérêt général, et enfin les capitaux plus ou moins importants qui se trouvent engagés dans l'exploitation.

Si, à la même époque, deux ou plusieurs personnes s'étaient pourvues auprès de l'autorité, dans le but de se faire autoriser à fonder une société pour l'exploitation d'une même entreprise ou du même procédé, dans le cas où ces diverses personnes

auraient sollicité certaines exceptions particulières ou un privilége exclusif, l'autorité donne la préférence au projet dont la
mise à exécution est la moins onéreuse pour l'État et la plus utile
à l'intérêt public. Si, en ayant égard à ces considérations, deux
ou plusieurs projets n'offraient aucune différence appréciable,
on donne la préférence à l'auteur du projet qui le premier a
fait sa demande à l'autorité.

Le projet de statuts, après avoir été examiné par le ministre
agissant dans les limites de ses attributions et avoir été discuté
entre lui et les fondateurs, est présenté, ainsi que les conclusions
du ministre, au conseil de l'empire lorsqu'il s'agit de sociétés
pour lesquelles des avantages ou priviléges sont demandés.
Dans ce cas, un extrait des articles des statuts relatifs aux demandes faites doit être annexé au rapport du ministre, et ces deux
pièces sont séparément soumises à l'approbation du souverain.
Lorsque l'arrêté du conseil des ministres ou du conseil de l'empire a reçu la sanction de l'empereur, la rédaction définitive des
statuts, dans lesquels sont compris les articles séparément
approuvés, sera revêtue des signatures des fondateurs de la société. Ces statuts seront rendus publics par le sénat dirigeant et
à la requête des directeurs de la société, enfin ils seront mis à
exécution selon leur forme et teneur. Les publications des statuts faites par le sénat dirigeant ont lieu d'après l'initiative que
prend le ministre.

Celles qui ont lieu à la requête de la direction sont insérées
dans les journaux.

Les projets de statuts dont les clauses sont contraires aux
lois de l'empire, aux bonnes mœurs, à l'ordre public, ou qui
dérogent aux principes de bonne foi commerciale, sont considérés comme non avenus. Il ne leur est donné aucune
suite, et le ministre est chargé de les renvoyer à ceux qui les
ont rédigés. Il en est de même des projets de statuts

dans lesquels les fondateurs de la société n'auront pas fait les changements et modifications qui leur ont été indiqués par l'autorité, à moins que les motifs de leur refus ne soient reconnus admissibles (1).

(1) Foucher, *Code civil russe*, pages 522-528; — Foelix, *Revue de législation française et étrangère*, pages 532-545; — Anthoine de Saint-Joseph, *Concordance des Codes de commerce*, pages 6-7.

CHAPITRE XXIII

De la lettre de change.

La lettre de change est tirée par le souscripteur ou sur lui-même ou sur une autre personne qui doit en payer le montant. Dans le premier cas il y a lettre de change proprement dite, dans le second cas la lettre de change est appelée *tirée*.

Les conditions essentielles à la validité de ces deux sortes de lettres de change sont les suivantes :

I. — Être tirée d'un lieu sur un autre;

II. — Énoncer l'année, le mois et le jour auxquels elle a été tirée;

III. — Indiquer l'époque du payement;

IV. — Désigner le montant de la valeur et en quelle monnaie elle doit consister;

V. — Énoncer à qui on a l'ordre, de qui elle est payable, mentionner leur nom et prénoms ou la raison sociale s'il s'agit d'une société; le tireur lui-même peut être le bénéficiaire de la lettre de change;

VI. — La signature du tireur comprenant ses nom et prénoms, ou la raison de commerce, doit être apposée sur la lettre de change;

VII. — Énoncer sur le titre que c'est une lettre de change;

20

VIII. — Faire connaître si la valeur a été fournie, et quelle valeur a été fournie ;

IX. — Le corps d'écriture de la lettre de change doit être tracé sur du papier timbré. Il est défendu d'employer des blancs seings à la place de la lettre même sur le papier des lettres de change.

Les conditions spéciales aux lettres de change tirées sont :

I. — La mention des noms ou de la raison de commerce de celui ou de la société qui doit effectuer le payement ;

II. — L'indication du lieu de son domicile et de celui auquel le payement doit être fait ;

III. — L'énonciation, dans le corps même d'écriture de la lettre de change et au bas, indiquant si elle est seule de change, si c'est la première, seconde, troisième, etc..., d'une même lettre de change, ou si elle en est seulement la copie. Dans le cas où le montant de la somme déclarée dans la lettre de change doit être payé en monnaie étrangère , il est nécessaire d'indiquer le taux du cours du change qui a été stipulé.

Si une ou plusieurs des énonciations dont nous venons de parler ont été omises dans une lettre de change, l'acte n'est pas complétement annulé, seulement il dégénère en une simple promesse ou obligation civile. Dans ce cas, les règles particulières aux lettres de change ne lui sont appliquées que lorsqu'un jugement du tribunal de commerce l'a ordonné.

Outre les énonciations essentielles à la validité des lettres de change, il en est d'autres dont voici l'énumération :

I. — La somme à payer doit être énoncée en chiffres et en lettres ;

II. — Dans les lettres de change tirées, on doit indiquer si le payement ne sera effectué qu'après une lettre d'avis, ou s'il est inutile de remplir cette formalité. L'omission de ces deux conditions n'annule point la lettre de change, mais le preneur peut exiger qu'elles soient remplies.

Toutes personnes auxquelles la loi n'interdit pas de s'obliger par une lettre de change peuvent en souscrire. Les femmes mariées, les filles vivant avec leurs parents, même majeures, ne peuvent s'obliger par lettre de change ; elles ne doivent ni les souscrire ni les endosser. Pour s'obliger de cette manière, les femmes mariées doivent avoir l'autorisation de leurs maris. Quant aux filles, il est nécessaire qu'elles soient autorisées par leurs parents, à moins qu'elles n'aient en leur propre nom un commerce et qu'elles s'obligent pour des opérations commerciales. En général, tous ceux que la loi répute incapables de s'obliger, ne peuvent le faire par lettre de change.

D'après la législation qui est actuellement en vigueur dans l'empire russe, peuvent s'engager par lettre de change :

I. — Les marchands appartenant aux trois classes dont nous avons parlé ;

II. — Les gentilshommes inscrits dans la corporation ou la communauté des marchands ;

III. — Les commerçants ou hôtes étrangers ;

IV. —.Les bourgeois et les étrangers appartenant aux corporations de métiers dans les capitales ;

V. — Les paysans auxquels la patente qui leur a été concédée donne le droit de se livrer à un commerce.

Les lettres de change proprement dites ou tirées sont soumises à la perception du droit de change lorsqu'elles sont délivrées par le tireur ou preneur. Des mentions de la présentation et de l'inscription sur les livres du courtier ne sont point des conditions exigées par la loi à peine de nullité. Il y a exception à cette règle pour les lettres de change souscrites par des personnes qui ne savent pas écrire. Dans ce cas la loi exige que la signature de leur fondé de pouvoir agissant en vertu d'une procuration spéciale rédigée conformément aux prescriptions de la loi, soit légalisée par un notaire, un courtier ou un juge. A défaut de cette légalisation, la signature apposée sur la lettre de change ne peut faire foi en justice.

Les lettres de change doivent être remises par le tireur au preneur, la valeur doit également être fournie, à moins que le contraire n'ait été convenu entre les parties et que cette convention ait été relatée sur le registre du courtier.

En ce qui concerne les lettres de change tirées, la valeur est réputée n'avoir pas été fournie tant que le preneur n'a pas entre les mains tous les exemplaires qui en ont été faits et mentionnés sur le titre, même si l'un d'eux lui avait été remis.

Toutes les demandes en justice motivées par le retard que l'on a apporté dans la remise de la traite, lorsque le tireur en a reçu la valeur, et celles basées sur le défaut de payement sont portées, à bref délai, devant le tribunal de commerce. Si, après avoir examiné les faits de la cause, les juges ont acquis la conviction que ce retard a été prémédité, et constitue une manœuvre frauduleuse de la part de celui qui devait payer, il est renvoyé devant la juridiction criminelle, sans préjudice de la demande en dommages-intérêts que peut former contre lui la partie civile en réparation du préjudice qui lui est été causé. Si le preneur, après avoir reçu une lettre de change tirée, mais avant d'en avoir remis la valeur, apprend de source certaine que le tireur, ou la personne désignée comme devant payer à sa place, est insolvable, la loi lui accorde la faculté de rendre la lettre de change sans se dessaisir de la valeur. Dans ce cas, les obligations résultant de la souscription de la lettre de change sont réputées nulles et non avenues.

Le preneur d'une lettre de change tirée a le droit d'en exiger plusieurs exemplaires. Dans le cas où le premier exem-

plaire aurait été envoyé à l'acceptation, le tireur devra remettre au preneur le second, et ainsi de suite, en ayant soin
d'indiquer lui-même par écrit sur chacun des exemplaires le
nom de la personne à laquelle le premier exemplaire aura été
envoyé pour que la lettre de change puisse être acceptée. Dans
le cas où il avait été stipulé que le tireur enverrait le
premier exemplaire à l'acceptation par le prochain courrier, il
en sera fait mention sur les registres du courtier. Dans ce cas,
le preneur est responsable de tous les retards qui peuvent
se produire. Dans le cas où des conventions particulières ne
sont point intervenues à cet égard, il a le droit de disposer selon sa volonté de tous les exemplaires qui avaient
été faits de la lettre de change, seulement, il lui est interdit de
les envoyer directement au lieu où le payement doit être effectué, à moins que ce ne soit point le jour de l'échéance.

La propriété d'une lettre de change proprement dite ou tirée
peut donc être transférée à une autre personne, par celle-ci à
une troisième, et ainsi de suite.

La faculté d'endosser une lettre de change entraîne le droit
de la recevoir en payement. Toutes les personnes auxquelles
la loi ne l'interdit pas ont cette faculté.

Dans le cas où le verso d'une lettre de change est entièrement couvert par l'écriture et les signatures des divers endosseurs, la loi permet d'y coller une feuille de papier blanc sur
laquelle sont mentionnés les autres endossements, à la condition, toutefois, que la mention du dernier endossement ait
été commencée sur le papier même de la lettre de change pour
être terminée sur la feuille de papier que l'on y a jointe.

L'endossement d'une lettre de change est complet ou incomplet : l'endossement complet est celui qui transmet la propriété même de la lettre de change ; par l'endossement incomplet, on se borne uniquement à autoriser une personne à en

toucher le montant. L'endossement complet s'appelle *endossement par transmission*; on donne le nom *d'endossement par
procuration* à celui qui est incomplet. Dans ces deux cas l'endossement doit toujours être signé de l'endosseur ou de son
fondé de pouvoir, à peine de nullité.

Pour que *l'endossement par transmission* soit valable, il doit
contenir :

I. — Le nom de la personne à laquelle la propriété de la
lettre de change est transférée ou celui de la personne à l'ordre
de laquelle elle doit être payée, etc. ;

II. — La date et toutes les énonciations exigées par le code
de commerce français.

Les endossements par transmission en blanc sont autorisés
dans toutes les lettres de change, mais seulement . du consentement de toutes les parties intéressées et sous leur responsabilité
personnelle. Les lettres de change peuvent être transmises
et endossées avant ou après la présentation et l'acceptation.
Il est défendu d'antidater les endossements, à peine de nullité
de l'endossement et sans préjudice des poursuites qui seraient dirigées contre celui qui aurait fait cet endossement ir-
régulier, dans le cas où le crime de faux eût été commis.

Dans le cas où la lettre de change n'est pas acceptée et
n'est point payée par le tiré désigné, les endosseurs et le tireur
lui-même seront solidairement tenus du payement envers le porteur. La responsabilité des divers endosseurs continue d'exister
même dans le cas où la lettre de change serait déclarée nulle.

Dans le cas où l'un des endossements est le résultat d'un
faux, les autres n'en demeurent pas moins valables, si toutefois rien ne prouve qu'ils doivent être suspectés. Lorsque l'endosseur ajoute à la suite de la mention de l'endossement
ces mots : *sans recours*, dans le cas où le montant de la lettre
de change ne serait pas payé, il serait à l'abri de toutes pour-

suites. Celui qui, agissant comme fondé de pouvoir en vertu d'une procuration, reçoit une lettre de change qui lui est transmise, peut être actionné par les divers endosseurs dont l'endossement est postérieur au sien, dans le cas où il l'aurait endossée ; mais en ce qui touche sa responsabilité vis-à-vis de son mandant, il ne peut être actionné par lui qu'autant qu'il aurait garanti la solvabilité à titre de *ducroire*.

Les lettres de change proprement dites ne sont pas soumises à la formalité de la présentation. Au contraire, les lettres de change tirées doivent être présentées à la personne qui s'est obligée à en payer le montant. Elle doit effectuer ce payement dans le délai de vingt-quatre heures, ou, au moins, le jour qui suit celui auquel la lettre de change est parvenue dans le lieu de son domicile, quel que soit l'exemplaire présenté.

Le payement des lettres ne peut être exigé les jours consacrés aux fêtes de l'Église et à celles des membres de la famille impériale. Si ceux qui doivent acquitter le montant d'une lettre de change sont israélites, on ne peut le leur réclamer le samedi ; cette exception à la règle générale n'est admise qu'en leur faveur. Lorsqu'il s'agit de lettres de change payables à vue ou à un ou plusieurs jours ou mois de vue, le tireur a le droit de fixer l'époque à laquelle, à partir du jour de l'échéance énoncé sur le titre, le porteur peut présenter la lettre de change à celui qui doit en payer le montant. Dans le cas où ce délai n'aurait pas été fixé dans la lettre de change même, elle devra être présentée dans les douze mois à partir du jour auquel elle aura été souscrite. Si elle n'a pas été présentée dans ce délai, elle ne vaut plus comme lettre de change et dégénère en simple obligation civile.

Si une lettre de change remise au courrier chargé habituellement du service de la poste éprouve des retards et, par suite d'événements de force majeure ou de circonstances indépen-

dantes de la volonté du porteur, ne parvient à sa destination
que postérieurement au jour de l'échéance, le porteur ne peut
être actionné en raison de ce fait. Si, dans la même hypothèse,
et par suite des obstacles dont nous venons de parler, et avant
l'échéance, celui qui devait payer la lettre de change devient
insolvable, le tireur et les endosseurs peuvent être poursuivis
en remboursement de la lettre de change. Au contraire,
dans ce cas, si l'insolvabilité n'est survenue qu'après l'é-
chéance, et si le tireur est en mesure de prouver qu'au jour de
l'échéance le tiré était nanti de la provision ou qu'il était son débiteur d'une somme égale au montant de la lettre de change, le
tireur et les endosseurs sont déchargés de toute responsabilité
et le droit qu'avait le tireur de poursuivre le tiré est transféré
au porteur de la lettre de change. Les principes que nous venons
d'énoncer dans le cas de retard s'appliquent également dans le
cas où la lettre de change s'égare pendant le trajet. S'il en était
ainsi, dès le premier avis qui en a été donné, la déclaration doit
en être faite dans les formes déterminées par la loi.

De l'acceptation. — Du refus d'acceptation et de ses suites.

L'acceptation est la déclaration par laquelle celui sur qui la
lettre de change a été tirée contracte, vis-à-vis du propriétaire
de la lettre, l'engagement d'en payer le montant en acquit du
tireur, à l'échéance et au lieu où la lettre est payable.

Dans le cas ou le tiré refuse purement et simplement
d'accepter la lettre de change, ou s'il est absent de son domicile, ou si, étant présent, il se trouve insolvable, le porteur
fait constater ce refus par un acte extrajudiciaire que l'on appelle *protêt faute d'acceptation*. L'avis de ce protêt doit être
donné par le plus prochain courrier à celui de qui le porteur
tient la lettre de change non acceptée.

Dans le cas où le porteur en est propriétaire, il doit être transmis à celui qu'il a l'intention d'actionner.

Lorsque celui sur lequel la lettre de change a été tirée a refusé de l'accepter, il peut arriver qu'un tiers prouve officieusement l'engagement de payer la lettre de change non acceptée, dans ce cas il y a *acceptation par intervention*.

Il en est de même dans le cas où le tireur ou l'un des endosseurs indiquerait une personne qu'il avait chargée d'accepter et de payer la lettre de change, dans le cas de refus de la part du tiré. Si cette indication avait été faite au bas de la lettre de change, de la main du tireur ou de celle de l'un des endosseurs, dès que le tiré a refusé de l'accepter, le porteur est tenu de la présenter à la personne qui est désignée et en exige l'acceptation avec le concours d'un notaire. Dans le cas où plusieurs personnes sont indiquées comme devant payer le montant de la lettre de change, le porteur doit la présenter à l'acceptation de chacune d'elles en se conformant à l'ordre qui est prescrit. Le protêt d'une lettre de change ne doit pas être fait avant l'arrivée du courrier habituel, à moins que l'échéance ne soit antérieure et que la lettre ne soit parvenue longtemps auparavant. Si le protêt faute de payement a été fait en temps utile et conformément aux dispositions de la loi, e porteur a les droits suivants :

I. — Il peut exiger, à l'échéance de la lettre de change protestée, le remboursement intégral du montant de la lettre de change, non-seulement du tireur mais même de chaque endosseur. Il est bien entendu qu'il ne peut l'exiger qu'une seule fois ;

II. — Il a également le droit d'exiger une garantie de celui des endosseurs auquel il demande le payement du montant de la lettre de change lors de l'échéance. En conséquence, il doit lui donner connaissance du protêt faute d'acceptation qui a été fait. A son tour, cet endosseur peut exiger la même garantie d'un autre endosseur dont le rang est antérieur au sien.

En ce qui concerne les formalités relatives au payement du montant de la lettre de change, elles sont à peu près les mêmes que celles exigées par le code de commerce français, sauf quelques légères différences résultant des usages et coutumes propres à la Russie.

Dans le cas où une personne a, par erreur, mentionné son acceptation sur deux exemplaires d'une lettre de change, elle est tenue d'en payer deux fois le montant si, toutefois, l'endossement est parfaitement régulier, à moins que l'on n'ait usé de manœuvres frauduleuses à son égard.

Les lettres de change qui sont payables en foire doivent être protestées dans un délai assez rapproché pour que le protêt ou l'avis de non-payement puisse être expédié par le plus prochain courrier.

Dans le cas où la lettre de change est payable à vue, à un certain nombre de jours de vue ou à une époque déterminée, elle doit être protestée lors de l'échéance, à la charge, par le porteur, d'avertir qu'elle n'a pas été payée, celui contre lequel sont dirigées les poursuites. Dans le cas où le porteur n'est qu'un mandataire agissant en vertu d'une procuration, il est responsable des suites de sa négligence. Dans le cas où la lettre de change protestée est transmise au porteur, seulement afin qu'il puisse en toucher le montant, il doit la renvoyer à son mandant. Si, au contraire, il en a la propriété, il peut en exiger le montant soit du tireur ou des endosseurs. Afin de pouvoir conserver son recours contre chacun des endosseurs, le porteur doit, en premier lieu, actionner le dernier endosseur; si celui-ci ne le paye pas dans le délai de vingt-quatre heures, le protêt faute de payement, doit être rédigé à la requête du porteur qui, ensuite, présentera la lettre de change à l'endosseur placé au rang immédiatement inférieur, en ayant soin de lui envoyer un avis par le plus prochain courrier; il agira de la même manière à l'égard de chacun des endosseurs. Si le porteur ne s'adresse qu'à l'un des endosseurs placé à un rang intermédiaire, tous ceux appartenant à des rangs plus éloignés sont déchargés de toutes poursuites ; quant à ceux qui précèdent l'endosseur actionné, ils peuvent être actionnés jusqu'à ce que la totalité du montant de la lettre de change ait été payée.

Le porteur d'une lettre de change qui n'agit qu'en qualité de mandataire doit, s'il a été négligent dans l'accomplissement du mandat qui lui a été confié, répondre vis-à-vis de son mandant des suites de sa négligence. Au contraire, si le porteur, est propriétaire de la lettre de change, et s'il n'en demande pas le payement en temps utile, en se conformant aux dispositions de la loi, il n'a plus de recours contre le tireur et les endosseurs et ne peut réclamer le montant de la lettre de change que par les voies ordinaires sans qu'il lui soit alloué de dommages-intérêts en réparation du préjudice qui a pu lui être causé.

Tous les associés en nom d'une maison de commerce ou d'une société sont tenus solidairement du payement du montant des lettres de change émise par la maison de commerce ou la société. Ce principe ne s'applique pas à l'égard des mandataires agissant en vertu d'une procuration et non sous la raison sociale.

Dans le cas où une lettre de change est émise, endossée ou acceptée par plusieurs personnes à la fois, chacune d'elles est tenue solidairement de la totalité de la somme énoncée dans la lettre de change. Au contraire, s'il a été énoncé dans la lettre de change que chacune d'elles n'en est tenue exclusivement que pour sa part et portion , si lors de l'émission ou dans la mention de l'endossement et de l'acceptation, il n'a pas été exprimé qu'une personne est tenue à titre de garant au payement de la somme énoncée dans la lettre de change , elle est,

considérée comme principale obligée et peut être actionnée
en payement de la totalité de la somme. Dans le cas contraire,
elle n'est poursuivie que lorsque les principaux obligés
font connaître leur intention de ne pas payer la somme
due. Dans le cas où il aurait été exprimé sur la lettre de change
que certaines personnes déterminées doivent garantir le
payement de la somme qui y est portée, elles ne peuvent
être actionnées pour cette cause que lorsque l'insolvabilité
des principaux obligés est constatée. Elles encourent la
même responsabilité qu'en matière de change. Toutefois les
mêmes poursuites ne sont pas dirigées contre elles si la garantie
dont elles sont tenues n'est pas exprimée sur la lettre de
change même, mais bien dans un acte séparé. Dans ce cas,
elles n'encourent qu'une responsabilité civile.

Les lettres de change proprement dites ou tirées, payables à
vue ne seront plus considérées comme lettres de change dans les
cas suivants :

I. — Si dans les douze mois à partir de leur date, elles ne
sont pas présentées pour que le montant en soit payé, à moins
toutefois que le tireur ne soit convenu d'un laps de temps déterminé pendant lequel elles doivent être présentées ;

II. — Si après avoir été présentées et protestées faute de
payement, aucune poursuite n'a été faite pendant deux années à
partir de l'acte de protêt. Dans ces deux cas, les lettres de change
dégénèrent en promesses ou obligations civiles : on leur applique les règles de la prescription en matière civile.

Lorsqu'elles conservent le caractère de lettre de change, le
laps de temps requis pour la prescription est de deux années
qui courent à partir du dernier jour de délai de grâce, lorsqu'il
s'agit de lettres de change payables à échéance fixe.

Les lettres de change, ainsi que tous les autres contrats synal-

lagmatiques, peuvent être annulées du consentement réciproque
des parties.

Le tiré qui n'a pas reçu le montant de la somme énoncée
dans la lettre de change peut refuser de l'accepter, mais s'il n'a
pu l'empêcher il répond de toutes ses conséquences ; le mandant a le droit de prévenir la personne sur laquelle la lettre de
change est tirée, afin de l'engager à ne pas la payer entre les
mains de son mandataire. Mais si elle a déjà été acceptée par le
tiré, celui-ci ne peut se refuser à la payer que s'il y a été autorisé par une décision du tribunal.

Le porteur qui a perdu la lettre de change doit immédiatement en donner avis au tiré, au tireur et aux endosseurs. En
outre, il lui est enjoint d'en faire la déclaration devant le tribunal du domicile du tireur et du tiré et enfin en donner avis par
la voie des journaux.

Si le tiré en a connaissance avant qu'il n'ait accepté la lettre
de change, il doit s'y refuser et avoir soin de prévenir l'autorité
compétente en pareille matière. Dans le cas où il l'aurait acceptée, il déposera le montant de la somme énoncée dans la lettre
de change entre les mains de l'autorité judiciaire afin qu'il soit
statué sur la question de savoir à qui appartiendra le droit de
toucher cette somme.

On décide si elle doit être payée au porteur ou à celui
qui prouve avoir perdu la lettre de change. Dans le cas où ,
après avoir été acceptée, le montant en a été payé avant que
l'avis de la perte ne soit parvenu à la connaissance des intéressés, la créance en est transférée au porteur, et on vérifie si la
lettre de change lui est exactement parvenue. Toutefois il n'a
le droit de n'exercer aucun recours contre le tiré, à moins qu'il
n'ait été prouvé que ce dernier se soit rendu complice des manœuvres frauduleuses qui peuvent être pratiquées à cette occasion.

En ce qui concerne l'exercice du droit de poursuites qui peuvent être exercées dans le but de recouvrer le montant des lettres de change après l'échéance ou après l'expiration du délai de grâce qui aurait pu être accordé, le demandeur ou son mandataire adresse à l'administration de la police un placet auquel il joint l'acte de protêt qui aura été fait. Ce placet doit contenir les noms, prénoms, domicile du demandeur ou de son mandataire. Dans les villes où se trouvent des inspecteurs de police, si l'on veut tenter d'opérer directement le recouvrement du montant de la lettre de change, on la remettra à l'inspecteur de police du domicile du débiteur.

. Dans les villes où il n'en existe pas, la lettre de change doit être présentée à l'administration municipale ou au chef de police; dans les provinces, on s'adresse aux commandants de la province ou à leurs suppléants pour obtenir le recouvrement du montant de la lettre de change. Ces diverses autorités doivent prendre toutes les mesures prescrites par la loi pour obtenir ce résultat dans l'intérêt des parties ; le jour, ou, au plus tard, le lendemain du jour auquel la requête lui est présentée, l'administration de police invite le débiteur à se présenter dans ses bureaux. Dans le cas où il disparaîtrait sans indiquer son nouveau domicile, son arrestation serait ordonnée, et la lettre de change serait transmise par l'administration de la police au tribunal de commerce, afin qu'il ordonne que des poursuites soient dirigées contre lui en raison de son insolvabilité.

Dans le cas où, sur la citation qui lui est donnée, le défendeur se présente en justice, on lui représente l'original de la lettre de change et on conclut contre lui au payement de la somme qui en forme le montant. S'il ne satisfait pas à la demande qui lui est faite, des poursuites sont exercées contre lui et elles ne sont interrompues que dans les cas suivants :

I. — Si le débiteur interpellé déclare que la signature apposée sur la lettre de change n'est pas la sienne et que son écriture a été contrefaite. Dans ce cas, l'affaire est déférée à la juridiction criminelle, le demandeur et le défendeur sont soumis à la surveillance de l'autorité ;

II. — Lorsque le débiteur est en mesure de justifier, en produisant un certificat émané d'un tribunal, que le payement de la somme mentionnée dans la lettre de change a été effectué, dans le cas où il n'en aurait versé qu'une partie, les poursuites ne sont continuées que pour ce qui n'a pas été payé ;

III. — Lorsque la lettre de change dont il s'agit a été tirée par une personne incapable de s'obliger de cette manière, dans ce cas, l'affaire est déférée à la juridiction commerciale. En dehors de ces cas, les poursuites ne sont pas interrompues quelles que soient les exceptions et défenses qui puissent être opposées par le débiteur ; telles que celles relatives au mode de création de la lettre de change, aux conditions essentielles, à sa validité, et enfin toutes celles qui pourraient résulter de l'examen des livres de commerce, arrêtés de comptes, de la correspondance et d'autres documents de la même nature.

L'administration de la police fait rembourser au créancier les sommes qui lui sont dues par la saisie-exécution des meubles du débiteur ; et, dans le cas où le produit de la vente n'est pas suffisant pour désintéresser complétement le créancier, on procède à la saisie et à la vente des immeubles. Aux termes de la loi, cette vente, qui se fait aux enchères, doit être terminée dans le délai de deux semaines ou d'un mois au plus, à moins de circonstances exceptionnelles que le tribunal apprécie. Pendant la durée de l'instance, le débiteur est tenu de donner caution afin que l'on soit sûr qu'il n'abandonne pas son domicile avant l'issue du procès ; dans le cas contraire, il est immédiatement emprisonné.

Dans le cas où l'on croirait que la caution présentée n'offre pas de garanties suffisantes et si l'on avait lieu de craindre que le débiteur ne prît la fuite, le tribunal décide s'il y a lieu d'ordonner son arrestation.

Lorsque par suite de l'insuffisance des valeurs mobilières du débiteur, il a été ordonné que l'on poursuivrait le remboursement de la créance sur ses immeubles, il est mis en état d'arrestation jusqu'à ce que la vente soit terminée, à moins que le créancier, demandeur de l'instance, ne consente à ne pas s'opposer à ce qu'il soit mis en liberté sans caution.

Dans le cas où le produit de la vente des immeubles n'est pas suffisant pour payer le montant de la lettre de change, l'incarcération du débiteur est ordonnée, lors même qu'il eût jusqu'alors été maintenu en liberté sous caution, et on prend à son égard les mesures ordonnées par la loi contre les débiteurs insolvables, en se conformant toutefois aux restrictions suivantes, dans le cas où le montant de la lettre de change constituerait une valeur de peu d'importance : s'il s'agit de lettres de change dont le montant ne s'élève pas à une somme supérieure à quatre mille roubles, les poursuites ont lieu d'après les règles que nous venons d'indiquer et de plus, on procède à l'arrestation du débiteur.

Dans le cas où le produit de la vente de la totalité des biens du débiteur, meubles et immeubles n'est pas suffisant pour désintéresser complétement les créanciers du débiteur, sans être constitué en état de faillite, il est néanmoins mis en état d'arrestation à la requête du demandeur, lors même qu'il eût été jusqu'alors maintenu en liberté sans caution. La durée de cet emprisonnement varie suivant l'importance des sommes dues. Voici quelle est la gradation qu'a observée le législateur :

Pour les dettes s'élevant à 100 roubles, deux mois;

Pour celles dont la quotité varie de 100 à 150 roubles, quatre mois;

Pour celles dont la quotité varie de 250 à 1,000 roubles, six mois;

Pour celles dont la quotité varie de 1,000 à 5,000 roubles, deux ans.

Dans ces divers cas et dans tous ceux qui nécessitent l'arrestation et l'emprisonnement du débiteur, le créancier poursuivant est tenu de lui fournir une pension alimentaire par mois et d'avance; faute par lui de remplir exactement cette obligation, son débiteur est mis immédiatement en liberté.

Lorsque les poursuites exercées à la requête du créancier ne sont motivées que par le non-payement d'une seule lettre de change, et quand il s'agit de sommes peu importantes, l'incarcération du débiteur ne peut être demandée que par une seule personne. Quand le débiteur est mis en liberté après avoir été emprisonné pendant le laps de temps requis par la loi selon l'importance de la créance, il peut de nouveau être poursuivi sur ses biens à venir jusqu'à ce qu'il se soit écoulé un laps de temps suffisant pour qu'il puisse invoquer la prescription en matière civile, qui a dû courir à partir du jour de l'échéance de la lettre de change. Le prix provenant de la vente de ses biens est partagé par contribution entre ses divers créanciers porteurs de lettres de change. Les contestations qui pourraient survenir relativement à l'ordre d'après lequel les divers créanciers doivent être payés sont soumises à l'appréciation des conseillers municipaux, en se conformant aux dispositions établies par la loi en cette matière.

Dans le cas où les lettres de change proprement dites ne sont pas présentées le jour de l'échéance pour que le montant en soit payé, outre le capital on doit tenir compte au créancier de l'intérêt d'après le taux fixé par la loi. Il est de un

21

demi pour cent par mois pour le temps qui a couru depuis
l'échéance ou le dernier jour des délais accordés jusqu'à l'époque du payement intégral. Dans le cas où, lors de l'échéance, la
lettre de change a été présentée pour que le montant en soit
payé, outre le capital et l'intérêt légal dont nous venons de parler, le créancier a le droit de réclamer à son débiteur, pour
le remboursement des frais du prôtet et de justice dont il a
fait l'avance, ainsi que pour les honoraires de l'avocat ou de
l'homme d'affaires (*sachwalter*), et enfin pour les frais de timbre, deux pour cent une fois pour toutes, dans le cas où le recouvrement des sommes dues a été opéré par la police, et quatre
pour cent, dans le cas où l'affaire a dû être déférée à la juridiction du tribunal.

Le recouvrement de ces capitaux, intérêts et frais, lorsque
des lettres de change sont souscrites, a lieu en se conformant aux règles prescrites pour les recouvrements opérés
par la banque commerciale de l'empire. En outre, le débiteur
est tenu de payer, au profit du tribunal de commerce, des
amendes que le législateur a ainsi fixées :

I. — Dans le cas où le recouvrement est opéré par les soins
de la police, sans l'intervention du tribunal, il est tenu de
payer deux pour cent de la totalité de la somme qu'il devait,
à titre d'indemnité pour le retard qu'il a mis à s'acquitter de la
dette ;

II. — Si le recouvrement n'a pu s'opérer avant qu'il intervienne une décision du tribunal et qu'il ait été ensuite effectué,
l'amende, dans ce cas, est de quatre pour cent.

Nous avons vu que lorsqu'à l'échéance le montant de la lettre
de change tirée n'a pas été payé, le devoir du porteur est de la
faire protester. Si plus tard, et lorsque ce prôtet a été fait, le
tiré a accepté la lettre de change, le porteur doit se présenter
pour recevoir la somme due. Dans le cas où ni l'acceptation ni

le payement n'ont lieu, un compte de retour est dressé sur le tireur ou sur l'un des endosseurs, au choix du porteur. Le recours doit s'exercer par un compte de retour ou au moyen d'une retraite. Le compte de retour comprend le capital de la lettre de change protestée, l'intérêt de un demi pour cent par mois, les frais et la somme représentant la différence entre le nouveau change et l'ancien. Dans le cas où la retraite est faite sur la tireur, le rechange est réglé d'après le cours du change entre le lieu où la lettre de change est payable et celui d'où elle a été tirée. Lorsque le porteur opère la retraite sur l'un des endosseurs, le rechange est basé sur le cours du change entre le lieu où la lettre de change a été primitivement émise, celui où elle a été endossée et le lieu où elle devait être payée.

A la retraite doit être joint un compte de retour comprenant :

I. — Le montant de la lettre de change protestée ainsi que l'intérêt de un demi pour cent pour chaque mois ;

II. — Les frais de protêt et autres frais valablement faits, tels que : commission de banque, courtage, papier timbré et ports de lettres ;

IV. — Le cours du change, si le compte a été fait au taux de la monnaie russe.

On doit joindre également au compte de retour la lettre de change protestée, le protêt ou une expédition de l'acte de protêt dûment légalisé, dans le cas où la retraite serait faite contre l'un des endosseurs ; enfin un certificat constatant le cours du change du lieu où la lettre de change était payable sur celui d'où elle avait été tirée.

Il est défendu de mentionner plusieurs rechanges dans le compte de retour qui est joint à la retraite par laquelle un des endosseurs exerce son recours contre celui qui le précède pour

en obtenir le montant de la lettre de change. Chacun d'eux ne
devra payer à chacun de ceux qui ont endossé la lettre de change
qu'un seul rechange. Enfin, lorsque ces recours successifs auront été exercés, le tireur ne sera également tenu de payer
qu'un seul rechange, conformément aux dispositions contenues
dans les articles 419 et 420 du code de commerce russe.

L'intérêt du montant de la lettre de change protestée faute
de payement n'est dû qu'à partir du jour auquel le protêt a
été fait. Quant aux intérêts des frais de protêt, de rechange et
les autres frais valablement faits, ils ne sont dus qu'à partir de
la demande en justice. On applique les mêmes règles dans le
cas où on aurait utilisé la retraite pour intenter la demande en
retour. Le porteur doit faire la retraite sur la personne contre
laquelle il veut recourir afin d'être payé. Dans tous les
cas, on doit joindre à la retraite le compte de retour, la lettre
de change protestée et l'expédition de l'acte de protêt dûment
légalisée.

Les amendes prononcées contre le débiteur dans le cas de recouvrement du montant de lettres de change proprement dites,
le sont également, dans la même hypothèse, lorsqu'il s'agit
du recouvrement opéré par l'administration de la police ou le
tribunal de commerce.

Si, pendant le cours des poursuites qui sont dirigées contre
le débiteur dans le but d'opérer le recouvrement de lettres de
change, les officiers de la police de la ville ou de la campagne
qui l'avaient mis en état d'arrestation lui laissent prendre la
fuite; si, en outre, par suite de sa disparition et du détourne-
ment des fonds qui en aurait été la conséquence, les poursuites
exercées par les créanciers deviennent inutiles et que ceux-ci se
trouvent dans l'impossibilité d'exercer aucun recours utile :
dans ce cas, les agents de l'autorité sont responsables de leur
défaut de surveillance et doivent indemniser les créanciers du

préjudice qu'ils leur ont fait éprouver; en conséquence, ils sont eux-mêmes poursuivis conformément aux dispositions des articles 113, 414 et 415 du code de commerce russo (1).

L'action dirigée contre ces fonctionnaires sera portée devant l'administration du gouvernement appelée à en connaître (*gouvernement regveraing*).

Dans le cas où ils ont encouru une condamnation, ils peuvent exercer leur recours contre le débiteur par la voie du change. Lors du jugement de l'affaire, si les articulations du demandeur ne paraissent pas suffisamment justifiées, les parties sont renvoyées à se pourvoir devant le tribunal de commerce, et, s'il n'en existe pas dans la circonscription, devant la cour qui siège habituellement.

Pendant la durée de l'instance, et afin de pouvoir mettre à exécution les condamnations qui peuvent être prononcées contre les inculpés, leurs biens sont mis en interdiction.

Si le tribunal, après leur avoir fait subir de nouveaux interrogatoires, estime que leur culpabilité est suffisamment démontrée, il prononce contre eux des peines pécuniaires, et, pour assurer l'exécution du jugement qu'il a rendu, en transmettra une expédition à l'administration du gouvernement.

Cette administration exerce immédiatement contre ces fonctionnaires les poursuites autorisées par la loi russe en matière de lettres de change. Si un appel a été interjeté par eux contre le jugement du tribunal, il est porté devant le sénat dirigeant, lors même qu'il s'agit d'une somme inférieure à celles dont la quotité détermine les limites de sa compétence.

Cet appel suspend l'exécution du jugement; néanmoins l'interdiction dont sont frappés leurs biens est maintenue.

Dans le cas où l'administration du gouvernement met de

(1) Anthoine de Saint Joseph, *Code de commerce russe*, page 52.

la négligence à exercer des poursuites contre le débiteur, elle
est responsable, à l'égard du créancier, de tout le préjudice qui
a pu lui être causé.

En matière de lettres de change, le montant des amendes qui
sont prononcées est déposé au tribunal de commerce.

Elles sont régulièrement inscrites à leur date sur un registre
tenu à cet effet. D'après le règlement qui en est fait par le tribunal de commerce, le produit de ces amendes est partagé entre
les officiers de police faisant partie de l'administration, à titre
de récompense, et particulièrement entre ceux qui ont été
employés à opérer le recouvrement du montant de la lettre de
change souscrite au profit du créancier. En outre, une partie de
ces amendes est attribuée aux divers employés du greffe du tribunal de commerce, à chacun en proportion de son travail et
des soins particuliers qu'il a pu donner à l'affaire. Avant
d'opérer ce partage, on a soin de prélever d'abord les sommes
nécessaires pour acquitter les droits dus au greffe, en se conformant aux termes d'un règlement particulier rendu sur cette
matière.

CHAPITRE XXIV

Commerce maritime.

Dans le troisième livre du code de commerce russe, le législateur s'est occupé du commerce maritime.

Le premier chapitre contient les règles relatives à la construction des navires de commerce, aux inspections qui doivent en être faites et à leur mode d'armement.

Les conditions auxquelles les navires de commerce peuvent être achetés et vendus, sont contenues dans le deuxième chapitre. C'est ainsi que les commerçants appartenant à la seconde et à la troisième guilde ont seuls le droit d'acheter des navires étrangers.

L'administration des douanes de l'empire n'accorde aux Russes qui ont acheté des vaisseaux à des étrangers le droit de les faire sortir des ports de la Russie qu'après avoir reçu d'eux les justifications de nature à établir que toutes les formalités exigées par la loi ont été régulièrement remplies.

Il est interdit aux sujets Russes de vendre leurs navires dans les ports étrangers autrement que par l'intermédiaire du consul de leur nation. S'il n'existe pas de consulat dans le port où ils se trouvent, ces sortes de ventes se font sous la surveillance des autorités locales, qui doivent en informer le consul russe de la localité la plus voisine qui, à son tour, donne avis de cette vente au ministre du commerce extérieur. Des lettres de marque ou des patentes nouvelles ne sont point exigées lorsqu'il s'agit de ventes de navires conclues entre des sujets russes. Dans ce cas, les acheteurs doivent se faire remettre les titres primitifs concédés aux propriétaires des navires lors de leur construction. Ces ventes ont lieu, en Russie par le ministère des courtiers, et, à l'étranger, devant le consul de Russie. Elles doivent être rédigées sur du papier au timbre de dix roubles. Le droit de un pour cent n'est pas exigé pour ces sortes de contrats.

Si un sujet Russe achète un navire d'un étranger, l'acte constatant la vente doit être rédigé sur une feuille de papier dont le timbre sera proportionnel; outre la somme de dix roubles, qui est payée pour l'enregistrement de la lettre de marque, il est perçu un droit fixe de un pour cent sur le prix de vente. Dans le cas où la vente est faite par un sujet russe, le droit de un pour cent n'est pas exigé (1).

En ce qui concerne la navigation, le droit de faire le cabotage sur les côtes de l'empire n'est accordé qu'aux sujets russes et sur des bâtiments appartenant à leur nation. Il n'existe d'exception à cette règle que pour les ports de la mer Noire, de la mer d'Azof et ceux des bords du Danube, dans lesquels les étrangers sont autorisés à faire le cabotage pendant un laps de temps qui ne peut excéder dix ans;

Le chapitre second du deuxième titre indique quelles sont les conditions et les pièces nécessaires pour obtenir le droit de naviguer.

Le chapitre troisième du même titre s'occupe des hommes d'équipage.

Dans le chapitre quatrième, le législateur énumère les droits

(1) Loi du 21 mai 1836.

et devoirs du capitaine ou patron du navire, en général : Il
traite de ses obligations envers l'armateur de son navire et de
la responsabilité des armateurs en ce qui concerne les actes du
capitaine.

Le chapitre cinquième contient les règles relatives aux engagements des hommes d'équipage et des matelots, à l'exécution
des contrats auxquels ils consentent, aux obligations des matelots envers leur capitaine, aux congés qui peuvent leur être accordés et à leur solde.

Voici l'énumération sommaire des matières traitées dans les
chapitres qui suivent :

Chapitre sixième. — De l'affrétement, de la nature, des effets,
de l'exécution du contrat d'affrétement, — des obligations du
capitaine et des affréteurs.

Chapitre septième. — De la protection due aux navires et
bâtiments de commerce.

Dans le titre troisième du second livre, le législateur s'est
occupé des contrats à la grosse.

En Russie, on entend par contrat à la grosse ou prêt à la
grosse, la convention par laquelle une personne emprunte une
somme d'argent en affectant à titre de garantie un navire ou le
chargement qu'il contient. L'on voit, d'après cette définition,
que ce contrat n'est en réalité qu'un emprunt avec garantie. Au
contraire, dans la législation française, le même contrat a un
caractère complétement aléatoire : en effet, on désigne sous ce
nom le contrat par lequel l'un des contractants prête à l'autre
un capital, sur des objets exposés à des risques maritimes, à
condition que, s'ils périssent ou s'ils sont détériorés par suite
d'accidents survenus pendant la navigation, celui qui a prêté le
capital ne peut le répéter, si ce n'est jusqu'à concurrence de
la valeur que ces objets peuvent avoir, et que, s'ils arrivent
heureusement au lieu de leur destination, celui qui a reçu la

somme est tenu de la rendre à celui qui l'a prêtée avec un certain profit convenu, qu'on nomme *profit maritime.*

Ce contrat, dans le code de commerce français, s'appelle
indistinctement *contrat à la grosse* ou *prêt à la grosse ;* on l'appelle aussi *prêt à grosse aventure* (article 1964 du Code Napoléon). Les mots *à la grosse* sont même une abréviation des mots
à grosse aventure ; celui qui prête la somme court le risque de
le perdre et la met effectivement à l'aventure. Le prêteur est
quelquefois appelé *donneur*, et l'emprunteur *preneur.*

Telles sont les différences qui existent dans la nature et les
effets du contrat à la grosse entre les législations russe et
française.

Chapitre deuxième du même titre. — Du prêt de vivres fait
en mer.

Titre quatrième. — Des assurances maritimes; de leur nature
et de leur objet.

Chapitre deuxième. — De la forme du contrat maritime.

Chapitre troisième. — Des conditions essentielles pour la
validité du contrat maritime; de sa perfection.

Chapitre quatrième. — De l'exécution du contrat d'assurance
maritime; — des différentes espèces d'avaries maritimes; —
des avaries légères; — des avaries communes et de celles qui
sont spéciales; — des avaries réciproques; — du naufrage des
navires; — de leur sauvetage; — des pilotes ou guides de mer.

CHAPITRE XXV

Des faillites et banqueroutes.

Les faillis sont justiciables des tribunaux de commerce, et dans les endroits où il n'en existe pas, ils sont soumis à la juridiction de l'autorité municipale du lieu de leur domicile.

Tout commerçant qui se voit forcé de cesser ses payements doit en faire la déclaration au tribunal de commerce ou à l'autorité municipale, en ayant soin de déposer tous les documents de nature à faire connaître sa situation.

Toutes les écritures relatives à la procédure des faillites doivent être faites sur papier libre.

Voici quelles sont les diverses circonstances qui peuvent donner lieu à la déclaration de faillite d'un commerçant :

I. — Lorsqu'un négociant inscrit dans une guilde se trouve dans l'impossibilité de payer à leur échéance des sommes dont le montant excéderait cinq mille roubles, et lorsque l'actif qu'il possède n'est pas suffisant pour lui permettre de rembourser ce qu'il doit;

II. — Lorsqu'une personne se livrant au commerce ou à quelque industrie que peuvent exercer les bourgeois, sans être astreints à payer une patente, ne peut payer une somme supérieure à cinq mille roubles.

En ce qui concerne les individus non commerçants, ainsi que nous l'avons dit, la cessation de leurs payements ne les constitue pas en état de faillite : des règles particulières sont appliquées aux personnes insolvables dont les noms ne sont pas inscrits dans les guildes.

La faillite est dite *malheureuse* lorsque l'insolvabilité du débiteur est le résultat non de sa faute ou de sa négligence, mais provient d'un concours de circonstances fâcheuses dont la nature et les modalités ont été déterminées par le législateur.

Ces circonstances sont :

I. — Une inondation, un incendie qui serait survenu, des propriétés ravagées par l'ennemi, lorsqu'il n'a pas été possible de les garantir, par une assurance, de ce genre de désastre ;

II. — La ruine imprévue ou la mort de débiteurs et, en outre, les diverses circonstances qui peuvent causer l'insolvabilité du commerçant et déterminer sa faillite, circonstances qui doivent être appréciées et prises en considération par les créanciers du failli.

De la banqueroute. — Il n'y a que les commerçants en état de cessation de payements qui puissent être en état de banqueroute. La banqueroute n'est autre chose qu'une modification de la faillite.

La banqueroute se divise en *banqueroute simple* et en *banqueroute frauduleuse.*

Il y a *banqueroute simple* lorsque, selon l'expression consacrée dans la législation russe, la faillite a été *imprudente*, c'est-à-dire dans le cas où l'insolvabilité du commerçant provient de son fait, mais sans qu'il y ait eu préméditation de sa part, et quand il ne s'est pas rendu coupable de vol.

Il y a *banqueroute frauduleuse* lorsque la faillite du commerçant a été *mensongère*; elle est *mensongère* quand son insolvabilité est le résultat de manœuvres coupables préméditées et de sa mauvaise foi.

Lorsque des poursuites criminelles sont dirigées contre un

commerçant failli, il appartient aux juges, d'après la gravité des charges portées contre lui lors des débats, d'apprécier le degré de culpabilité et de décider s'il doit être qualifié de banqueroutier simple ou frauduleux.

Un commerçant ne doit pas être déclaré en faillite lorsque ses créanciers, traitant avec lui à l'amiable, ont consenti à lui accorder des délais pour l'exécution de ses engagements, ou que l'un d'entre eux a reçu un mandat à l'effet de s'occuper de la gestion de ses affaires. Dans cette dernière hypothèse, la gestion du mandataire ne peut comprendre que la surveillance et l'administration des affaires commencées avant que le commerçant ne soit devenu insolvable, car à partir du jour où il s'est trouvé dans l'impossibilité de faire honneur à ses affaires, il n'a pu en entreprendre de nouvelles.

On ne nomme un administrateur dans une faillite que lorsqu'il s'agit d'entreprises commerciales ou industrielles d'une grande importance, et seulement dans les capitales et les ports de mer où il existe des bourses de commerce. Les demandes tendant à ce qu'il soit désigné un administrateur dans une faillite ne peuvent être formées qu'à la requête des créanciers du commerçant.

Si, après avoir pris connaissance du bilan du débiteur, la majorité des créanciers constate que le déficit dans ses affaires n'est pas supérieur à cinquante pour cent, ils soumettent au comité de la bourse la balance de l'actif et du passif, et peuvent lui demander que des administrateurs soient nommés, chargés de les représenter ainsi que le débiteur et qui sont investis de tous ses droits. Le comité de la bourse désigne immédiatement parmi les plus notables commerçants six d'entre eux qu'jusqu'alors n'ont point été intéressés dans les affaires du débiteur, et qui, sous la présidence du chef de la bourse, décident s'il y a lieu de nommer des administrateurs et de déclarer la faillite ouverte. Cette décision est communiquée au comité de la bourse, qui doit en donner connaissance aux juges composant le tribunal de commerce ou, à leur défaut, à l'autorité municipale. Dans le cas où il est décidé qu'il y a lieu de nommer des administrateurs, la majorité des créanciers, composée d'après le nombre et l'importance de leurs créances, choisissent les administrateurs chargés de gérer les affaires du failli. Ils notifient ce choix aux juges du tribunal de commerce, et, dans le cas où il ne siégerait pas dans la ville habitée par le failli, à l'autorité municipale.

S'il survient des contestations entre les administrateurs et les créanciers présents, le tribunal de commerce ou, à son défaut, l'autorité municipale statue à cet égard. Si, après la nomination des administrateurs, les créanciers représentent les deux tiers de la masse, ou si les administrateurs s'accordent pour demander à l'unanimité qu'un concordat soit accordé au failli, les administrateurs doivent cesser les fonctions dont ils avaient été investis. Si plus tard il est reconnu que le failli a présenté un bilan contenant de graves inexactitudes, et si dans la confection de ce bilan, il s'est rendu coupable de manœuvres frauduleuses, il est poursuivi devant les tribunaux criminels. Si dans le bilan du failli il se trouvait une créance au profit de la banque de commerce d'Odessa, les créanciers sont tenus d'en payer le montant. S'ils s'y refusent, ils sont exposés à ne pas obtenir la nomination des administrateurs. Ils doivent s'engager à effectuer ce payement. Si le directeur de la banque d'Odessa n'exige pas un remboursement immédiat, plus tard, lorsqu'il a lieu, la créance est fixée à la somme qui pouvait être due lors de la nomination des administrateurs (1).

(1) Ukase du 26 novembre 1837.

S'il a été décidé que le débiteur doit être déclaré en état de faillite, les administrateurs qui sont nommés demandent au tribunal de rendre un jugement déclaratif de faillite. Les créanciers qui se refusent à accorder au débiteur des délais pour acquitter des dettes échues depuis longtemps et qui ne veulent pas participer à la nomination des administrateurs peuvent se pourvoir devant le tribunal afin qu'il rende un jugement déclaratif de faillite. L'insolvabilité d'un débiteur peut être connue et, par suite, donner lieu à une déclaration de faillite prononcée contre lui, lorsqu'il fait lui-même l'aveu du mauvais état de ses affaires ou qu'il est vraisemblable qu'il ne peut remplir ses engagements.

L déclaration de faillite peut être provoquée par son propre aveu :

I. — Lorsqu'après avoir été poursuivi à la requête de créanciers, il fait à l'administration de la police ou au tribunal la déclaration que son actif est insuffisant pour acquitter le montant de ses dettes ;

II. — Si avant ou après les échéances des payements qui incombent à sa charge, il déclare également au tribunal ou à ses créanciers qu'il se trouve complétement insolvable et qu'il ne peut satisfaire à ses engagements. S'il se contente de déclarer qu'il manque d'argent comptant, cet aveu n'est pas un motif suffisant pour que son insolvabilité puisse en résulter; seulement, les créanciers conservent vis-à-vis de lui le droit de le poursuivre conformément aux dispositions de la loi;

III. — Lorsque les héritiers d'un débiteur décédé croient devoir renoncer à sa succession, sachant que le passif dépasse de beaucoup l'actif, et qu'ils en font la déclaration au tribunal.

Le débiteur dont la solvabilité est douteuse peut être constitué en faillite dans les cas suivants :

I. — Si lors des poursuites qui ont pu être dirigées contre lui, il s'est trouvé dans l'impossibilité absolue de remplir ses engagements;

II. — Lorsqu'à l'époque de l'estimation ou de la vente judiciaire de ses biens, la police ou le tribunal, prévenu par des créanciers qui n'ont pas encore exercé de poursuites contre lui, estime qu'il y a lieu de le déclarer en faillite;

III. — Si après l'époque des échéances des payements qu'il doit faire, il se soustrait par la suite aux poursuites qui peuvent être exercées contre lui;

IV. — Si même avant l'époque de ces échéances, à l'insu de ses créanciers, il abandonne son domicile sans avoir mis ses affaires en ordre, et se cache de manière à ne pas être découvert.

Personne ne peut être en état de faillite si elle n'a pas été déclarée par le tribunal, qui ne se prononce à cet égard qu'après s'être renseigné sur l'insolvabilité du débiteur, et avoir reçu ses déclarations conformément aux dispositions de la loi dont nous avons parlé plus haut. Si son insolvabilité est constatée d'une manière certaine, la faillite est immédiatement déclarée. Par suite de cette décision émanée du tribunal, le débiteur doit se constituer prisonnier le jour même de la déclaration de faillite. Il n'y a d'exception à cette règle que dans le cas où la déclaration de faillite a été prononcée d'après l'aveu de son insolvabilité fait par le débiteur lui-même avant que des poursuites n'aient été dirigées contre lui et lorsque ses créanciers ont fait connaître au tribunal qu'ils se sont entendus ensemble pour ne pas le priver de sa liberté. Dans ce cas, le débiteur est tenu de donner caution et de ne pas quitter la ville où est établi son domicile.

L'ouverture de la faillite rend exigibles les dettes qu'il a contractées, lors même que le jour de l'échéance ne serait pas arrivé.

La déclaration de faillite doit être insérée dans trois numéros paraissant successivement des journaux publiés dans la capitale et dans le bulletin des annonces du sénat, en langues russe et allemande. En outre, elle est affichée à la bourse, au tribunal de commerce et à l'hôtel de ville.

A partir du jour auquel ces publications sont faites, le failli ne peut ni vendre ni hypothéquer ses biens meubles et immeubles. Tous ses créanciers et ses débiteurs, à quelque titre que ce soit, quoique les créances et les dettes ne soient pas exigibles, sont tenus de se présenter au tribunal de l'ouverture de la faillite, à partir du troisième avis inséré dans les journaux. La loi leur a accordé certains délais pour remplir cette formalité d'après les distinctions suivantes, savoir : deux semaines pour les créanciers domiciliés dans le lieu de l'ouverture de la faillite, quatre mois pour ceux qui habitent les autres villes de l'empire, et un an pour ceux qui sont fixés à l'étranger. Les créanciers et débiteurs du failli peuvent, dans ce cas, se faire représenter devant le tribunal par des fondés de pouvoir, lorsqu'ils sont intéressés dans la faillite pour des sommes peu importantes qui n'excèdent pas, par exemple, deux mille roubles et au-dessous; ils doivent seulement joindre à leur déclaration les pièces justificatives établissant la nature des créances ou des obligations qu'ils ont contractées envers le failli. Des saisies-arrêts sont formées à la requête de l'administration de la police sur les meubles qui se trouvent dans son domicile le jour de la déclaration de la faillite, et dans les autres localités, le jour auquel elle a été publiée.

Dans les villes où il existe un tribunal de commerce, une personne choisie parmi celles dont les noms composent une liste dressée à cet effet est chargée du soin d'administrer les

22

affaires du failli. On en désigne deux dans le cas où l'importance de ses opérations commerciales le nécessiterait. Néanmoins, dans la plupart des faillites, on ne nomme qu'un seul
administrateur. Dans les villes où les juges du tribunal ne
siégent pas, ces administrateurs sont nommés par l'autorité
municipale qui délègue ces fonctions à un ou deux des membres
qui la composent. Les parents du failli ne peuvent pas être
choisis en qualité d'administrateurs. Trois jours après que la
faillite a été déclarée, les créanciers habitant la ville du domicile du failli sont assignés à la requête des juges composant le
tribunal afin d'assister à l'inventaire de ses biens et d'entendre
la lecture d'un rapport établissant d'une manière approxima-
tive l'état du passif de la faillite. Si les créanciers ne se présentent
pas dans le délai fixé par la loi, ces formalités sont remplies
en présence de l'administrateur ou des administrateurs assermentés. Le failli doit affirmer par serment devant le tribunal
la sincérité de l'inventaire de ses biens qui a été dressé et
de l'état de son passif. A partir de ce moment le tribunal le
dégage personnellement des obligations qu'il a contractées
et même considère comme non avenues les déclarations
mensongères qu'il a pu faire ou les manœuvres frauduleuses dont il s'est rendu coupable antérieurement à
la prestation de son serment, dans le cas où il en a fait
l'aveu. Mais si les actes qui peuvent lui être reprochés se
sont produits après la prestation de son serment, et dans le
cas où ils sont découverts, il est considéré comme banqueroutier frauduleux. Si avant de prêter le serment exigé par la
loi, le failli déclare qu'il ne connaît pas exactement la situation
de ses affaires ou que ses souvenirs n'étant pas assez précis à cet
égard, il doit s'en rapporter aux déclarations de ses commis,
ceux-ci sont appelés en témoignage devant le tribunal et doivent également prêter serment de dire la vérité. L'administra-

teur et les créanciers présents doivent prendre toutes les mesures nécessaires pour que l'état de la situation des affaires du failli soit dressé avec la plus grande exactitude. Afin de s'éclairer, ils peuvent, s'ils le jugent nécessaire, interroger le failli, ses commis, et même leur faire prêter serment de dire la vérité. Dans le cas où le failli est absent, ils peuvent entendre les déclarations de sa femme et de ses enfants majeurs, sans toutefois pouvoir leur demander de prêter serment. Lorsque toutes ces formalités ont été remplies, l'on dresse un état provisoire du bilan du failli ; cet état doit être signé par l'administrateur nommé, par les personnes qui y ont concouru, et enfin il est transmis au tribunal. Les juges qui le composent donnent alors à l'administrateur et aux créanciers présents le pouvoir d'administrer *en bons pères de famille*, selon l'expression consacrée, la masse des biens du failli jusqu'à l'époque à laquelle ils sont colloqués pour une portion de leurs créances ; ils sont tenus de présenter chaque semaine au tribunal un rapport détaillé de leurs opérations. L'administrateur et les créanciers présents peuvent faire procéder à la vente des objets mobiliers susceptibles de se détériorer. Ces ventes ont lieu, par le ministère des courtiers, à la bourse ou aux enchères publiques ; ils ne peuvent y procéder qu'avec l'autorisation préalable du tribunal de commerce. Les immeubles du failli sont maintenus en séquestre et les scellés restent apposés sur ses meubles, à l'exception de ses effets d'un usage journalier et des objets de première nécessité qui lui appartiennent. Les créanciers fixent le quantum de la pension qui doit lui être allouée pour sa nourriture, son entretien et celui de sa famille. Cette attribution n'est valable qu'autant qu'elle a été homologuée par le tribunal.

Si le failli a été mis en état d'arrestation lorsque le jugement déclaratif de faillite a été rendu contre lui, son incarcération est maintenue ; mais dans le cas où il n'existe aucunes présomptions de nature à établir qu'il a pu se rendre coupable de manœuvres frauduleuses, ce qui le constitue banqueroutier, il peut être mis en liberté, à la condition toutefois de fournir caution de se représenter à la première réquisition.

En ce qui concerne le choix des curateurs et administrateurs de la faillite, on procède de la manière suivante : sur la demande d'un certain nombre de créanciers, les plus importants, l'administrateur assermenté réunit immédiatement les créanciers en assemblée générale pour qu'ils délibèrent sur le choix des curateurs et des personnes chargées d'administrer les affaires du failli. Dans ce but, et au jour qui est fixé d'avance, les créanciers doivent se présenter au tribunal de commerce et désigner, à la majorité des voix, le président ou plusieurs curateurs. Les mandataires de la couronne et des établissements de crédit qui sont intéressés dans la faillite ont le droit d'assister à cette réunion et y ont voix délibérative. Si, à l'expiration de la quinzaine, à partir du jour de la première réunion des créanciers, ceux-ci n'ont pu s'entendre sur le choix des curateurs, ils sont désignés par le tribunal de commerce sur le rapport de l'administration et pris parmi les créanciers présents. Il sera permis de proposer à l'administrateur de remplir les fonctions de président. Dans le cas où il les refuserait, elles sont exercées par les curateurs.

Il est interdit à l'administrateur et aux curateurs, sous peine d'être déchus du droit de participer au montant des dividendes qui sont distribués et de perdre leurs créances, de se faire céder celles d'autres créanciers de la même faillite.

Les administrateurs de la faillite dépendent entièrement de la juridiction du tribunal de commerce. Les décisions des administrateurs doivent être prises à la majorité des voix ; en cas de partage, la voix du président sera prépondérante. La nomination des administrateurs de la faillite est notifiée à la direction de la police, à la bourse, et rendue publique par des insertions faites dans les journaux des deux capitales et dans le bulletin du sénat. Tous les incidents, demandes et rapports rélatifs à la composition de la masse partageable sont attribués aux administrateurs de la faillite. Il n'y a pas lieu de procéder à la nomination d'administrateurs si les créanciers présents ne sont qu'au nombre de trois. Dans ce cas, le tribunal compétent en remplit les fonctions. Chaque créancier a le droit d'assister aux réunions qui ont lieu pour délibérer sur les opérations de la faillite. Les curateurs doivent leur fournir tous les documents de nature à les éclairer sur la composition de la masse. En ce qui concerne les fonctions des administrateurs relativement à l'inventaire des biens, etc..., elles sont à peu près les mêmes que celles attribuées aux syndics dans le code de commerce français.

L'état des dettes du failli doit être produit dans un délai déterminé ; elles sont réparties par les administrateurs dans trois classes distinctes. La première comprend celles dont les titres ne sont pas contestées. A cet égard, sont considérés comme titres :

I. — Les lettres de change régulièrement mentionnées sur les livres de commerce ;

II. — Les contrats translatifs de la propriété d'immeubles achetés par le failli et le constituant débiteur du prix de vente dont il devrait encore la totalité ou une portion ;

III. — Les autres contrats ou obligations desquels il résulterait que le failli se serait engagé au payement de sommes d'argent à la suite d'emprunts ou de quelque autre convention reconnue par la loi, lorsque ces conventions sont consenties avant l'ouverture de la faillite et qu'elles sont mentionnées sur les livres du failli ;

IV. — La mention sur les livres de commerce régulière-

ment tenus du failli de dettes dont l'existence n'est pas contestée ;

V. — Le fait de la part du failli d'avoir employé dans son
commerce ou pour ses affaires personnelles des capitaux appartenant à des mineurs, lorsque cet emploi est prouvé par l'examen de ses écritures ;

VI. — L'obligation de payer des droits de contribution et
autres impôts qui sont dus à la couronne ;

VII. — La mention existant sur les registres de l'église que les
fonds qui lui appartiennent ont été dépensés par le failli pour
ses besoins personnels après lui avoir été prêtés ;

VIII. — Les jugements rendus en dernier ressort et aux termes
desquels le failli est condamné à payer certaines sommes à la
couronne ou à de simples particuliers.

La seconde classe se compose des dettes dont l'existence et la
validité doivent être l'objet, de la part du tribunal, de l'examen
le plus sérieux ; elle comprend :

I. — Les lettres de change qui, d'après le droit de change, ne
sont pas valables ou celles qui sont prescrites ;

II. — Les lettres de change régulièrement faites, mais qui n'ont
pas été mentionnées sur les livres du failli comme ayant été
souscrites par suite d'opérations commerciales ;

III. — Les contrats tels que les emprunts et autres obligations qui, réguliers en la forme, sont néanmoins susceptibles
d'être critiqués comme ayant été faits dans le but de simuler au
profit du failli des créances qui, en réalité, n'existent pas.

Dans la troisième classe se trouvent comprises les dettes
prescrites ou qui résultent de conventions contraires à la loi, aux
bonnes mœurs ou à l'ordre public.

Les créances contre le failli, à quelle classe qu'elles appartiennent, sont mentionnées sur un grand livre signé et revêtu du
cachet des administrateurs ; on doit énoncer, en outre, la nature

du titre constitutif de chacune d'elles, l'époque à laquelle elles ont pris naissance et, enfin, la somme qu'elles représentent.

Celui qui se fait inscrire comme créancier du failli, et qui, dans le délai fixé par la loi, ne produit pas des titres justificatifs de sa créance, est rayé de la liste des créanciers.

Aucuns transports de créances entre les divers créanciers du failli ne peuvent avoir lieu à moins qu'il ne s'agisse de compensations de dettes ou de créances entre le failli et l'un de ses créanciers. A l'exception de ce cas, les créanciers doivent être payés sur l'actif, et les débiteurs de la faillite doivent lui payer intégralement le montant de ce qu'ils doivent.

Le porteur d'une lettre de change dont le tireur et les endosseurs ont été déclarés en faillite peut toucher dans la masse de chaque faillite le dividende auquel il a droit jusqu'à ce qu'il ait été complétement remboursé de ce qui lui est dû. Dans ce cas, les administrateurs de chaque faillite mentionnent sur la lettre de change la totalité des sommes qu'il a reçues.

Les administrateurs convoquent les créanciers afin de procéder à la vérification de leurs créances ; dans le cas de contestations à ce sujet, les décisions qu'ils doivent prendre, à la majorité, doivent être mentionnées dans le jugement définitif, dont une expédition revêtue de la signature des administrateurs est donnée aux créanciers. Lorsqu'il s'agit de vérifier une créance appartenant à la première classe, si elle est admise, on mentionne sur le titre que celui qui en est porteur est reconnu légitime créancier de la somme réclamée, et les administrateurs signent sur le titre la déclaration suivante : *admis au passif de la faillite de*......... *par l'assemblée du*.......... *pour la somme de*..........

Quant aux créances appartenant à la deuxième et à la troisième classe, les titres qui les constatent sont restitués aux créanciers, et il est fait mention dans le jugement définitif des motifs de leur rejet. Il est également exprimé qu'ils peuvent user des voies de recours qui leur sont ouvertes devant le tribunal de commerce.

S'ils croient devoir se pourvoir contre le jugement rendu par les administrateurs de la faillite, ils devront le notifier dans le délai de sept jours à partir de celui auquel le jugement leur aura été signifié.

En ce qui concerne la vente des biens du failli, les administrateurs en font faire l'estimation et ordonnent qu'il soit procédé à la vente dans le délai le plus rapproché ; elle en est faite d'après le taux de l'estimation.

Quant à la formation du bilan et à la distribution des dividendes aux créanciers, les administrateurs, après avoir vérifié les créances, peuvent établir dans un règlement provisoire l'ordre dans lequel les créanciers seront payés d'après la classe à laquelle appartiennent leurs créances, avant d'avoir recueilli les déclarations et sans attendre l'expiration des délais fixés par la loi. Ils ont également le droit de dresser le bilan à l'aide des livres et papiers du failli et des renseignements qu'ils se procurent, et enfin ils déterminent les bases de la liquidation à intervenir ;

Le bilan doit contenir :

I. — L'énumération des finances et l'indication des clauses dans lesquelles elles doivent être comprises;

II. — La désignation de la nature et du quantum de l'actif de la masse ;

Les créances qui n'ont pu être justifiées ne doivent pas figurer sur le compte de liquidation lorsqu'il sera dressé; quant aux autres, elles sont réparties dans les quatre classes suivante.

I. — Les créances qui doivent être intégralement payées ;

II. — Celles qui doivent l'être au marc le franc ;

III. — Celles qui sont douteuses ou contestées, dont la validité doit être soumise à l'appréciation du tribunal ;

IV. — Celles de nature à être remboursées lorsque les créanciers appartenant aux trois classes dont nous avons parlé auront
été remboursés.

Doivent être comprises dans la première classe :

I. — Les sommes appartenant à l'Église dont le failli aurait
disposé ;

II. — Celles dues à la couronne en vertu du droit de
redevance, en y comprenant, outre le capital, les intérêts, frais
et amendes ainsi que les créances que pouvaient avoir contre le
failli la banque commerciale du comptoir d'Odessa et l'ancien
comptoir d'Astrakan ;

III. — Les créances à la sûreté desquelles un gage a été affecté
et qui sont de nature à être intégralement acquittées par le
produit de la vente de l'objet mis en gage ou du rachat qui en
est fait, à la condition, toutefois qu'il soit susceptible d'être
racheté ;

IV. — Les créances que des mineurs peuvent avoir contre le
failli en raison des sommes dont il est comptable vis-à-vis
d'eux en qualité de père, tuteur administrateur de leurs affaires
ou d'un commerce ;

V. — Les créances des serviteurs et ouvriers de la maison
du failli résultant des gages et salaires qui leur sont dus,
mais seulement pour un laps de temps de six mois pendant
lequel ils ont fourni leurs services ou leur travail ; pour le
surplus de leurs créances, ils sont placés au même rang que les
autres créanciers ;

VI. — Les créances des fournisseurs de la maison du failli
pourvu qu'elles ne remontent pas à plus de quatre mois ;

VII. — Les créances des aubergistes et logeurs pour frais de
nourriture faits dans l'espace de six mois ;

VIII. — Le prix des journées dû aux maçons et autres ouvriers pour leurs travaux ;

IX. — Le prix du fret résultant de transports effectués par terre ou par mer ;

X. — Les émoluments dus aux courtiers et employés de la bourse pour la dernière année, ceux dus au juge-commissaire, aux administrateurs, et, en général, tous les frais, quels qu'ils soient, relatifs à l'administration de la faillite.

Toutes ces créances sont privilégiées, et le montant doit en être prélevé sur les premières sommes touchées par les administrateurs. Dans le cas où elles ne suffisent pas pour que l'on puisse payer toutes les créances appartenant à la première classe, celles de l'Église sont intégralement payées ; quant aux autres, elles le sont par contribution.

La seconde classe comprend :

Les créances de la couronne, de la banque impériale de commerce, de son comptoir (à l'exception de celui d'Odessa), ainsi que d'autres créances particulières qui n'auraient pas été contestées. Dès que le dividende que doit toucher chacun de ces créanciers est fixé au marc le franc, une notification est faite à ceux d'entre eux qui n'ont reçu aucun intérêts, pendant la dernière année, des sommes qui leur sont dues.

On doit ranger dans la même classe les créances des marchands résultant d'ustensiles ou autres objets du même genre qu'ils ont fourni au failli.

La troisième classe se compose de toutes les créances qui doivent être soumises à l'appréciation du tribunal de commerce. Elles doivent faire partie du compte général ; seulement, elles ne doivent être liquidées que lorsqu'une décision du tribunal est intervenue à cet égard.

On doit comprendre dans la quatrième classe :

I. — Les créances qui n'ont pas été produites après le

jugement déclaratif de faillite dans le délai fixé par la loi. Dans le cas où ce retard est causé par quelque circonstance fortuite ou de force majeure, ces créances sont réparties dans la deuxième ou la troisième classe, selon qu'elles ont été contestées ou admises sans réclamations de la part des tiers intéressés;

II. — Les créances contractées en vertu de lettres d'emprunt, non enregistrées dans le délai de sept jours après avoir été émises et dont le payement n'a pas été réclamé trois mois après leur échéance, ou pour lesquelles les formalités prescrites par la loi relativement à la déclaration de non-payement n'ont pas été remplies dans le même délai;

III. — Les créances résultant de conventions, lorsque dans le délai d'une année à partir de l'époque de leur exigibilité, le payement n'en a pas été réclamé.

Lorsque les administrateurs se sont procurés tous les documents qui leur sont nécessaires pour former l'actif et le passif de la faillite, ils doivent faire connaître les causes qui, selon eux, ont dû déterminer l'insolvabilité du failli, et, en conséquence, sa faillite est classée par eux au nombre des faillites malheureuses, selon les circonstances, et dans le cas de culpabilité reconnue de la part du failli, il est réputé banqueroutier simple ou frauduleux.

En ce qui touche les mesures dont la personne même du failli peut être l'objet pendant les délais nécessités par les différents actes de procédure relatifs à la faillite, dans le cas où les administrateurs ont reconnu que la faillite est malheureuse, ils peuvent ordonner, avant que l'assemblée générale n'ait été convoquée, la mise en liberté du failli, ce qui est exécuté sur-le-champ en vertu de l'autorisation du tribunal de commerce. Lorsque les formalités dont nous avons parlé sont accomplies, les administrateurs convoquent les créanciers en assemblée générale. Si le nombre de leurs créances représente les deux tiers du chiffre total des créances vérifiées par les administrateurs, on fixe le jour auquel la délibération a lieu, malgré l'absence des autres créanciers qui ne se sont pas présentés. Ce jour doit être porté à la connaissance du public par des avis publiés dans les journaux, au moins une semaine à l'avance. Les créanciers dont les créances sont vérifiées par les administrateurs sont seuls admis à faire partie de l'assemblée générale, qui a le droit de choisir le président.

Les administrateurs sont tenus de présenter à l'assemblée :

I. — Un compte-rendu détaillé de toutes les opérations auxquelles ils se sont livrés ;

II. — L'état général de l'actif et du passif ;

III. — L'indication des sommes qui peuvent être attribuées aux créanciers à titre de dividende ;

IV. — Des considérations sur les causes de la faillite. L'assemblée générale a la mission d'approuver, de blâmer ou de modifier les résolutions qui ont été ou qui peuvent être prises par les administrateurs. Dans le cas où elle reconnaît qu'ils se sont rendus coupables d'abus dans l'exercice de leurs fonctions, elle peut les poursuivre devant les tribunaux compétents. C'est également l'assemblée générale qui détermine l'époque à laquelle a lieu la vente des immeubles du failli et les conditions de cette vente ; enfin, c'est par elle que doit être dressé l'état définitif des créances contre le failli et qu'est déterminé le mode de liquidation qui doit être appliqué. L'exécution de ces dernières dispositions est confiée aux administrateurs.

Dès que les créances ont été colloquées dans l'assemblée générale, on procède à la liquidation en utilisant d'abord l'argent comptant et ensuite à l'aide des rentrées de fonds qui peuvent être opérées. C'est ainsi que l'on peut désintéresser les créan-

ciers appartenant à la première classe, si toutefois ils n'ont pas
été payés auparavant. Quant à ceux de la dernière classe, ils
reçoivent des payements proportionnés aux rentrées qui sont
effectuées lorsqu'elles s'élèveront à dix kopeks par rouble dans
toute la masse.

Quant aux sommes destinées à éteindre les créances de la
troisième classe, c'est-à-dire celles qui sont contestées, elles
doivent être déposées à la banque, qui en paye l'intérêt. Ces
sommes se composent :

I. — Des remises faites aux créanciers en vertu d'une décision du tribunal ;

II. — Des créances fictives appartenant à la troisième classe.

Si toutes les sommes de cette dernière classe sont liquidées, elles
sont affectées au payement des créances de la quatrième classe,
ou les sommes qui les composent sont, en dernier lieu, remises
au débiteur à la clôture de la liquidation.

Lorsque tous les biens du failli sont vendus, que le montant des diverses créances qu'il devait recouvrer est touché et
que les créanciers de la faillite pour les sommes les plus importantes ont été payés, les administrateurs cessent leurs fonctions; ils sont remplacés par un fondé de pouvoir auquel le
curateur remet le registre des créances scellé et signé sur
lequel les créanciers, après chaque répartition de dividendes,
ont donné leur acquit.

Les administrateurs, après s'être renseignés sur les causes de
la faillite, s'être rendu compte du résultat de leurs opérations
depuis que le jugement déclaratif a été rendu, font un rapport
dans lequel ils qualifient la nature de la faillite. S'ils estiment
qu'elle doit être déclarée *malheureuse*, les conséquences qui
doivent en résulter sont :

I. — La mise en liberté du failli, à moins qu'il ne l'ait précédemment obtenue avec ou sans caution;

II. — Il est réintégré dans tous ses droits et privilèges ; les actes conservatoires auxquels on a pu procéder sur ses biens à venir, à la requête des créanciers de la faillite, sont discontinués ;

III. — Enfin, une pension alimentaire dont le montant a été déterminé par l'assemblée générale lui est allouée.

S'il y a eu faillite *imprudente* ou banqueroute simple, il en résulte les conséquences suivantes :

I. — Le failli peut être emprisonné pendant une année au moins et trois années au plus, en comprenant toutefois la durée de l'emprisonnement qu'il a subi pendant le cours des opérations de la faillite. Toutefois, si la majorité des créanciers prend sa position en considération, ils peuvent présenter une requête au tribunal de commerce, afin d'obtenir que la durée de son emprisonnement soit abrégée et même qu'il soit mis immédiatement en liberté;

II. — Il perd le droit d'exercer à l'avenir tous genres de commerce ; néanmoins, selon les circonstances, cette interdiction peut être levée. Les biens qui lui sont échus par successions ou donations, ainsi que ceux qu'il a acquis de ses deniers personnels, sont affectés par privilège au payement de ses dettes qui avaient été vérifiées par les administrateurs de sa faillite.

S'il a été reconnu que le failli s'est rendu coupable de banqueroute frauduleuse :

I. — Il est renvoyé devant la cour criminelle sous l'inculpation du crime de faux dans le cas où, malgré le serment qu'il a dû prêter, il a dissimulé tout ou partie de son actif.

II. — Toutes les personnes qui ont aidé ou facilité les manœuvres frauduleuses dont il s'est rendu coupable seront considérées comme ses complices et sont également renvoyées devant la cour criminelle, pour y être jugées conformément à la loi pénale;

III. — Les sommes qui ont pu être payées à titre d'à-comptes sur le montant des créances reconnues fictives sont restituées par ceux qui les ont reçues et font retour à la masse;

IV. — Si, parmi les valeurs que le failli avait dissimulées, il se trouve des fonds placés dans des établissements de crédit, ils doivent être versés entre les mains des administrateurs et employés à désintéresser les créanciers.

Toutes les décisions prises par l'assemblée générale des créanciers relativement à la faillite sont soumises à l'homologation du tribunal de commerce; cette homologation leur donne force exécutive et doit être publiée dans les journaux des deux capitales. Lors de la clôture des opérations des administrateurs, toutes les pièces de procédure relatives à la faillite sont déposées au greffe du tribunal de commerce.

Toutes les conventions qui sont intervenues entre le débiteur et ses créanciers avant l'ouverture de la faillite et par lesquelles celui-ci favoriserait certains créanciers au préjudice des autres sont frappées de nullité. Les créances contractées après le vote du concordat ne sont pas admises dans le règlement des dividendes à partager entre les créanciers.

Le concordat qui est consenti après le jugement déclaratif de faillite n'est valable qu'aux conditions suivantes :

I. — Lorsqu'il est voté dans l'assemblée générale des créanciers, après l'expiration du délai pendant lequel ils ont dû se présenter;

II. — S'il a été voté à la majorité des trois quarts des créances vérifiées ;

III. — Lorsqu'il a été homologué par le tribunal de commerce. Les juges qui le composent, après s'être rendu compte de l'actif de la faillite et des valeurs qui le composent, et prenant en considération le préjudice que pourraient éprouver les créanciers par suite de la longueur présumée des opérations de la faillite, peuvent homologuer le concordat qui a été consenti.

Quant à ceux des créanciers qui se refusent à adhérer au concordat, ils sont tenus de consigner par écrit les motifs de leur refus à l'assemblée générale. Celle-ci transmet au tribunal de commerce l'exposé de ses motifs en lui demandant d'homologuer le vote du concordat. Cette homologation, une fois donnée, met fin à toutes les opérations de la faillite.

Quant à ce qui concerne les émoluments qui doivent être alloués au curateur pour les soins qu'il a pu donner aux affaires du débiteur insolvable depuis l'ouverture de la faillite, ils sont fixés par la loi à un pour cent sur toutes les valeurs déclarées par le débiteur jusqu'à trois cent mille roubles. Dans le cas où il s'agirait d'une somme supérieure, le curateur a le droit de percevoir en outre un demi pour cent. Lors de l'ouverture de la faillite, si le curateur fait partie de l'assemblée générale, les émoluments fixés par la loi lui sont alloués, et à l'époque de la clôture du règlement des créances, l'assemblée générale peut, en outre, si elle le juge convenable, décider qu'une gratification lui sera donnée. Dans le cas où deux curateurs sont nommés, les émoluments et gratifications sont partagés entre eux.

Une indemnité de deux pour cent, prélevée sur toutes les sommes appartenant au failli, est accordée au président de l'assemblée générale, s'il est lui-même créancier, et aux créanciers, en raison des travaux auxquels ils se sont livrés pour les opérations de la faillite.

CHAPITRE XXVI

De la forme de procéder devant les tribunaux de commerce.

Organisation. — Compétence.

Les tribunaux de commerce se composent d'un président et d'un nombre de juges déterminé par la loi selon l'importance des localités dans lesquelles ils se trouvent. Des greffiers, commis-greffiers, commissaires de justice, experts, jurés et administrateurs assermentés pour les faillites, sont attachés aux tribunaux de commerce.

Les présidents et juges sont appelés à ces fonctions par des ordonnances impériales et sur la présentation du ministre de la justice ou du sénat dirigeant. Les candidats sont choisis et présentés par les commerçants, les hôtes provinciaux, et par les hôtes étrangers inscrits dans les villes.

Dans les tribunaux de commerce des villes autres que les capitales, les présidents et les autres membres de ces tribunaux sont nommés directement par l'empereur. Leurs fonctions ne sont point bornées à un laps de temps déterminé et ont une durée illimitée ainsi que celles des autres fonctionnaires de l'empire.

Les membres des tribunaux de commerce, ainsi que leurs suppléants, sont élus par les commerçants, à la majorité des voix, de la même manière et pour le même laps de temps que les membres des cours suprêmes. Dans les capitales, ils sont choisis parmi

23

les commerçants et les hôtes forains des deux premières guildes et les hôtes étrangers inscrits à Saint-Pétersbourg et à Moscou.

Les greffiers et autres employés assermentés de la chancellerie sont nommés et peuvent être révoqués par les tribunaux. Ils ont le titre de fonctionnaires publics.

Les tribunaux de commerce ont le droit de désigner des administrateurs assermentés chargés de gérer les biens des faillis jusqu'à ce que les administrateurs définitifs de la faillite aient été nommés. Les administrateurs assermentés sont choisis parmi des candidats présentés par les commerçants ; tous les cinq ans, on détermine leur nombre. Tant qu'ils sont chargés de gérer les biens du failli, ils ne peuvent accepter d'autres fonctions.

Nul ne peut être fondé de pouvoir, chargé de représenter les parties devant les tribunaux de commerce, à moins d'être inscrit sur le tableau des avocats assermentés et d'avoir été désigné en cette qualité par le tribunal, qui ne peut rayer les noms inscrits sur ce tableau sans de justes motifs.

Le nombre des avocats assermentés n'est pas déterminé : il est laissé à l'appréciation du tribunal. Les marchands ou hôtes commerçants, les personnes employées dans un comptoir de commerce, les avocats de la couronne et ceux chargés de soutenir les intérêts des simples particuliers, ont le droit de plaider pour leurs clients, quoique leurs noms ne soient pas inscrits sur le tableau.

Les présidents, juges assesseurs, et les secrétaires, reçoivent un traitement de l'État.

Les tribunaux de commerce connaissent :

I. — De toutes les contestations, sur lettres de change, conventions, engagements écrits ou non écrits relatifs à des opérations commerciales ;

II. — De toutes les difficultés, contestations et incidents concernant les faillites, quelle que soit la classe à laquelle appartiennent les faillis, lors même qu'il s'agirait d'une personne appartenant à la noblesse.

La loi répute actes de commerce :

I. — Tous les achats de denrées et marchandises destinées à être revendues en gros, demi-gros ou en détail ;

II. — Toutes les opérations relatives aux fabriques et manufactures ; celles qui ont lieu dans les boutiques, bazars, magasins, etc... ;

III. — Les traités conclus entre commerçants pour la construction, l'achat, le radoub, le fret et l'expédition des navires marchands ;

IV. — Les engagements relatifs à l'achat, à la vente, au transport, au dépôt de marchandises, aux entreprises et opérations de commission, d'expédition et de courtage ;

V. — Les envois d'argent dans les villes russes et étrangères, les opérations de change et de banque.

Sont également attribués à la juridiction commerciale :

I. — Les demandes en dommages-intérêts ou indemnité formées par les marchands ou leurs commis contre les voituriers et toutes autres personnes s'occupant de commerce ;

II. — Les contestations entre associés pour raison d'une société de commerce ;

III. — Toutes les opérations commerciales traitées à la bourse par le ministère des courtiers ;

IV. — Toutes les contestations concernant les entreprises de construction, achats, ventes et reventes de bâtiments pour la navigation, les expéditions maritimes, les achats ou ventes d'agrès, apparaux et avitaillements, les affrètements ou nolissements, emprunts ou prêts à la grosse, les assurances et autres contrats concernant le commerce de mer, les accords et conventions pour les salaires et loyers d'équipages, les engagements de gens de mer pour le service de bâtiments de commerce.

[Ne sont point soumis à la juridiction commerciale :

I. — Les contestations relatives aux ventes et achats de marchandises au comptant qui ont eu lieu dans les boutiques, bazars, foires et marchés ;

II. — Celles qui ont pour objet une somme ou valeur inférieure à cinq cents roubles.

Les premières sont jugées par les autorités locales ; quant aux secondes, par les tribunaux oraux (*justice municipale*).

En matière commerciale, les contestations de toute nature sont déférées aux tribunaux de commerce, à l'exception de celles relatives aux lettres de change, lorsque ces contestations existent entre des gentilhommes et de simples particuliers non commerçants.

Les tribunaux de commerce ne connaissent pas de l'exécution de leurs jugements. Leur juridiction ne s'étend qu'aux affaires qui leur sont exclusivement attribuées. Dans le cas où une contestation, tout en ayant un caractère commercial, donnerait lieu à des incidents d'une autre nature, le tribunal se borne à juger le fond du litige pour lequel il est compétent et quant à ce qui concerne les questions subsidiaires qui peuvent lui être soumises, sur ces chefs de demandes, il renvoit les parties à se pourvoir devant les juges appelés à en connaître.

La juridiction d'un tribunal s'étend sur une certaine partie du territoire de l'empire.

Si des districts ont été réunis à ce territoire, non-seulement les habitants des villes qui se trouvent dans ces districts deviennent justiciables du tribunal, relativement aux contestations pour lequel il est compétent, mais même les étrangers qui, postérieurement à la réunion des deux portions de territoire, y ont fixé leur domicile.

Toutes les personnes qui exercent la profession de commerçants sont justiciables des tribunaux de commerce pour les contestations et les actes relatifs à leur commerce.

En outre les tribunaux de commerce sont compétents dans les cas suivants :

I. — Lorsque par suite d'un traité intervenu entre les parties, il a été convenu que dans le cas de contestations, elles sont portées devant le tribunal de commerce de la ville qu'elles habitent l'une et l'autre, lors même que sans cette clause la juridiction commerciale ne serait pas compétente.

II. — Lorsque la situation de l'objet litigieux se trouve dans le ressort du tribunal de commerce.

Les tribunaux de commerce connaissent en premier ressort de toutes les affaires pour lesquelles ils sont compétents. Dans le cas où les parties interjettent appel, il est porté devant le sénat dirigeant ou les cours supérieures auxquelles la même compétence a été attribuée pour statuer en appel.

Les arrêts rendus par le sénat dirigeant sont qualifiés en dernier ressort et non susceptibles d'appel, en ce qui concerne :

I. — Dans les capitales, toutes les affaires dont l'objet n'est pas supérieur à la somme ou valeur de dix mille roubles, et dans les autres villes d'après les règles tracées dans le tableau dressé à cet effet;

II. — Les affaires dont l'intérêt est supérieur à la somme ou valeur de dix mille roubles, lorsque les parties ont déclaré consentir à être jugées en dernier ressort et sans appel.

La procédure devant les tribunaux de commerce a lieu verbalement ou par écrit.

En général, toutes les affaires sont instruites verbalement, à moins que le demandeur n'ait demandé qu'un autre mode d'instruction ne fût ordonné par le tribunal.

L'instruction écrite peut être ordonnée dès le début de l'instance, sur la demande du défendeur, ou pendant le cours de l'instruction verbale. Dans les deux cas, la cause est portée à une audience spéciale.

Les requêtes et tous les actes servant de défenses émanés des parties doivent être signifiés à la partie adverse ; les originaux en sont déposés au greffe du tribunal.

Si des pièces et documents nouveaux sont produits par les parties en cause, les originaux doivent en être communiqués à l'audience où elles comparaîtront en personne ; si elles ne les produisent qu'après certaines phases de l'instance, elles ne peuvent les invoquer et doivent puiser leurs moyens de défense uniquement dans les pièces écrites de la procédure.

Il est formellement interdit aux juges des tribunaux d'établir des correspondances avec les parties ou des tiers intéressés relativement aux affaires soumises à leur examen.

Lorsqu'ils doivent rendre un jugement en dernier ressort, on rédige à la chancellerie (greffe) un résumé des actes de procédure qui ont été faits et des moyens de défense respectivement présentés par les parties et contenant l'indication des lois, statuts, règlements et usages applicables à la cause.

Ce résumé, signé du greffier est communiqué aux parties auxquelles il est accordé un délai de quarante-huit heures pour y consigner leurs observations ; selon les circonstances, le tribunal peut porter ce délai à sept jours. C'est sur ce document qu'il rend une décision définitive.

Toutes les pièces des affaires qui ont été l'objet d'une instruction écrite sont déposées au greffe du tribunal, parmi les archives, et il en est fait mention sur un registre tenu à cet effet.

Dans toutes les contestations entre commerçants et relatives à des actes de commerce, le tribunal compétent pour statuer est celui du domicile du défendeur lors même que ce domicile n'est que provisoire, à moins que les parties n'aient à l'avance et de leur consentement réciproque, choisi le tribunal d'une autre ville devant lequel sera portée l'affaire qui les concerne.

Dans le cas où il s'agirait d'une contestation relative à des objets mobiliers, tels que des marchandises ou des navires, par exemple, le tribunal compétent est celui du lieu où ils se trouvent.

Si la demande est intentée contre plusieurs défendeurs, elle est portée devant le tribunal du domicile de l'un d'eux, au choix du demandeur.

Dans le cas où une société commerciale est en cause, le tribunal du siège de la société désignée par sa raison sociale est appelé à statuer sur la demande.

Pour déterminer la compétence du tribunal, le domicile des personnes qui se trouvent à bord d'un navire est réputé être dans la ville auprès de laquelle séjourne le bâtiment.

Les juges peuvent être récusés dans les cas suivants :

I. — Si l'un d'eux est parent des parties ou de l'une d'elles jusqu'au quatrième degré inclusivement ou allié jusqu'au deuxième;

II. — Si le juge, sa femme, leurs ascendants et descendants ou alliés dans la même ligne ont un différend sur pareille question que celle dont il s'agit entre les parties; ou s'ils ont un procès en leur nom dans un tribunal où l'une des parties sera juge; s'ils sont créanciers ou débiteurs d'une des parties;

III. — S'il y a eu procès criminel ou civil non encore terminé entre le juge et l'une des parties ou son conjoint ou ses parents ou alliés en ligne directe;

IV. — Si le juge est tuteur, subrogé-tuteur ou curateur de l'une des parties, ou s'il est intimement lié avec son adversaire.

Le tribunal doit statuer sur ces motifs de récusation lorsqu'ils lui sont soumis. Il entend les explications contradictoires des deux parties.

Si pendant qu'elles les fournissent, les juges remarquent qu'elles s'éloignent de la vérité ou qu'elles font des imputations

de nature à porter atteinte à l'honneur et à la considération de
certaines personnes, ils doivent leur adresser à ce sujet de
justes remontrances, et leur rappeler qu'en agissant ainsi, elles
s'exposent à être poursuivies suivant la rigueur des lois.

D'un autre côté, les juges doivent veiller à ce que les parties,
par ignorance ou inexpérience, ne fassent pas des déclarations
qui puissent leur être opposées plus tard et qui soient de nature
à préjudicier à leurs droits.

Si le différend s'est élevé entre associés, le tribunal renvoie les
parties devant des arbitres, pour être jugés par eux ; dans le cas
contraire, il statue immédiatement.

Dans les affaires très-importantes ou de nature à présenter
de sérieuses complications, lorsque, malgré la discussion, les
moyens de défense et arguments présentés par les parties, les
débats ne simplifient pas les difficultés résultant de la contestation, ou lorsque l'on prévoit qu'ils seront de longue durée, le
tribunal propose aux parties de transiger, ou les renvoie devant
des arbitres. Dans le cas de refus de la part des parties, le
tribunal instruit et juge l'affaire qui lui est soumise.

Si elle est soumise aux arbitres, le tribunal donne acte aux
parties de la convention qu'elles ont faite de fixer un délai
pendant lequel elles auraient le droit de se présenter devant les
juges qui le composent, pour obtenir un jugement. En conséquence, l'instruction de l'affaire est discontinuée jusqu'à l'expiration de ce délai. Dans le cas où aucune transaction n'inter-
vient, le tribunal est saisi de nouveau à la requête de la partie
la plus diligente.

Il est permis aux parties, à toutes les phases de la procédure,
soit en première instance soit devant les tribunaux d'appel, de
convenir qu'elles décident d'elles-mêmes du choix des arbitres,
chargés de statuer sur le différend qui les divise.

Dans le cas où, sur la proposition du tribunal de commerce

les parties consentent à terminer le procès par une transaction, elles désignent parmi les juges du tribunal, ceux qu'elles choisissent comme amiables compositeurs à moins qu'elles ne lui en aient laissé le choix. Lorsque ceux-ci ont entendu les parties en leurs conclusions et dires respectifs et qu'ils leurs ont donné lecture des lois applicables à l'espèce qui leur est soumise, ils doivent leur communiquer le projet de transaction qu'ils ont rédigé; si elles y donnent leur adhésion, l'acte est dressé en présence des parties et transcrit sur les registres du greffe. Dans le cas où elles n'adoptent pas le projet de transaction qui leur est présenté, on dresse un procès verbal constatant la proposition faite par les arbitres et le refus d'acceptation des parties; l'instance est ensuite reprise en suivant les premiers errements.

Nulle demande en justice n'est admise si elle n'a été complétement justifiée.

Les preuves reconnues par la loi devant le tribunal de commerce sont les suivantes :

   I. — L'aveu de la partie;

   II. — Les actes et documents écrits;

   III. — Les déclarations des témoins;

   IV. — La prestation de serment.

L'aveu d'une partie, en présence du tribunal, fait pleine foi contre elle des faits qu'il contient. Celui qui est fait verbalement hors de l'enceinte du tribunal est nul, dans les cas où la loi n'autorise point la preuve testimoniale, à moins qu'il n'y ait un commencement de preuve par écrit.

L'aveu consigné par écrit hors du tribunal produit les mêmes effets que la preuve littérale.

Dans une affaire pendante entre plusieurs parties, l'une d'elle a le droit d'invoquer contre son adversaire une déclaration émanée de lui dans un autre procès.

Les aveux personnels ou partiels faits par certaines parties dans une instance, ne peuvent engager les autres parties ayant le même intérêt.

Néanmoins le tribunal peut prendre en considération les preuves qu'elles sont en mesure de fournir à l'appui de leurs déclarations respectives.

Les documents écrits ne doivent pas être présentés séparément au tribunal par les parties : elles sont tenues de les réunir, afin de les soumettre tous au juge en une seule fois ; dans ce cas, la présence de la partie adverse n'est pas nécessaire.

Dans le cas où les parties déclarent que certains documents qui se trouvent dans un lieu déterminé contiennent de sérieux moyens de preuve à l'appui de leurs prétentions respectives, le tribunal leur accorde le délai nécessaire pour qu'elles aient le temps de se les procurer. Si ces documents se trouvent entre les mains de tiers, il peut ordonner que la production en soit faite à la diligence de l'administration de la police.

Dans le cas où certaines mentions existant sur des livres ou registres ne sont point en parfaite concordance, aucune d'elles ne fera foi en justice, à moins qu'elle ne contienne certains articles justifiés par d'autres mentions, mais pour ces articles seulement.

Lorsqu'une demande a été formée contre une personne n'appartenant pas à l'une des classes de commerçants, les livres de commerce qui sont produits dans cette instance n'ont que l'autorité attachée par la loi aux présomptions. Il en est ainsi dans les affaires concernant les dépôts de marchandises, et prêts d'argent, ou lorsque le défendeur non commerçant s'est reconnu débiteur, ou enfin quand il est prouvé de toute autre manière que le dépôt des marchandises a été réellement effectué, que les fonds ont été touchés.

Le même principe s'applique également dans la même hypothèse, lorsque le doute ou la contestation ne portent que sur certains délais, sur la qualité, la quantité, le prix des marchandises, ou enfin les époques d'exigibilité des sommes dues.

Ces présomptions, lorsqu'elles ne sont pas détruites par la preuve contraire, font pleine foi en justice, à la condition pour le commerçant de prêter serment de la sincérité de ses allégations.

Les actes de commerce rédigés par les soins des courtiers font pleine foi entre les parties de ce qu'ils contiennent, lors même qu'ils ne sont pas transcrits sur leurs registres. Les extraits qui en sont délivrés par les courtiers sur la demande du tribunal font également foi en justice.

Les livres et notes des courtiers, même après leur décès, ont la même force probante que les déclarations faites sous la foi du serment par un témoin produit par l'un des défendeurs.

Dans le cas où un courtier aurait été révoqué de ses fonctions pour la mauvaise tenue de ses livres, les mentions qui y sont contenues n'ont aucune force probante.

Les livres et registres des débiteurs de tout genre, tels que ceux des boutiquiers, bouchers, boulangers, marchands de vins et maîtres d'atelier, ne font pas foi en justice relativement aux engagements qu'ils ont pu contracter en dehors de leur commerce, quoiqu'ils aient été tenus aussi régulièrement que ceux qui constatent les opérations commerciales auxquelles ils se livrent habituellement.

Les comptes, quittances, registres, et autres papiers domestiques, ne peuvent constituer des preuves en faveur de ceux auxquels ils appartiennent. Au contraire, ils font preuve contre lui s'ils énoncent un payement reçu.

Les quittances signées du créancier énonçant que des payements ont été faits à la suite d'un échange peuvent servir de preuve en faveur de ceux auxquels elles ont été remises.

Les comptes signés du débiteur et donnés au créancier peuvent servir de preuve complète en faveur de celui-ci, à moins que le créancier n'ait dénié sa signature pendant la semaine qui a suivi la délivrance de ces comptes.

La signature apposée par le préteur ou le créancier au commencement, à la fin, au dos, ou en marge d'un acte constitue la preuve du payement. Il en est de même des contrats synallagmatiques, dans le cas où il existe entre les mains du débiteur une copie revêtue de la signature du créancier.

Les preuves produites dans une instance commerciale peuvent être corroborées :

I. — Par l'inspection des lieux que visite l'un des juges du tribunal ;

II. — Par le travail de vérification des experts.

Lorsqu'il est nécessaire d'ordonner une expertise à l'effet de faire constater l'état de diverses marchandises, le tribunal commet trois experts choisis parmi les hommes de l'art. L'expert désigné qui fait partie de la corporation du commerçant demandeur ne peut refuser de remplir la mission qui lui est confiée, à moins d'empêchements graves.

Dans le cas où un expert appelé à comparaître en justice ne s'y présentait pas aux jour et heure indiqués, il est pourvu à son remplacement, et on prononce contre lui une amende qui peut varier de vingt à cent roubles. Ensuite, on dresse un procès-verbal constatant les opérations auxquelles se sont livrés les experts.

A défaut de textes de lois sur certaines matières, les tribunaux de commerce doivent motiver leurs décisions sur les usages commerciaux généralement adoptés et les précédents judiciaires invoqués dans des circonstances semblables.

Les jugements rendus en matière commerciale doivent statuer tant sur le fond même des affaires que sur les incidents qui ont pu se produire. Si les parties en font la demande, elles peuvent être entendues en leurs dires et déclarations, à moins que les juges n'aient prononcé la remise de l'affaire à une époque ultérieure.

Les jugements sont rendus à la pluralité des voix et prononcés immédiatement à l'audience.

Le tribunal doit être composé de trois juges au moins, à peine de nullité des jugements qu'il a rendus. S'il se produisait plusieurs opinions parmi les juges, et dans le cas de partage, la voix du président est prépondérante.

Dans le cas où les opinions sont très-divisées, et s'il est impossible d'obtenir de majorité dans une affaire, un nouveau jugement doit être rendu ; dans ce cas, d'autres juges sont adjoints à ceux qui ont siégé précédemment et doivent se réunir à l'une des opinions qui ont été émises.

Si le greffier remarquait quelque erreur manifeste de fait ou de droit dans le texte du jugement rendu, il doit, à deux reprises différentes, soumettre à cet égard ses observations au tribunal ; si elles ne sont pas prises en considération, il est tenu d'en faire mention sur le registre d'audience.

Les jugements provisoires, préparatoires ou interlocutoires, et ceux rendus sur des incidents survenus dans le cours de l'instance principale, peuvent être modifiés dans quelques-unes de leurs parties; mais s'il s'agit de jugements définitifs, ils doivent être exécutés suivant leur forme et teneur, et aucun changement ne peut y être apporté.

Les jugements interlocutoires sont dénoncés immédiatement aux parties présentes à l'audience. Si elles en font la demande, il leur en est donné une copie légalisée.

Dans le cas où il s'agit d'un jugement rendu par défaut, l'expédition leur est délivrée.

Lorsque le tribunal ordonne que les parties soient entendues en personne, qu'elles doivent prêter serment ou que des témoins sont appelés à déposer, il spécifie les points sur lesquels les parties seront interrogées.

Les jugements interlocutoires ou définitifs qui sont rendus en l'absence des parties sont lus publiquement à l'audience suivante; il leur en est donné copie le jour même ou le lendemain. Dans le cas où elles ne se trouveraient pas au tribunal, les jugements leur seraient signifiés à leur domicile.

Dans le cas où l'une des parties, quoique régulièrement citée, n'a pas comparu en personne ou représentée par un fondé de pouvoir, le jugement lui est également signifié.

Dans le cas où le domicile d'une ou de plusieurs parties est complétement inconnu, le texte du jugement qui les concerne est publié dans les journaux des deux capitales et des gouvernements provinciaux.

Les jugements définitifs deviennent exécutoires à partir de leur signification, à moins que le tribunal n'ait ordonné que l'exécution en soit suspendue pendant un délai déterminé et qu'il a motivé.

Il ne peut être accordé de délai au débiteur contre lequel un jugement est rendu que dans les cas suivants :

I. — Lorsque ses meubles ont été vendus aux enchères ;

II. — Lorsque sa faillite est déclarée ;

III. — Dans le cas où il est condamné à payer une amende pour avoir contrevenu aux lois et règlements ;

IV — Lorsqu'il est incarcéré à la requête de ses créanciers ;

V. — Enfin, dans tous les cas où il a diminué les sûretés qu'il avait données à ses créanciers.

L'administration de la police est chargée de l'exécution des jugements et arrêts rendus en quelque matière que ce soit.

Dans le cas où des difficultés s'élèvent sur l'interprétation de certaines parties du dispositif des jugements rendus, le tribunal est appelé à statuer à cet égard.

L'appel d'un jugement interlocutoire n'est pas recevable avant que le jugement définitif n'ait été rendu. Sont exceptés : les déclinatoires sur incompétence, les demandes en récusation, et celles dans lesquelles on a conclu à faire certaines preuves défendues par la loi.

Les appels des jugements définitifs et des jugements rendus sur des incidents relatifs à la demande principale sont portés devant le sénat dirigeant. Les délais pour interjeter appel sont de deux mois à compter du jour de la signification du jugement rendu en première instance ; si les parties n'ont pas de domicile connu, ces délais courent à partir de la dernière publication du jugement. S'il s'agit d'affaires relatives à des contrats de change ou à des lettres de change, les délais sont d'un mois.

L'appel est suspensif.

Dans le cas où l'exécution provisoire est ordonnée, si l'une des parties s'y oppose, elle doit à cet effet présenter une requête au tribunal et s'engager à fournir une caution.

A la diligence du tribunal, dans le délai d'un mois, il est donné copie de l'acte d'appel à la partie adverse, qu'on notifie au sénat dirigeant. Il ne doit en être fait que deux copies.

Les tribunaux oraux de commerce ont été institués près de toutes les maisons communes pour connaître de toutes les affaires qui requièrent célérité.

Les tribunaux oraux établis dans les villes pour connaître des affaires civiles ont une organisation complétement distincte et indépendante de celle de la juridiction commerciale. Les tribunaux oraux de commerce établis près les maisons communes se composent de deux juges choisis chaque année par le conseil municipal.

Sont de la compétence des tribunaux oraux de commerce :

toutes les contestations relatives à l'achat et à la vente de marchandises, aux emprunts de fonds, aux dépôts, au prix de lo-
cation de boutiques et de navires marchands, au transport des
marchandises, et enfin les différends qui peuvent s'élever entre
le maître et les ouvriers.

Les tribunaux oraux sont également compétents dans certaines affaires criminelles, telles que les crimes de vol, pillage,
meurtre, etc.

Ils connaissent de toutes les affaires relatives à des opérations
commerciales entre commerçants, et même lorsque les contestations se sont élevées entre commerçants et non commerçants ;
mais ils sont incompétents sur les demandes de reddition de
comptes et celles dans lesquelles il y a lieu à la nomination
d'arbitres.

Les tribunaux oraux sont placés sous l'autorité immédiate
des maires auprès desquels leur siége est établi : ils reçoivent
d'eux les instructions qui leur sont données et doivent leur
communiquer leurs rapports et leurs décisions.

CHAPITRE XXVII

Émancipation des serfs.

Ukase du 20 novembre 1857.

Dans l'empire de Russie, où l'extension donnée au territoire n'a eu pour cause ni les conquêtes ni les envahissements de la féodalité, le servage a été tout à la fois une institution politique et administrative.

Il est un fait unique dans l'histoire des nations civilisées : c'est qu'en Russie, dès le principe, le servage a été introduit dans les classes élevées de la société, au quinzième siècle, à l'époque de la création de la noblesse. Jusqu'en 1762, les sujets de l'empire appartenant à la noblesse furent obligés, pendant leur vie entière, d'accepter toutes les fonctions qu'il plaisait au gouvernement de leur confier et de se rendre partout où ils étaient envoyés; ils composaient alors la glèbe de services.

Quant aux sujets placés à un rang moins élevé dans l'ordre hiérarchique social, qui composaient la classe rurale, ils conservèrent pendant un siècle le privilége de pouvoir abandonner les terres d'un propriétaire auxquelles ils étaient attachés pour passer sur celles d'un autre.

Ce ne fut qu'à la fin du seizième siècle que ce privilége leur fut enlevé et qu'ils se virent réduits en servage.

Depuis l'époque à laquelle la monarchie russe prit naissance

24

jusqu'au quinzième siècle, pendant cette période de l'histoire, il n'exista point de castes en Russie. Ainsi que nous avons eu l'occasion de le dire en nous occupant de la législation qui était alors en vigueur, toutes les fonctions, les emplois, quels qu'ils fussent, étaient accessibles à tous et pouvaient être exercés par chaque sujet de l'empire ; les plus hautes dignités ne se perpétuaient ni dans la même famille, ni en faveur de certaines personnes déterminées ; elles disparaissaient avec ceux qui en étaient revêtus. Si quelques personnes, grâce à leur mérite personnel, à leur position de fortune, ou favorisées par un heureux concours de circonstances, ont occupé de hautes positions dans l'Etat, si après eux des membres de leur famille ont participé aux mêmes distinctions, elles étaient néanmoins exclusivement personnelles, car, à cet égard, il n'y avait en Russie aucuns privilèges de cette nature transmissibles ou héréditaires.

Les cultivateurs avaient la faculté d'abandonner les terres qu'ils cultivaient pour aller s'établir dans d'autres domaines ; d'après les règles des contrats par lesquels ils louaient leurs services, la durée de leur engagement se terminait ordinairement au commencement de l'hiver et, aux termes mêmes de la loi observée en cette matière, à partir du huitième jour avant celui de la fête de Saint-Georges (c'était le 26 novembre d'après le calendrier d'Orient), et pendant le même délai de huitaine depuis cette date, il leur était permis de prendre congé de leurs maîtres pour aller contracter ailleurs d'autres engagements.

Les esclaves se composaient uniquement des prisonniers de guerre et des individus qui, se trouvant absolument dénués de toutes ressources et n'ayant aucuns moyens d'existence, demandaient un asile aux personnes qui consentaient à les recueillir par un sentiment d'humanité ; c'est ainsi qu'ils se mettaient en servage et se soumettaient à toutes les obligations qui y étaient attachées.

Vers le treizième siècle, à l'époque de l'invasion des Mongols en Russie, de notables changements furent introduits dans la condition civile des sujets russes. Iwan III, après avoir affranchi la Russie du joug des Mongols, institua un ordre de noblesse placé exclusivement sous sa dépendance. Il concéda des terres à tous ceux qui en firent partie, et qu'il avait choisis parmi les hommes les plus distingués de l'État. En leur conférant ces titres nobiliaires, il exigea d'eux et de leurs descendants la promesse de servir avec fidélité le souverain pendant leur vie, en se conformant strictement à sa volonté. Ils devaient s'engager également à se rendre partout où il lui plairait de les envoyer, c'est ainsi qu'ils se trouvèrent attachés à la glèbe de services.

Quant aux cultivateurs, ils conservèrent le droit de transmigration qui jusqu'alors leur avait été reconnu. Les droits et privilèges dont ils jouissaient étaient sauvegardés par l'appui des plus riches et des plus puissants parmi les nobles, c'était une protection beaucoup plus efficace que celle des petits propriétaires.

À l'époque où le territoire russe se composait de plusieurs États gouvernés par des princes indépendants les uns des autres, les nobles pouvaient changer de maîtres; mais dès que l'unité du pouvoir fut constituée et qu'un seul souverain fut appelé à régner sur toute la Russie, ils devinrent ses serfs et ne durent reconnaître que son autorité comme chef suprême de l'empire.

Vers la fin du seizième siècle, Boris-Goudunoff étant devenu l'objet de l'animadversion des boyards, voulut se créer un appui dans la petite noblesse, et, afin de se l'attacher, il établit le servage de la classe rurale, en déclarant par un ukase les cultivateurs attachés à la glèbe des terres sur lesquelles ils se trouvaient; cependant sous beaucoup de points ils différaient des esclaves avec lesquels on ne devait pas les confondre, et que l'on avait le droit de vendre comme une sorte de marchandise. Au contraire, à partir de cette époque et jusqu'au règne de Pierre Ier on n'avait le droit de vendre les serfs que lorsqu'on aliénait la terre à laquelle ils étaient attachés.

A la mort de Goudunoff, l'ukase aux termes duquel le servage de la classe rurale avait été établi, sans être expressément abrogé, tomba en désuétude.

Il en résulta que les serfs profitèrent de cette abrogation tacite pour user du droit de transmigration.

La constitution qui fut donnée à la Russie en 1613 par Michel Romanow, ne contenait pas de dispositions relatives à la classe rurale.

La noblesse riche s'opposa à ce que l'on remit en vigueur la loi qu'avait promulguée Goudunoff en établissant le servage de la classe rurale, et la petite noblesse résista aux tentatives qui furent faites pour en faire prononcer l'abrogation.

L'autorité feignit d'ignorer que les transmigrations des cultivateurs eussent toujours lieu.

En 1625 le patriarche Philarète, père du czar Michel qui gouvernait sous le nom de son fils, se sentant appuyé par la petite noblesse, rétablit le servage de la classe rurale, de sorte que les cultivateurs redevinrent serfs du propriétaire des terres qu'ils cultivaient lors de la publication de l'ukase. Néanmoins les distinctions que nous avons signalées entre les serfs et les esclaves dans le cas où ils auraient été mis en vente, furent de nouveau observées.

En 1722, lorsque Pierre Ier établit la capitation, il fit faire, pour la première fois, le recensement de la population. Pour la première fois également, les serfs et les esclaves furent confondus et inscrits dans la même classe. L'assimilation des serfs aux esclaves, surtout dans le cas de vente, se perpétua jusqu'au règne de l'empereur Nicolas.

En 1762, Pierre III accorda à la noblesse russe la faculté de quitter les services à sa volonté, et lui permit de voyager librement.

Catherine II alla plus loin ; elle autorisa les nobles à se réunir tous les trois ans en assemblées de districts et de provinces, à élire leurs administrateurs et leurs juges, enfin à se livrer à la discussion de toutes les questions se rattachant aux intérêts généraux de la province.

Ce fut sous le règne de Catherine II que fut constitué le servage de la classe rurale habitant la petite Russie.

Paul Ier rendit une ordonnance par laquelle il décida que la corvée imposée aux cultivateurs ne devait pas dépasser trois jours par semaine.

L'empereur Alexandre Ier fut le premier souverain de la Russie qui, depuis l'établissement du servage, ne donna point de serfs aux nobles en leur en attribuant la propriété. Ce fut sous son règne que l'on prépara le projet du décret d'émancipation des paysans de Livonie, d'Esthonie et de Courlande.

Pendant toute la durée de son règne, la préoccupation constante de l'empereur Nicolas, fut d'améliorer le sort des serfs ; toutefois il ne s'était pas dissimulé les nombreux obstacles qui s'opposeraient à la réalisation de ses projets. Parmi les hommes éminents dont ce souverain s'entoura dans le but de s'éclairer dans l'examen des graves questions que soulevaient ces réformes, celui qui se signala le plus par son énergique persévérance à améliorer la condition de la classe des paysans fut le comte de Kisselew, alors ministre des domaines de la couronne, actuellement ambassadeur de Russie à Paris, homme d'État aussi distingué par son mérite personnel que par l'honorabilité et la loyauté de son caractère.

L'empereur Nicolas n'avait pas abandonné ses projets de réforme, lorsqu'en 1852 il appela au ministère de l'intérieur un homme d'une remarquable intelligence et qui s'était toujours prononcé eir faveur des mesures propres à améliorer le sort des paysans : nous voulons parler du général Dmitri Bibicoff, qui, précédemment, avait administré les provinces de Kief, Wolhynie et Podolie. Dans l'exercice de ces difficiles fonctions, il s'était efforcé de réglementer les corvées, en publiant des ordonnances connues sous le nom d'*Inventaires*.

Dans le plan qu'il s'était proposé de suivre, et qui avait reçu l'approbation de l'empereur Nicolas, il avait créé une organisation nouvelle des corvées et redevances seigneuriales, dans toute la Russie, pour une période de six ou sept années.

D'après son projet, à l'expiration de cette période, l'application de certaines mesures financières aurait permis de racheter les corvées et redevances par la capitalisation des rentes qu'elles produiraient. Il est regrettable que ce projet sérieusement élaboré n'ait pas été mis à exécution.

Tous les efforts tentés à différentes époques par le pouvoir dans le but d'améliorer la condition des paysans avaient échoué, mais il était réservé à l'empereur Alexandre II de réaliser ce grand acte par l'adoption de mesures qui, seules, suffiraient à illustrer son règne. Le 20 novembre 1857 il publia un ukase par lequel il inaugurait l'œuvre de l'émancipation des serfs en consacrant les principes qui devaient servir de bases à la régénération sociale d'une partie du peuple russe. En conséquence, il décida :

I. — Que les seigneurs conserveraient néanmoins la pleine propriété sur toutes leurs terres ;

II. — Que les paysans conserveraient celles qu'ils acquerraient en propre, en usant de la faculté de rachat qui leur fut accordée ;

III. — Qu'ils conserveraient également une étendue de terres cultivables assez grande pour que les produits leur permissent

de pourvoir à leurs besoins et de garantir leur solvabilité à
l'égard du fisc et des seigneurs des terres auxquels ils payeraient
une redevance fixe, soit en argent, soit en travail.

Des comités, dont les membres avaient été choisis au sein de
la noblesse, furent chargés d'appliquer ces mesures dans toutes
les provinces de l'empire, en se conformant aux instructions
publiées par l'administration supérieure chargée de régulariser
la nouvelle condition des paysans en sauvegardant les intérêts
des propriétaires qu'aurait pu compromettre l'abolition du
servage.

Telles furent les premières mesures qui durent être mises à
exécution dans l'accomplissement de la grande réforme dont
Alexandre II avait pris la généreuse initiative.

Des projets d'organisation élaborés dans le sein des comités
de la noblesse furent ensuite soumis à des commissions de
rédaction siégeant à St-Pétersbourg, composées des membres
titulaires et d'experts nommés par le gouvernement. Ces commissions furent chargées de recevoir les travaux des comités et
de les modifier conformément aux bases posées par le manifeste impérial. Elles durent ensuite en extraire les dispositions
diverses pour former un seul projet présentant l'ensemble des
mesures générales que l'on devait appliquer, en se conformant
toutefois aux exigences de certaines localités. La rédaction de
ce projet, qui constitua la seconde phase des travaux d'élabora-
tion, fut ensuite soumise aux députés que la noblesse des divers
gouvernements de l'empire avait appelés dans la capitale. Ceux-
ci, après s'être livrés à un examen attentif du projet, présentèrent
leurs observations et firent à ce sujet les propositions qu'ils
jugèrent convenables.

Après en avoir pris connaissance, la commission crut devoir
modifier les dispositions du projet seulement dans les cas où
l'avis des députés était conforme au manifeste et ne présentait

pas de tendances contraires à l'esprit qui avait présidé à la réalisation de cette importante réforme.

Les travaux préparatoires des commissions ont été livrés à l'impression et composent dix volumes. On peut se rendre compte de l'importance qu'a dû prendre ce recueil en songeant que non-seulement toutes les autorités de l'empire, mais même toutes les personnes pouvant donner d'utiles indications sur les questions qui s'agitaient alors, furent consultées.

. L'empereur lui-même s'est occupé de ces travaux avec une grande sollicitude.

Dans la première phase des études, voici quelles furent les bases que l'on adopta : affranchissement de la personne des paysans, faculté qui leur fut accordée de jouir de tous les droits civils accordés aux sujets composant les classes qui sont soumises à l'impôt direct de la capitation ; obligation pour les propriétaires de faire dans la forme légale des concessions de terrains aux paysans, et création de règlements fixant d'une manière définitive les redevances qu'ils seront obligés de payer pour prix de ces concessions ; enfin, elles ne pourraient être faites que pour un laps de temps déterminé, et les redevances ne seraient valablement constituées qu'autant que leur quotité ne subirait aucune variation.

Quant à ce qui concernait l'étendue des terres dont la concession pouvait être accordée, les commissions avaient pensé avec raison qu'il était impossible de formuler à cet égard des règles générales applicables à toutes les contrées de l'empire, ce qui aurait exigé de longues et minutieuses opérations cadastrales ou, du moins, l'exécution de travaux d'arpentage sur la plus grande partie du territoire russe. A l'égard de ces diverses questions soumises à l'étude, les commissions ont préféré adopter une sorte de *statu quo*, c'est-à-dire laisser subsister, telle qu'elle avait été instituée, la faculté de la part des propriétaires de concéder des terrains aux paysans en ayant soin, seulement, de la limiter dans une certaine mesure. En effet, quelquefois il arrivait que les paysans possédaient trop de terres (1), et, dans d'autres cas, ils n'en avaient pas une étendue suffisante. Pour obvier à ces inégalités de répartition, les commissions crurent devoir déterminer deux limites ; un *minimum* et un *maximum*. En outre, ils donnèrent aux propriétaires le droit de réclamer des paysans les portions de terres dépassant le maximum fixé, et, d'un autre côté, ils purent exiger une redevance supplémentaire de ceux d'entre eux qui possédaient une superficie de terres dont la quotité n'atteignait pas le *minimum*. En procédant ainsi, les commissions avaient pensé qu'ils ne devaient pas constituer de nouvelles répartitions territoriales, ce qui aurait nécessairement rompu les rapports existant entre les propriétaires et les paysans, et enlevé à ces derniers les terres qu'ils avaient jusqu'alors cultivées, pour leur en attribuer de nouvelles.

De plus ç'aurait été, de la part des commissions, porter une grave atteinte à la liberté personnelle des paysans et aux droits qu'ils avaient acquis.

En résumé, le but des commissions, en cette matière, a été de régulariser autant que possible l'ordre de choses existant, en lui faisant seulement subir les changements et modifications que réclamait l'équité et de nature à l'approprier à la condition nouvelle des paysans devenus libres et à jouir de tous les droits civils qui sont la conséquence de l'état de liberté.

En ce qui concerne les redevances que devront payer les paysans dans l'avenir, les commissions se sont placées au même point de vue. Ne voulant pas faire d'innovations dans la fixation des sommes à payer par les paysans, innovations qui n'au-

_____

(1) Dans les biens à *obrok*, par exemple, où toutes les terres sont cultivées par les paysans pour leur propre compte.

raient pu être que le résultat de calculs purement théoriques, en général peu exacts en pareille matière, et nullement basés sur la pratique et l'expérience, elles ont préféré maintenir le taux des redevances actuelles, en ayant soin d'interdire pour l'avenir aux propriétaires tous les actes ayant un caractère arbitraire ou qui ne seraient pas motivés par certaines exigences locales. De plus, conformément aux vœux exprimés dans le manifeste impérial, les commissions s'attachèrent à diminuer autant que possible les charges qui pèsent sur les paysans chargés de payer les redevances. D'un autre côté, les propriétaires furent déliés de certaines obligations que leur imposait le régime du servage, telles que la garantie de la solvabilité des paysans relativement à l'acquittement des droits et contributions dus à l'État, etc...

Telles sont les bases d'après lesquelles le rescrit ordonnant l'émancipation des serfs a été conçu.

Il appartient surtout à l'avenir et à l'histoire d'apprécier les résultats futurs de ce grand acte dont Alexandre II a voulu prendre l'initiative, guidé par un profond amour de son peuple et le désir de persévérer sans cesse dans la voie du progrès et de la civilisation, persuadé que c'est le moyen le plus sûr de puissamment contribuer au bonheur et à la prospérité de son peuple.

FIN.

TABLE DES MATIÈRES.

FIN DE LA TABLE.

Bonnier (Ed.), prof. à la Faculté de droit de Paris. Traité théorique et pratique des Preuves en droit civil et en droit criminel. 3e édition, revue et considérablement augmentée. 1862. 2 vol. in-8. 15 »

Lunzy Ermanno, (conte). Della Condizione politica delle isole Ionie sotto il dominio veneto (en grec moderne, traduction italienne). Venezia, 1860
— Storia delle isole Ionie sotto il dominio dei Repubblicani francesi. Venezia, 1861.

Carathéodory (Alex.). De l'erreur en matière civile d'après le droit romain et le Code Napoléon. 1860, gr. in-8. 3 »

Carathéodory (Et.), docteur en droit, secrétaire de légation de S. M. l'Empereur des Otomans près la cour de Prusse. Du droit international concernant les grands cours d'eau. Etude théorique et pratique sur la liberté de la navigation fluviale. 1861, in-8. 5 »

Comptes rendus des séances de l'Académie des inscriptions et belles-lettres, publ. par Ernest Desjardins. Année 1861.
Prix d'abonnement pour l'année. 6 »
N. B. Cette Revue paraît tous les mois par numéros de 2 feuilles in-8.
Il a déjà été publié de ce Recueil les années 1857 et 1858, formant ensemble 2 vol. in-8. Les années 1859 et 1860 sont sous presse.

Demolombe (C.), doyen de la Faculté de droit de Caen. Traité des Successions (art. 711 à 892 du Code Napoléon). 1859-60, 5 vol. in-8. 40 »
Ces 5 vol. forment les tomes 13 à 17 du *Cours de Code Napoléon*.
— Traité des Donations entre-vifs et des Testaments. T. 1er, 1861, in-8. 8 »
Ce volume forme le T. 18 du *Cours de Code Napoléon*

Domin-Petrushevecz (Alph. de). Précis d'un Code du droit international 1861, in-8. 3 »

Ducrocq (Th.), agrégé, chargé du cours de droit administratif à la Faculté de droit, avocat à la Cour impériale de Poitiers. Cours de droit administratif, contenant l'exposé des principes, le résumé de la législation administrative dans son dernier état, l'analyse ou la reproduction des principaux textes, dans un ordre méthodique. 1861, in-8. 8 »

Lévêque (Ch.), professeur de philosophie au collège de France. La science du Beau, ses principes, applications et son histoire. 1862, 2 vol. in-8. 15 »
Ouvrage couronné par l'Académie des sciences morales et politiques, par l'Académie française et par l'Académie des Beaux-arts.

Origenes. Philosophumena, sive hœresium omnium confutatio, gr. et lat., opus e codice parisino productum recensuit, latine vertit, notis variorum suisque instruxit, prolegomenis et indicibus auxit Patricius Cruice. *Parisiis*, excusum *in typogr.* Imper., 1860. 1 beau vol. gr. in-8, pap. vel. 10 »

Rhally, présid. de l'Aréopage à Athènes et Potlis. Constitution des canons des SS. Apôtres, des conciles œcuméniques et provinciaux et des Pères de l'Église, avec les commentaires des anciens et les variantes, avec approbation du S. Synode de l'Église grecque. 1854-59, 6 vol. gr. in-8 (texte grec). 55 »
On vend séparément : le tome 6. 10 »

Zacharie (K.-S.). Le droit civil français, traduit de l'allemand sur la 5e édition, annoté et rétabli suivant l'ordre du Code Napoléon, par MM. G. Massé, président du tribunal civil de la Seine, et Ch. Vergé, avocat, docteur en droit. 1855-60, 5 vol. in-8. 37 50

Paris — Imprimerie de E. Donnaud, rue Cassette, 9.